Eso no estaba en mi libro de
historia de los Estados Unidos de América

JOHN C.R. BELL

Eso no estaba en mi libro de historia de los Estados Unidos de América

ALMUZARA

Primera edición: junio de 2021

Editorial Almuzara • Colección Divulgación Histórica
Director editorial Antonio Cuesta
www.editorialalmuzara.com
pedidos@almuzaralibros.com - info@almuzaralibros.com

Imprime: Gráficas La Paz
ISBN: 978-84-18346-62-0
Depósito Legal: CO-406-2021
Hecho e impreso en España - *Made and printed in Spain*

A Marco y Martín,
mis hijos, mi todo.

Índice

Prólogo

Si alguna vez has conocido a alguien de los Estados Unidos de América, probablemente sabes cuán importante es la herencia histórica para un americano. En mi caso, puedo decir con cierto orgullo que mis padres nacieron y se criaron en los Estados Unidos, al igual que mis abuelos, bisabuelos, tatarabuelos, y más allá, en una larga lista de americanos trabajadores que se remonta a cuatrocientos años hasta las primeras colonias en la costa atlántica. Mi familia fue testigo del nacimiento de la nación norteamericana, vio crecer el país, vio cómo se desgarraba, y ayudó a reconstruirlo de nuevo. Y debido a ese vínculo con el pasado de Estados Unidos, aunque mi árbol genealógico tiene sus raíces en el norte de Europa, no puedo imaginarme identificándome como otra cosa que no sea 100% americano.

Yo tampoco soy el único que piensa así. Puede que esté orgulloso del lugar que ocupa mi familia en la historia de los Estados Unidos, pero aquellos americanos que celebran su ascendencia irlandesa o italiana, o lucen su herencia africana o indígena con orgullo, no son menos patriotas. En realidad, no importa si la familia de una persona ha estado en los Estados Unidos cuatrocientos años, o solo cuatro, los americanos glorificamos nuestra cultura e historia. Reverenciamos a los grandes líderes que ayudaron a dar forma a nuestra nación, como George Washington y Abraham Lincoln, y de niños jugamos a que somos pistoleros del viejo oeste o astronautas que aterrizan en la luna.

1943, un joven *boy scout* frente al Capitolio muestra un cartel con el lema «*United Nations Fight for Freedom*» («Las naciones unidas luchan por la Libertad») [John Rous, Library of Congress].

Crecemos aprendiendo que algunas de nuestras mayores innovaciones fueron Coca Cola, McDonald's y Budweiser, y aprendemos a desconfiar de cualquiera que no haya estado de nuestro lado de la historia, ya sea inglés, indio, alemán o ruso.

Cuando somos niños, miramos nuestros símbolos nacionales y confiamos en que la historia de los Estados Unidos es una en la que —contra todo pronóstico— nuestro país pudo superar todos los obstáculos a través de la unidad, la fuerza y las virtudes inquebrantables... ¿El único problema? A medida en la que te haces adulto ves más claro que algunos americanos recuerdan la historia de manera diferente a otros. Sí, nuestra gran nación es el producto de Washington, la luna y McDonald's, pero hay una diferencia entre lo que nos han contado y lo que esos episodios realmente significan para la historia americana.

A lo largo de los años, lo que he descubierto no es que Estados Unidos sea bueno, malo, excepcional o mediocre. Más bien, detecté que —en lugar de aprender la historia completa sobre nuestros más grandes héroes, villanos y tradiciones americanas— terminamos aprendiendo las versiones que nos hacen lucir bien, o que son las más fáciles de recordar. En el peor de los casos, a veces ni siquiera nos ponemos de acuerdo sobre cómo llegamos, dónde llegamos o cómo logramos salir más tarde.

Como no podemos realmente confiar en que sabemos quiénes somos —si somos grandes o terribles, los buenos o los malos— si no sabemos de dónde venimos, quizás conviene tomar esa historia escrita y mirar lo que está escrito por detrás. Quizás entonces podamos ver lo que no nos enseñaron en la clase de historia, las verdades detrás de nuestros éxitos y nuestros fracasos, y así definir lo que es la esencia de América.

En 1992 se celebró el 500 aniversario de la llegada de Colón a América. Estos sellos postales griego, brasileño y búlgaro, conmemoran la hazaña.

I
AMÉRICA, *LOST & FOUND*

Todo el mundo sabe que Cristóbal Colón fue la persona que descubrió América.

Bueno, en realidad no, eso no es así.

El propio Cristóbal Colón, por ejemplo, no lo sabía. En lo que respecta a Colón, él había llegado a la India, y solo se confirmó que el continente americano estaba, de hecho, muy lejos de Asia en algún momento después de su muerte. Pero esto no fue lo que me enseñaron cuando era niño. Cuando era alumno de primaria en California, imaginé a Colón marchando por la costa de Florida, haciendo todo lo posible para no pisar los innumerables cocodrilos que asolan el paisaje. Cada alumno de cuarto de primaria sabe que más del 95% de la población del estado de Florida (en secreto) está compuesta de cocodrilos y por esa misma razón nunca he investigado la zona completamente y me niego a ir allí. Curiosamente, Colón nunca fue a Florida tampoco.

Colón descubrió muy poco de las Américas, ya que realmente solo tuvo tiempo suficiente para llegar a las Bahamas, las Antillas Mayores, parte de la costa de América central y la costa de Venezuela. Nunca se aventuró a viajar a América del Norte, y aunque Colón provocó la expansión occidental más importante en la era moderna, ciertamente no fue el primero en explorar el continente americano.

Fotografías estereoscópicas tomadas en San Juan, México, a principios del siglo xx: la Pirámide de la Luna en 1900, y la Pirámide del Sol vista desde la Pirámide de la Luna, en 1900 y 1919 [Library of Congress].

La historia de la América precolombina, sin embargo, no forma parte íntegra de un currículo escolar estándar. Es comprensible por qué, ya que gran parte de la información en una búsqueda rápida en Internet está dedicada a teorías sensacionalistas sobre quién llegó a América primero. La cantidad de reclamos es asombrosa y van desde propuestas factibles que son más o menos propensas, a afirmaciones que pueden ser vagas o racistas (o, a veces, vagamente racistas). Incluso podemos encontrar coincidencias simples que se han transformado en historias ocultas o se han convertido en ensayos para cursos universitarios introductorios, y que posteriormente se han publicado en Internet por alguna razón (la web es más divertida de esa manera). El segundo y el tercer conjunto de teorías mencionadas no merecen mucho análisis, ya que no es demasiado difícil señalar que las pirámides en las Américas son similares a las que existen en Egipto. Tengamos en cuenta que cuando digo que son similares, quiero decir que ambas son, de hecho, pirámides y están fabricadas de piedra. Si utilizo mi imaginación, supongo que puedo ver cómo alguien ha llegado a la conjetura que los egipcios tuvieron una relación transatlántica con los indios americanos. Pero entonces, ¿qué pasa con las pirámides de Java, Mesopotamia y Camboya? ¿Los egipcios también inspiraron a todas estas civilizaciones a hacer, lo que es, el edificio de piedra más estructural y estable? ¿O fueron extraterrestres?

En mi investigación sobre la historia de la América precolombina encontré muchos artículos que implicaban que las similitudes entre palabras específicas, o nombres de lugares, indicaban que las culturas precolombinas claramente se habían puesto en contacto con (inserte aquí una civilización), porque (inserte aquí una palabra) se parece a (inserte otra palabra aquí). Está claro que las diferentes culturas se influyen mutuamente lingüísticamente, pero las similitudes en la pronunciación y el significado de las palabras no indican automáticamente una raíz común. Cualquier lingüista que se precie, por ejemplo, pondría en duda mis argumentos si yo tratara de afirmar que hay alguna relación entre una palabra como «*better*» en inglés y la palabra «*behtar*» en farsi. Explicarían condescendientemente que simplemente me había topado con un falso afín y que «*better*» es de origen germánico y «*behtar*» proviene del persa. Subrayarían este último comentario, de forma más condescendiente todavía, de que las similitudes en la pronunciación y el significado fueron coincidentes.

El encomendero, fraile y obispo de Chiapas Bartolomé de las Casas (Sevilla, ¿1474? - Madrid, 1566).

Una y otra vez terminé sintiéndome muy frustrado en mis investigaciones, porque rápidamente me distraía con el nuevo «descubrimiento impactante» que obstruía la pantalla de mi ordenador... como la noticia en la que unos científicos habían descubierto residuos de cocaína y tabaco en momias egipcias antiguas. Hagamos una búsqueda en Google de «misteriosas momias de cocaína», ¿cuáles son los resultados? Para mí, cualquier hipótesis se desmoronó cuando imaginé lo fácil que hubiera sido que alguien con malos hábitos entrase en contacto con esa momia en particular. Después de descartar esa publicación interesante, pero muy poco convincente, me encontré con un conjunto de artículos aún más extraños en los que el presidente de Turquía, Recep Tayyip Erdogan, declaró que los exploradores musulmanes habían llegado a América en el siglo XII. Pero para mí, la noticia tomó un giro fascinante cuando justificaron la razón de esta creencia utilizando una entrada en el diario —escrita por Colón— que describía el avistamiento de una mezquita al encontrar la isla de Cuba. Incapaz de detenerme, tuve que profundizar y mi viaje me llevó a una serie de referencias, a una entrada del diario histórico *Relación del primer viaje de D. Cristóbal Colón para el descubrimiento de las Indias* de Bartolomé de las Casas. En este texto hay una frase donde se compara una colina con una «mezquita elegante». Y eso es, probablemente, un comentario histórico mal citado. Creo que uno de los ayudantes del Sr. Erdogan habría tenido la capacidad de corregir cualquier declaración pública y poner fin a cualquier conjetura antes de que comenzara, especialmente porque en el resto del relato original hay una extraña ausencia de alusiones a cualquier cosa remotamente islámica. Pero como pasa en un juego complicado de «teléfono estropeado», la información malentendida se transmitió de persona a persona en una reacción en cadena hasta que escapó por los labios del presidente turco. Esto solo muestra cuán vital puede ser la investigación adecuada frente a tentadores, pero peligrosos, descubrimientos históricos.

EL VIAJE DE SAN BRANDÁN

De artículos ridículos, pasé a diferentes colecciones de manuscritos, cartas y libros que trataban sobre la exploración del Atlántico y las visitas a tierras extranjeras antes de 1492. Uno de los primeros registros que investigué sobre viajes transatlánticos es el *Navigatio Sancti Brendani Abbatis* del siglo x. También conocido como *el Viaje de San Brandán el Abad*, este texto detalla la infame búsqueda acuática del siglo vi de Saint Brandán de Clonfert, Irlanda, que pasa siete años buscando la tierra prometida. Sabiendo que las traducciones incorrectas pueden tener consecuencias terribles, tuve que recordarme que el texto pasó por varias interpretaciones antes de convertirse al inglés moderno. Específicamente, el texto que leí se basó en una versión

Ilustración del legendario viaje de San Brandán, publicada en 1621 [Library of Congress].

holandesa de la historia, que se había traducido del alemán, y así sucesivamente. Sin embargo, lo que fue más problemático para mí es que la crónica en sí misma parece haber sido compuesta varios siglos después de la muerte de San Brandán, lo que significa que hay una tremenda brecha de tiempo entre el viaje y la creación del manuscrito. En esos siglos hubo muchas oportunidades para adornar el relato, y los adornos que añadieron se notan. La presencia de mitológicos grifos, demonios, criaturas que lanzan fuego y pájaros que pueden mantener una conversación, no ayudan a la narrativa a establecer credibilidad alguna. En el manuscrito, San Brandán celebra la Pascua en la espalda de una ballena gigante, observa a monstruos marinos en su viaje por el mar y se encuentra con un hombre (en una tierra previamente desconocida) que se dirige a San Brandán en su propio idioma. Es decir, hay tantas secciones que son inauditas o alegóricas que el lector tendría que dar un gran salto de fe simplemente para justificar su credibilidad.

Estas maravillas no son realmente tan sorprendentes si comparamos *el Viaje de San Brandán el Abad* con historias irlandesas del mismo período. Las hazañas de Brandán siguen los mismos tropos de viajes marítimos y encuentros fantásticos que se pueden encontrar en las páginas de otras obras famosas. Por ejemplo, tanto *el Viaje de Bran* como *el Viaje de Mael Dúin* son textos de los siglos IX y X que narran las aventuras de los héroes irlandeses que descubren islas místicas, ven monstruos extraños o animales extraordinarios, y son testigos de visiones increíbles. Estas historias, y otras historias como ellas, a menudo fueron grabadas por monjes irlandeses y combinan la tradición oral con connotaciones religiosas. Su propósito, en una época en que los libros eran escasos y la televisión inexistente, era entretener y, en algunos casos, facilitar al lector el acercamiento al cristianismo. Esto es especialmente claro en *el Viaje de San Brandán*, ya que hay secciones que aluden a Jonás y la ballena, las tentaciones del diablo e, incluso hay una isla habitada por Judas Iscariote. La presencia cristiana es evidente incluso en los detalles más pequeños, como los números: el número simbólico «cuarenta» aparece varias veces, como en los relatos bíblicos de Moisés, Ezequiel y Noé; San Brandán y su tripulación ayunan durante cuarenta días varias veces, preparan previsiones durante cuarenta días, navegan durante cuarenta días, exploran una isla durante cuarenta días y se encuentran a un hombre que tenía 140 años y que llevaba viviendo en un monasterio cuarenta años.

Miniatura que muestra a San Brandán a lomos de una ballena.

Pero, a pesar de que el relato del viaje de San Brandán emula a otros cuentos irlandeses con episodios fantásticos, hay aspectos de la narrativa que pueden tener un fondo de verdad. Los monjes irlandeses históricamente viajaron, e incluso exploraron a islas como Skellig Michael y High Island para difundir el cristianismo o crear monasterios aislados. San Columba estableció un monasterio en la isla de Iona en el siglo VI y fundó docenas más por toda Irlanda, por lo que el concepto de un abad viajero y aventurero no es descabellado. Las primeras referencias históricas sobre San Brandán provienen de Adamnan de Iona en el siglo VII y San Aengus Céilí de un siglo después, y como Brandán fundó un monasterio en Clonfert y también un convento en Annagdhdown, hay suficientes registros que indican que el abad era, al menos, un personaje no ficticio.

Hay otros aspectos interesantes que vale la pena considerar. Si miramos más allá de los elementos fantásticos del «viaje», hay fragmentos de tres partes diferentes de la historia que insinúan que el viaje es plausible. Por ejemplo, en la parte IX de la crónica, después de semanas viajando por mar, San Brandán encuentra una isla deshabitada con ovejas blancas:

> Un día vieron una isla, no muy lejos, hacia la cual navegaron con un viento favorable. Cuando el bote tocó un lugar de amerizaje, el hombre de Dios ordenó que todos desembarcaran, siendo él el último en abandonar el bote. Al hacer un circuito de la isla, vieron grandes corrientes de agua que fluían de muchas fuentes, llenas de todo tipo de peces.
>
> En la isla encontraron muchos rebaños de ovejas, todos de color blanco puro, tan numerosos como para ocultar la faz de la tierra. Entonces el santo ordenó a los hermanos que tomaran de los rebaños lo que era necesario para el festival; y atraparon una oveja que, atada por los cuernos, les seguía los talones, como si fuera mansa…

Lo interesante de esta referencia es que las ovejas no eran un hallazgo común en las islas del Atlántico en la Edad Media. Después de que los navegantes portugueses y españoles comenzaron a explorar el océano, islas como las Azores se convirtieron en importantes asentamientos y fuentes de alimentos y agua, y en muchos casos el ganado se introdujo posteriormente. Sin embargo, hay dos islas que tenían una población de ovejas precolombinas: las Islas Canarias, donde los exploradores españoles encontraron una especie sin lana al llegar allí en el siglo XV, y las Islas Feroe en el Atlántico Norte, donde el geógrafo y erudito Dicuil observó ovejas salvajes en su texto *De mensural Orbis* del siglo IX. Históricamente, en algún momento de los siglos VI y VII los monjes irlandeses se instalaron en las Islas Feroe, por lo que la idea de que San Brandán sea uno de los primeros en viajar las seiscientas millas náuticas a aquellas islas no sería difícil de creer. Aunque la distancia es bastante mayor —incluso con las mil quinientas millas náuticas para llegar a las Islas Canarias— sería posible si la tripulación pasara varias semanas navegando.

Sello postal feroés ilustrado con las ovejas de San Brandán (1994).

A continuación, San Brandán es testigo de una serie de fenómenos naturales: fauna y flora que pueden asociarse libremente con el Atlántico del norte. Hay aguas pobladas por ballenas, zonas de niebla densa, corrientes oceánicas violentas, islas densamente arboladas, bandadas de pájaros que no vuelan a la vista de los humanos, y columnas de «cristal» en el mar. Sin embargo, una de las descripciones geográficas más sugestivas ocurre en la parte XXIII cuando los exploradores irlandeses ven una isla «escarpada y rocosa» sin vegetación y poblada por hombres extraños cubiertos de ceniza:

> ...el hombre salvaje, arriba mencionado, se acercó a la orilla, llevando en su mano unas pinzas con una masa ardiente de la escoria, de gran tamaño y calor intenso, que arrojó inmediatamente después de los siervos de Cristo... Los pasó a una distancia, y donde cayó al mar, se encendió como un montón de carbones encendidos, y surgió un gran humo como si saliera de un horno de fuego. Cuando pasaron aproximadamente una milla más allá del lugar donde había caído esta masa en llamas, todos los habitantes de la isla se agruparon hacia la orilla, cargando, cada uno de ellos, una gran masa de escoria ardiente, que arrojaron, todos a su turno... y luego volvieron a sus forjas, que estallaron en poderosas llamas, de modo que toda la isla parecía un globo de fuego, y el mar a cada lado hirvió y se convirtió en espuma, como un caldero encendido en un pozo de fuego abastecido de combustible. Todo el día los hermanos, incluso cuando ya no estaban a la vista de la isla, escucharon un fuerte lamento de los habitantes de la misma, y un hedor ruidoso era perceptible a gran distancia.

Si eliminamos cualquier alusión a habitantes extraños y reducimos la sección con la información más esencial, encontramos que el texto describe algo muy similar a un volcán. La isla emite olores, columnas de llamas y humo, piedra ardiente que hace que el mar burbujee y misiles ardientes que caen del cielo. Navegar al norte y al oeste a lo largo del Atlántico ciertamente llevaría a San Brandán cerca de Islandia, y a los sistemas de volcanes que cubren la isla y que han estado constantemente activos desde que los exploradores nórdicos establecieron colonias allí por primera vez en el siglo IX. Si los exploradores eligiesen una ruta al sur en lugar de atravesar el Atlántico Norte, la tripulación podría llegar a las Azores, cuya última erupción volcánica, según los estudios de radiocarbono del Smithsonian, ocurrió en algún momento entre 550 y 800 d. C. Otro dato prometedor es el tiempo dedicado a navegar, ya que entre cada isla hay períodos de semanas en que la tripulación casi se queda sin comida y agua, y momentos en que San Brandán no puede acceder a una isla debido a la geografía de la tierra. La cartografía sobre el Atlántico sería inexistente en el siglo VI, por lo que las dificultades del santo coincidirían con la dura realidad de la navegación medieval.

Sello postal feroés alusivo a la isla ardiente de San Brandán (1994).

La sección final del *Viaje de San Brandán* que podría aludir a un viaje transatlántico, se produce en la parte XXVIII. Hasta este momento de la narración, en su búsqueda de siete años, San Brandán solo encontraba islas pequeñas. En la parte XXVIII, los exploradores alcanzan una nueva tierra que, a pesar de semanas de exploración, es de tamaño incalculable:

> Cuando desembarcaron, vieron una tierra, extensa y densamente poblada de árboles, cargados de frutas, como en la temporada de otoño. Todo el tiempo que atravesaban esa tierra, durante su estadía en ella, no había noche, pero siempre brillaba una luz, como la luz del sol en el meridiano, y durante los cuarenta días que vieron la tierra en varias direcciones. No se pudieron encontrar sus límites. Sin embargo, un día llegaron a un gran río que fluía hacia el centro de la tierra, que no podían cruzar de ninguna manera. San Brandán dijo a los hermanos: «No podemos cruzar este río y, por lo tanto, debemos seguir sin saber el tamaño de este país».

De este párrafo podemos entrever que la tierra es inmensa, soleada, que hay árboles, frutas, ríos gigantes y una posible población. Estos no son detalles que podríamos aplicar fácilmente a Groenlandia en el siglo VI. Y si Saint Brandán viajó desde Irlanda, exploró islas que comparten características con las Islas Feroe y pasó por icebergs y un volcán activo antes de continuar su viaje hacia el oeste, podemos delinear mentalmente una ruta a América del Norte. ¿La desventaja de llegar a esta conclusión? Solo hay cuatro frases que describen la fauna, la flora, el clima y el relieve geográfico. De hecho, «El Viaje» explica muy poco sobre el destino final de San Brandán, aparte del hecho de que es la tierra prometida. Es extraño que la crónica no tenga algo más que decir, considerando que la tripulación pasa más de un mes explorando, tiempo suficiente para llegar a un refugio. Quizás si hubiera observaciones detalladas sobre alguna de las frutas que encontró Saint Brandán, o si alguna de las variedades que regresaron con la tripulación se hubiera arraigado en Irlanda, habría evidencia más concluyente de contacto con América.

En fin, *El viaje de san Brandán, el Abad* tiene suficientes problemas, tantos que sería fácil descartar completamente el texto como ficción. Incluso si consideramos la idea de que la verdad histórica está oculta en sus páginas, para dar sentido a la cuenta, tenemos que ignorar activamente grandes secciones del manuscrito. Hay detalles muy interesantes que encuentro convincentes, pero si quiero ser lo más objetivo posible, no puedo decir que una parte en particular del «Viaje» no sea válida, simplemente porque no está de acuerdo con la historia que quiero contar. Es decir, siento que «el Viaje» es una pieza importante de la literatura medieval sobre la exploración del Atlántico, pero que es más entretenida que auténtica.

Estatua de San Brandán en Bantry, Irlanda [Phil Darby].

EL LIBRO DE ROGER

Un segundo manuscrito medieval de cierto interés es una compilación de mapas y extractos de texto reunidos por el geógrafo del siglo XII Muhammad al-Idrisi. Originalmente titulado *A Diversion for the Man Longing to Travel to Far-Off Places*, el texto fue encargado por el rey Roger II de Sicilia, inspirando el título alternativo: *El libro de Roger*. En el prólogo, al-Idrisi explica que el propósito del libro era para proporcionar…

> ... la descripción de ciudades y territorios, los detalles de sus cultivos y hogares, la extensión de los mares, montañas, ríos, llanuras y tierras bajas [...] las especies de semillas, frutas y plantas producidas en cada país, las propiedades de las plantas y las artes y artesanías de los habitantes, su comercio de importaciones y exportaciones, las curiosidades que se destacan en los siete climas y el estado de la población, su forma exterior, sus costumbres y sus trajes, religiones, vestimentas y modismos.

Sobre todo, *El Libro de Roger* se centra en la cartografía del Mar Mediterráneo, la costa sur de Asia y el Mar del Norte. Para hacer la amplia selección de mapas, al-Idrisi y un equipo de investigadores pasaron más de una década consultando las obras históricas de geógrafos, astrónomos, académicos y matemáticos, y complementaron el libro con entrevistas de viajeros y marineros. Muhammad al-Idrisi también dedicó una sección del libro a la información cultural contemporánea para dar más detalle a las ilustraciones geográficas. En un tiempo sin la ayuda de la fotografía satelital, el libro fue una tarea impresionante.

Dentro de la sección cultural del libro, el texto hace referencia a un grupo de exploradores árabes que partieron de Lisboa para cruzar el Atlántico. Después de viajar

Mapamundi de la *Tabula Rogeriana*, de al-Idrisi.

doce días, la tripulación se detiene en una isla poblada de ovejas. Habiendo leído sobre la expedición de San Brandán, la repetición de una isla de ovejas previamente desconocida es una curiosa coincidencia. Incluso revisé el otro texto para comparar las similitudes, ya que no estaba seguro de si las islas ovejas eran algún tipo de símbolo literario. Pero a diferencia del viaje de San Brandán, no hay distracciones en forma de visiones divinas o eventos extraordinarios. Más bien, el lector se enfrenta a detalles geográficos en un libro dedicado a la geografía. Desafortunadamente, el texto indica específicamente que la isla está deshabitada. Es cierto que tanto las Islas Feroe como las Islas Canarias tenían ovejas salvajes, pero la tribu Guanche habitaba las Islas Canarias, posiblemente desde la República Romana, y cuando al-Idrisi publicó el *Libro de Roger*, las Islas Feroe ya tenían una población por una serie de expediciones nórdicas. Existe la posibilidad de que los exploradores no coincidan con los habitantes por casualidad, pero este tipo de especulación no es concluyente.

Doce días más tarde, los exploradores encuentran una isla que tiene una población humana. Esta sección es interesante ya que, al igual que el caso de las ovejas, las islas habitadas por pueblos tribales desconocidos no eran muy comunes en medio del Atlántico.

> Después de navegar durante doce días más, ellos (el mughamarin) percibieron una isla que parecía estar habitada, y había campos cultivados. Navegaron de esa manera para ver qué contenía. Pero pronto las barcas los rodearon y los hicieron prisioneros, y los transportaron a una aldea miserable situada en la costa. Allí aterrizaron. Los navegantes vieron allí personas con piel roja; no tenían mucho vello en el cuerpo, el pelo de la cabeza era liso y eran de gran estatura. Sus mujeres eran de una belleza extraordinaria.

El párrafo tendría más sentido si los exploradores hubieran encontrado una cultura conocida para ellos (como los vikingos, por ejemplo); en el texto, probablemente, se les habría identificado correctamente. En cambio, la tripulación se encuentra con una población desconocida que no tiene la piel oscura, carece de vello corporal, usa barcas y es atractiva. La referencia al vello corporal es interesante, ya que podría indicar que la isla tenía un clima lo suficientemente cálido como para que los habitantes no necesitaran

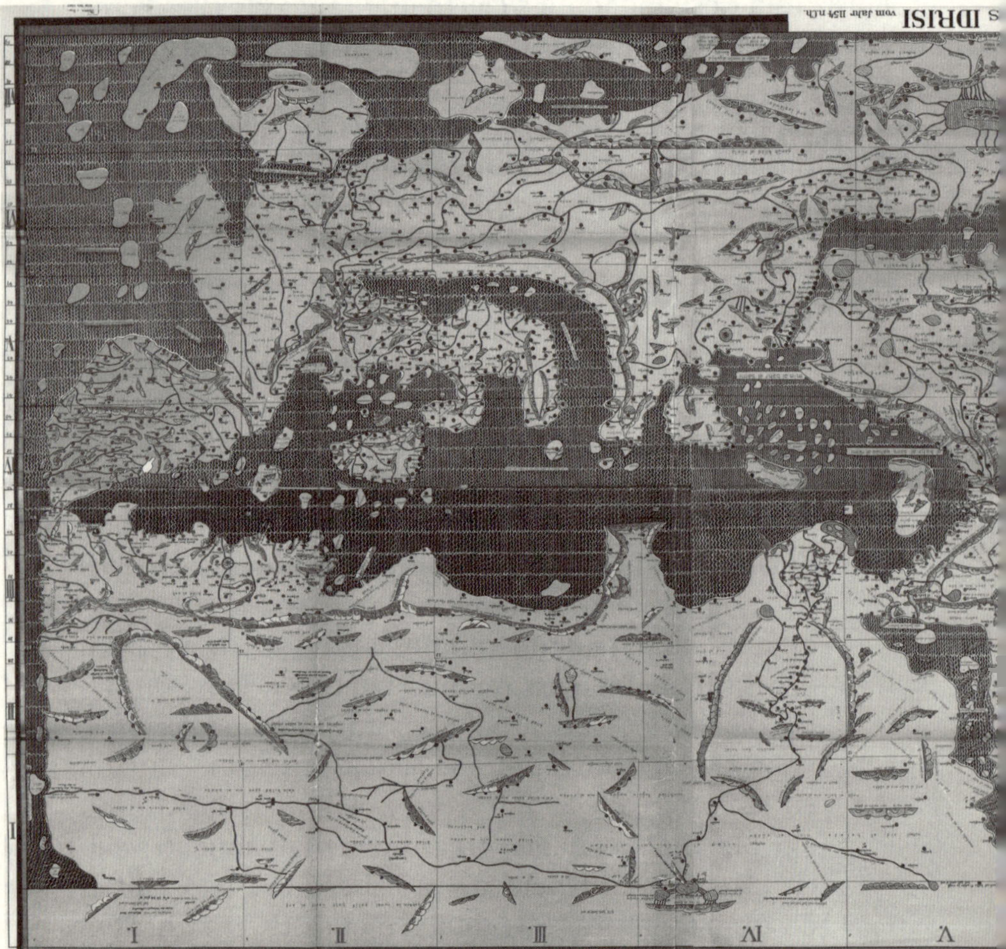

cubrirse completamente con ropa. El resto de la descripción también me llama la atención, ya que me recuerda a secciones de los textos históricos de los primeros viajes de Colón, que indican que los nativos de las Indias «estaban bien construidos, con buenos cuerpos y rasgos hermosos». A pesar de estos detalles sugerentes, sin embargo, no hay alusiones a isleños desnudos ni descripciones de estilos de vestimenta, por lo que no hay evidencia directa que vincule a la tribu con el Caribe o el Atlántico Norte.

Vista invertida de la *Tabula Rogeriana*, dibujada por al-Idrisi para Roger II de Sicilia en 1154.

Es una pena que no haya más información en esta sección, ya que hay frases y palabras específicas, como «barcas», que pueden dar lugar a diferentes interpretaciones. Esto se debe al hecho de que el texto se escribió originalmente en árabe del siglo XII, por lo que las traducciones pueden variar. En una versión distinta, la piel roja se convierte en una complexión clara y las «barcas» se convierten en «barcos». Afortunadamente, la información básica del texto sigue siendo la misma. Los aventureros viajan durante veinticuatro días a través del Atlántico (aunque no podemos estar seguros en qué dirección) a unas islas con una población atractiva con poco vello facial o corporal. Más tarde, confinan a los exploradores por un período de tiempo, lo que nos lleva a la sección más confusa de la historia:

> Al cuarto día entró un hombre que hablaba árabe y les preguntó quiénes eran, adónde iban y cómo se llamaba su país. Le contaron todo y él dijo que no se preocuparan, y que él era el intérprete del rey. Al día siguiente fueron llevados a la presencia del rey y él hizo las mismas preguntas que el intérprete les había hecho. Le contaron lo que le habían dicho al intérprete el día anterior, cómo se habían embarcado en el océano para explorarlo y ver las maravillas que contenía, y cómo habían llegado a este lugar [...] Luego el rey ordenó al intérprete tratarlos bien para que tuvieran una buena impresión del reino, y así lo hizo [...] Se preparó un barco para ellos, y con los ojos cubiertos estuvieron en el mar durante algún tiempo. Dijeron: «Estuvimos en el mar unos tres días y noches. Luego llegamos a tierra firme y desembarcamos. Nos ataron y nos dejaron allí... Luego escuchamos ruidos y el sonido de la gente y todos gritamos. Algunas personas se acercaron y, al ver nuestra dificultad, nos liberaron. Nos preguntaron qué había pasado y les contamos toda la historia. Eran bereberes».

Si consideramos que la isla en *El libro de Roger* estaba frente a las costas de las Américas, entonces la presencia de un intérprete de habla árabe sería un detalle importante. Significaría que las civilizaciones islámicas habían descubierto el «Nuevo Mundo» en algún momento del siglo XII o antes. La razón por la que considero esta posibilidad es que *El libro de Roger* no es el único intento de los académicos musulmanes de documentar la exploración del Atlántico. Hay una anécdota histórica atribuida al historiador al-Umari del siglo XIV, sobre el rey Musa I de Malí, que envió unas cuantas expediciones a las regiones desconocidas del Océano. Es decir, hay suficientes precedentes literarios para, al menos, considerar la idea de que la exploración activa no era infrecuente antes del año 1400. Sin embargo, lo que contradice la posibilidad de un viaje a las Américas en *El libro de Roger* son los datos de navegación que presenta el manuscrito. Específicamente, los aventureros musulmanes tardaron veinticuatro días para navegar desde Lisboa a la isla desconocida, pero desde esa misma isla a la costa de África la distancia se redujo a unas setenta y dos horas. Una embarcación medieval como una galera podría viajar plausiblemente de Portugal a las Américas en poco menos de un mes, y tal vez de las Islas Feroe a Terranova en dos semanas, pero es muy poco probable que algún barco —hecho para la navegación a larga distancia en el siglo XI— pudiera cruzar más de tres mil quinientas millas náuticas en tres días.

Ante la incertidumbre, la opción más lógica también suele ser la más correcta. Las Islas Canarias están a unas trescientas millas náuticas de Marruecos, lo que coincidiría con el viaje de setenta horas al continente africano. También hay descripciones históricas sobre las Islas Canarias que coinciden con las observaciones del *Libro de Roger*. El fraile del siglo XVI, Alonso de Espinosa, por ejemplo, retrató al guanche nativo como un pueblo de tribu que tenía el pelo rubio, bronceado y cultivaba la tierra. Además, no hay nada en el texto que contradiga un período de viaje de doce o incluso veinticuatro días entre una salida de Lisboa y la llegada a Canarias, principalmente porque los detalles de navegación del libro son limitados. Así pues, en lugar de encontrar una isla con una tribu nativa frente a las costas de las Américas, existe una posibilidad mucho mayor de que los exploradores encontraron una isla con una tribu nativa frente a las costas de África. Desafortunadamente, los detalles que podrían haber proporcionado una información más valiosa quedaron fuera del libro, y es imposible investigar más pistas ya que el manuscrito ni siquiera identifica la fuente original de la información. Si esto sucedió intencionadamente para evitar datos poco creíbles, o debido a que el proceso de entrevistas no arrojó suficiente evidencia concreta, la consecuencia es que no hay suficiente material para llegar a una conclusión adecuada.

1982, sello postal impreso en el Principado de Mónaco emitido en conmemoración del mil aniversario del descubrimiento de Groenlandia por Erik el Rojo [Lefteris Papaulakis].

LA SAGA DE LOS GROENLANDESES

Tras dedicar tanto tiempo a la investigación de la historia de las ovejas en el océano Atlántico, sin hallar información concluyente, me sentí muy aliviado al encontrar un claro ejemplo de tradición cultural significativa que tenía vínculos con los descubrimientos arqueológicos de América del Norte. El segundo capítulo de *La saga de los groenlandeses*, que forma parte de un manuscrito más grande compuesto por los sacerdotes Jón Þórðarson y Magnús Þórhallsson, hace referencia a la figura nórdica del siglo XI Bjarne Herjulfson, que partió de Eyrar (Islandia) para pasar el invierno con su padre. Según la Saga, Groenlandia había sido colonizada por Eric el Rojo, y Bjarne no tenía información de navegación ni experiencia personal para ayudarlo en su viaje hacia el oeste. Niebla inesperada y vientos débiles desorientaron a la tripulación, haciendo que su barco se desviara más allá de Groenlandia, y en el transcurso de dos semanas de navegación se encontraron con dos islas boscosas, una con colinas y otra que era plana, y una tercera isla que era montañosa y helada. El tercer capítulo de la saga comienza después de que Bjarne y su tripulación llegaran a su destino final en Groenlandia:

> Ahora se hablaba mucho sobre viajes de descubrimiento. Leif, el hijo de Erik el Rojo, de Brattahlid, fue a Bjarne Herjulfson y le compró el barco, y contrató hombres para él, de modo que había treinta y cinco hombres en total [...] Ahora prepararon su barco, y navegaron hacia el mar cuando estuvieron listos, y luego encontraron esa tierra primera que Bjarne había encontrado al final. Desde allí navegaron hasta la tierra, echaron el ancla, dejaron los barcos, desembarcaron y no vieron hierba. Grandes icebergs estaban por todo el país, pero como una llanura de piedras planas era todo desde el mar hasta las mon-

tañas, y les pareció que esta tierra no tenía buenas cualidades [...] Luego subieron a bordo, y después de eso navegaron hacia mar, y encontraron otra tierra; Navegaron de nuevo a la tierra y echaron el ancla, luego dejaron los botes y se fueron a la orilla. Esta tierra era plana y cubierta de madera, y las arenas blancas se extendían muy lejos por donde iban, y la costa era baja [...] Ahora navegaban desde allí hacia el mar abierto, con un viento del noreste, y estuvieron dos días en el mar antes de ver tierra, y navegaron más allá y llegaron a una isla que se encontraba al este de la tierra, y subieron allí, y miraron a su alrededor cuando hacía buen tiempo, y observaron que había rocío sobre la hierba; Y sucedió que tocaron el rocío con las manos, se llevaron los dedos a la boca y pensaron que nunca antes habían probado algo tan dulce.

Mapa del Atlántico norte, Bretaña, Irlanda, Escandinavia, Islandia y Groenlandia. Incluye islas imaginarias en el Atlántico [Abraham Orteius, c. 1570].

Después de eso se fueron al barco y navegaron en una ensenada, que se extendía entre la isla y un promontorio, que corría hacia el este de la tierra; y luego se dirigió hacia el oeste pasando el promontorio. Era muy poco profunda en la marea baja, y su barco se puso de pie, por lo que estaba lejos de ver desde el barco hasta el agua…

Después de esto tomaron consejo, formaron la resolución de permanecer allí durante el invierno y construyeron allí grandes casas. No había falta de salmón en el río o en el lago, y salmón más grande de lo que habían visto antes. La naturaleza del país era, como pensaban, tan buena que el ganado no necesitaría alimentarse en casa en invierno, ya que no había heladas en invierno y la hierba se marchitaba poco allí. El día y la noche eran más iguales que en Groenlandia o Islandia, porque en el día más corto estaba el sol sobre el horizonte desde las siete y media de la mañana hasta las cuatro y media de la tarde.

Hay detalles dentro del texto que me llaman la atención como el marco temporal de la narración, por ejemplo, que marca la distancia geográfica que los exploradores nórdicos podrían haber recorrido o los lugares que la tripulación pudo haber navegado, la bahía de Baffin, el mar de Labrador, la bahía de Hudson y el golfo de San Lorenzo tienen islas que se encuentran dentro de un radio de viaje de varios días desde Groenlandia. Una vez que Leif encuentra el continente, el relato especifica las horas de luz solar en un día, sugiriendo latitudes en el norte de Estados Unidos, Terranova o el sur de Canadá. El texto incluso observa los cambios en el relieve geográfico y el clima entre las diferentes islas, explicando una progresión de tierras heladas a boscosas, y la existencia de abundante hierba cubierta de rocío, en lugar de nieve, en el continente. Otro detalle interesante es la abundancia del salmón en los ríos, ya que uno de los principales lugares de reproducción de la especie atlántica se encuentra en la costa noreste de América del Norte. Se puede encontrar información adicional de valor en los capítulos cuatro y cinco, ya que el texto describe cómo los exploradores nórdicos encuentran uvas y poblaciones nativas que usan botes de piel y flechas:

> Sucedió una noche que faltaba un hombre del grupo, y este era Tyrker el alemán... Leif ahora reprendió a su gente, y se preparó para buscar a Tyrker, y se llevó a doce hombres con él. Pero cuando se alejaron un poco de la casa, se acercó Tyrker y lo recibieron con alegría [...] Después de un rato habló en nórdico. «No he estado mucho más lejos, pero aún tengo algo nuevo que contar; encontré viñas y uvas».

Ilustración de Karl Bodmer de 1843 que muestra un nativo norteamericano ataviado con plumas, soporta un arco y flechas [Bruce M. White, Museo de Arte Joslyn].

«¿Pero es eso cierto?» Preguntó Leif. «Seguramente es verdad», respondió él, «porque crecí en una tierra donde no faltan ni viñas ni uvas»... y se dice que su largo barco estaba lleno de uvas. Ahora había una carga cortada para el barco, y cuando llegó la primavera se prepararon y zarparon, y Leif le dio un nombre a la tierra por sus cualidades, y lo llamó Vinland.

Ahora Thorvald se preparó para este viaje con treinta hombres... Luego preparó su barco y se embarcó, y no se sabe nada de su viaje hasta que llegaron a Leifsbudir en Vinland. Allí situaron a su barco, y pasaron un invierno agradable, y se apoyaron con la pesca... Luego fueron al barco, y vieron en las arenas dentro del promontorio tres formas, y fueron allí, y vieron allí tres barcas de piel, y tres hombres debajo de cada uno. Dividieron sus fuerzas, y los atraparon a todos, excepto a uno, que se escapó con su barca ... Después de eso, les produjo una somnolencia tan grande que no pudieron mantenerse despiertos, y todos se quedaron dormidos. Más tarde vino un grito sobre ellos, para que todos despertaran. Así dijo el grito: «¡Despiértate! ¡Thorvald! Y todos tus compañeros, si quieres preservar la vida, regresa a tu barco, con todos tus hombres, y abandona la tierra sin demora». Luego salió del interior una innumerable multitud de barcas de piel... Después preguntó a Thorvald a sus hombres si habían recibido alguna herida; respondieron que nadie resultó herido. «Tengo una herida debajo del brazo», dijo Thorvald, «porque una flecha huyó entre el borde de la nave y el escudo, por debajo de mi brazo, y aquí está la flecha, y me resultará una herida mortal.»

De todos estos detalles, las uvas son particularmente interesantes, ya que la fruta no crece naturalmente en Islandia o en latitudes más altas, pero sí son abundantes en el este de Canadá y el noreste de los Estados Unidos.

Monumento dedicado al famoso vikingo Leif Erikson, hijo de Erik el Rojo, frente a la casa donde nació en Eirikstadir, en el noroeste de Islandia [Pavel Tvrdy].

Tampoco sería común que un islandés como Leif Erikson tenga acceso a las uvas en el siglo XI, y existe una buena posibilidad de que los exploradores nunca hubieran visto la fruta antes. De hecho, en el texto no se trata de un explorador islandés, sino de un alemán que identifica la fruta, y la reacción del resto de la tripulación subraya la extrañeza del descubrimiento. Es este tipo de observación —en combinación con las referencias a la vegetación, los animales. y el relieve terrestre— lo que respalda la asociación convincente entre el viaje de Leif y América del Norte.

Otro punto en su favor es que los detalles relativos al continente tampoco se limitan a un solo párrafo, como en el caso del *Viaje de San Brandán el Abad* y *el Libro de Roger.* También es importante tener en cuenta que los datos van más allá de proporcionar únicamente características geográficas, flora y fauna. La *Saga* se toma el tiempo de revelar los nombres de los exploradores y, en algunos casos, sus padres o relaciones familiares, sus motivos para viajar y una explicación de por qué permanecieron o abandonaron sus poblados. Leif Erikson es identificado como el hijo de Erik el Rojo, y aunque las referencias a Leif se limitan a las Sagas Vinland, se pueden encontrar registros de Erik en varios textos medievales nórdicos, incluido el *Libro del asentamiento* y *el Libro de los islandeses.* Además, las alusiones a la existencia de Vinland no solo existen en las *Sagas,* ya que se detallan en otros ejemplos de literatura medieval como *Gesta Hammaburgensis Ecclesiae Pontificum.* Vinland también se citó en el *Libro de los islandeses* en el siglo XII, cuando dudas relacionadas con la existencia de la tierra desconocida hicieron que el autor Ari el Sabio verificara la credibilidad de sus fuentes.

Esto, por supuesto, no significa que los eventos de la expedición no puedan ser puramente ficticios. *La saga de los groenlandeses* sigue siendo un informe en tercera persona, que ofrece datos específicos pero limitados, que escribieron, probablemente, casi doscientos años después de que Bjarne Herjulfson zarpara de Islandia, y que reescribieron en el siglo XIV. Como hemos visto anteriormente, los relatos de expediciones exageradas a tierras extrañas o maravillosas son un tema común entre los manuscritos medievales. Si la narrativa se hubiera transmitido a través de la tradición oral, no habría sido difícil cambiar, olvidar o fabricar algunos de los detalles más reveladores. Al mismo tiempo, sin embargo, el texto no sufre apariciones extraordinarias de Odín, Loki, o incluso personajes menores de la tradición oral nórdica. Thor no aparece ante Leif Erikson con sus cabras Snarler y Grinder, y la tripulación no disfruta de un festín en los pasillos de Valhala. El documento podría incluso contener una visión milagrosa o una advertencia bíblica, ya que los eventos de la *Saga* ocurrieron en un momento en que se estaba produciendo la conversión al cristianismo en Islandia y Groenlandia, y al menos una versión del texto fue copiada por sacerdotes cristianos. Pero no, hay una notable ausencia de demonios, visiones celestiales o islas habitadas por seres sobrenaturales. En general, la *Saga* mantiene un tono sobrio, enfocándose en datos que son más mundanos que increíbles, lo que sugiere que los autores originales intentaron escribir un tratado de historia en lugar de una leyenda entretenida.

Lo que da vida a la expedición de Leif Erikson son los hallazgos arqueológicos en L'Anse aux Meadows en Terranova. Descubiertas en 1960 por Helge y Anne Stine Ingstad, y declaradas patrimonio de la humanidad por la Organización de las Naciones Unidas para la Educación, la Ciencia y la Cultura, las ruinas establecen una conexión entre los exploradores nórdicos y el asentamiento precolombino de América del Norte. La UNESCO reconoce, por ejemplo, que el diseño de los diversos edificios de madera coincide con los de las construcciones contemporáneas que se encuentran en Groenlandia e Islandia. Entre estas estructuras, el sitio cuenta con una fragua de hierro, lo que sería poco común para una población de indios americanos, y el tamaño y la distribución de los hallazgos sugieren una residencia semipermanente en lugar de un campamento nómada de una población nativa como el Innu, Dorset o el pueblo Beothuk. De los artefactos que hay, una lámpara de aceite, un pasador de bronce y unos pesos y husillos apuntan a la ocupación europea, y el análisis en profundidad de la datación por carbono por Reidar Nydal —del Instituto Noruego de Tecnología— indica que la edad del asentamiento coincide con la línea de tiempo de la Saga de Groenlandia. Lo que falta es un enorme monumento de roca cubierto con «Leif el Afortunado estuvo aquí» en las ruinas escandinavas, para establecer realmente la conexión entre la narrativa de Leif Erikson y las ruinas de L'Anse aux Meadows. Si bien este objeto claramente no existe, lo que es seguro es que las posibilidades de que estas características y hallazgos estructurales —que son tan atípicos de las poblaciones nativas americanas— pertenezcan a una cultura diferente son increíblemente bajas.

El corazón religioso de la Groenlandia noruega: Tunulliarfik (conocido como Fiordo de Erik) y las ruinas religiosas del asentamiento de Itelleq (también conocido como Igaliku) cerca de Brattahlid.

Un nativo navajo con un traje ceremonial que representa al dios Yebichai Zahabolzi. Fotografía de Edward S. Curtis, 1904 [Wellcome Collection].

AMÉRICA CIVILIZADA

Entonces, si hay suficiente evidencia cultural y física para acreditar a los exploradores de Groenlandia con el descubrimiento europeo de América del Norte, ¿por qué los pueblos nórdicos no han sustituido a Cristóbal Colón en los libros escolares?

Tal vez sea por el legado de Cristóbal Colón, que sigue teniendo una fuerte presencia en la actualidad. La historia de la religión, el idioma, la diversidad genética y la política en las Américas provienen del viaje de Colón hacia el oeste. Y aunque nunca pisó América del Norte, la idea de lo que debía ser la civilización en el «Nuevo Mundo» se reformó en el momento en que esta tierra se convirtió en el foco del comercio de Europa occidental. Quizás sea porque la única información histórica que es tangible para nosotros tiene su origen en 1492 y, por lo tanto, nuestra fecha predeterminada para la historia de Estados Unidos está obstinadamente vinculada a la expedición de Colón al «Nuevo Mundo». De hecho, el legado de Colón arroja una sombra tan grande que la historia de América que precedió a su llegada se ha quedado en la oscuridad.

Cuando era niño, no solo no estaba al tanto de ninguna expedición nórdica a América del Norte, nunca aprendí sobre ninguno de los logros de las personas que poblaron el continente. En estudios sociales, las civilizaciones que ejecutaron hazañas complicadas de ingeniería, democracias organizadas, animales domesticados, desarrollaron agricultura y sobresalieron en matemáticas y astronomía solo pertenecían a Europa o Asia. Nunca supimos que había ciudades estadounidenses que rivalizaban con Londres y París en lo que respecta a la población y los logros culturales. Cuando lo pienso ahora, recuerdo un dicho común en inglés —y quizás de todos los idiomas—: «La historia está escrita por los vencedores». En el caso de América, lo que escribieron los conquistadores terminó

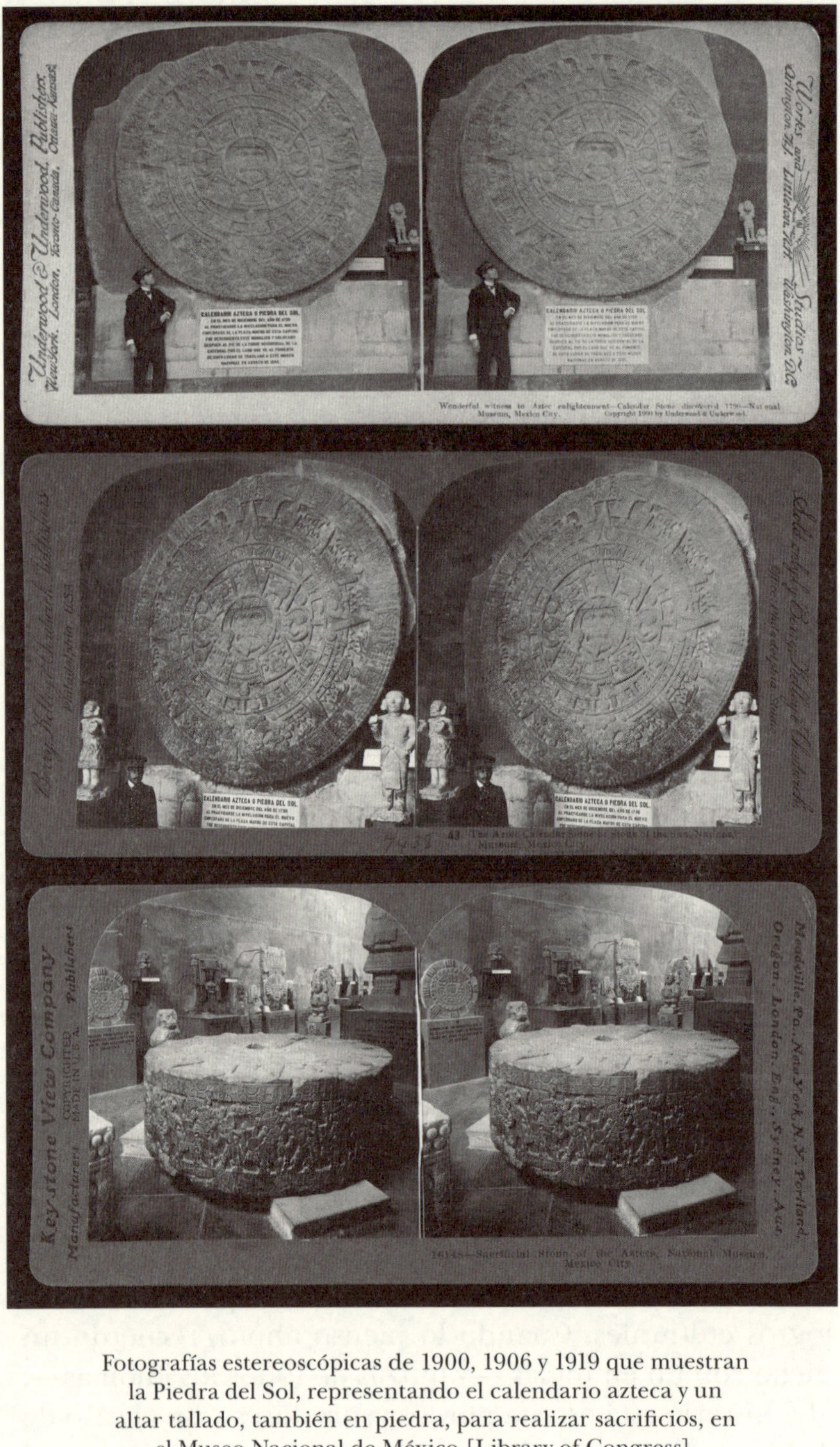

Fotografías estereoscópicas de 1900, 1906 y 1919 que muestran la Piedra del Sol, representando el calendario azteca y un altar tallado, también en piedra, para realizar sacrificios, en el Museo Nacional de México [Library of Congress].

sustituyendo la historia anterior. En algunos casos, figuras históricas como Diego de Landa ayudaron a eliminar registros culturales enteros al quemar todos los libros y textos que pudieron encontrar, según su testimonio, «no contenían nada más que supersticiones y falsedades del diablo». Irónicamente, los mismos exploradores españoles que desmantelaron estas civilizaciones americanas son también algunas de nuestras fuentes de información más importantes.

En sus cartas al rey Carlos V, Hernán Cortés describió la ciudad y los pueblos de Tenochtitlan con gran detalle. Lo curioso es que su intención principal al escribir estas cartas no era proporcionar un registro histórico, sino mantener la autoridad en su conquista de México. Cortés había llevado a cabo un motín al invadir el continente y las cartas eran un intento de evitar repercusiones por sus acciones —y esto es motivo importante de preocupación, ya que un recurso que está contaminado por la exageración y el sesgo pierde fiabilidad. Lo mismo se puede decir de las cuentas de Diego de Landa y Bernal Díaz del Castillo—. Cada uno de estos autores tenía motivos ocultos para crear un registro en primera persona de la conquista de México. Pero si estos hombres usaron sus respectivos textos para beneficio personal o simplemente para justificar sus acciones, lo que está claro es que tendían a hacer los mismos tipos de comentarios sobre las actividades, la arquitectura y la complejidad de Tenochtitlan. Es deber del historiador cuestionar los hechos (en caso de que sean manipuladas o falsas), pero cuando tres relatos individuales, que se crearon en momentos diferentes, coinciden en observaciones básicas sobre su entorno, es difícil llegar a la conclusión que los escritores registraron aquella información en una conspiración para distorsionar la verdad.

El documento más esclarecedor con respecto a Tenochtitlan es la segunda carta que Cortés envió al rey Carlos V de 1520 d. C. El autor describe la ciudad como una metrópolis que abarca once kilómetros cuadrados que se construyó sobre un lago salado, y observa cómo los aztecas utilizaron una serie de calzadas artificiales y canales para facilitar el comercio y el transporte de mercancías. Cortés identifica plazas públicas, puentes anchos, torres y capillas tan grandes y altas como cualquiera de las ciudades europeas contemporáneas de Sevilla o Salamanca. Una ciudad de este tamaño y complejidad —con calzadas y estructuras que no se agrietaron ni se hundieron en el lago salado— no aparecería de la noche a la mañana. Más bien, requeriría una larga historia de experimentación, construcción, mantenimiento e ingeniería antes de formar la extensión de estructuras flotantes. Un detalle particularmente revelador es cómo Cortés se maravilla con el trabajo en piedra y madera, y las finas características artísticas que decoran los edificios. La calidad y las particularidades del arte son una indicación importante de la prosperidad y el avance de cualquier civilización. En las sociedades europeas, por ejemplo, el arte avanzó con crecimiento económico y estabilidad social, mientras que guerras civiles o invasiones tuvieron el efecto contrario. Esto es notablemente evidente cuando comparamos el arte del Imperio Romano con las pinturas y la arquitectura de las edades oscuras, y luego una vez más con el período renacentista y barroco. La presencia de arte sorprendentemente desarrollado, en combinación con las hazañas arquitectónicas y de ingeniería de la ciudad, identifica una civilización duradera, organizada y floreciente.

En su carta, Cortés también enumera las diferentes actividades, artículos y oficios que se pueden encontrar en los mercados de Tenochtitlan. Esta sección es bastante importante, ya que define cómo la ciudad había evolucionado más allá de una sociedad tribal primitiva:

> Tiene esta ciudad muchas plazas donde hay continuo mercado y trato de comprar y vender. Tiene otra plaza tan grande como dos veces la ciudad de Salamanca, toda cercada de portales alrededor, donde hay cotidianamente arriba de sesenta mil áni-

> mas comprando y vendiendo; donde hay todos los géneros de mercaderías que en todas las tierras se hallan, así de mantenimientos como de vituallas, joyas de oro y de plata, de plomo, de latón, de cobre, de estaño, de piedras, de huesos, de conchas, de caracoles y de plumas. Véndese cal, piedra labrada y por labrar, adobes, ladrillos, madera labrada y por labrar de diversas maneras [...] Hay calles de herbolarios, donde hay todas las raíces y hierbas medicinales que en la tierra se hallan. Hay casas como de boticarios donde se venden las medicinas hechas, así potables como ungüentos y emplastos. Hay casas como de barberos, donde lavan y rapan las cabezas. Hay casas donde dan de comer y beber por precio. Hay hombres como los que llaman en Castilla ganapanes, para traer cargas [...] Cada género de mercadería se vende en su calle, sin que entremetan otra mercadería ninguna, y en esto tienen mucho orden. Todo se vende por cuenta y medida, excepto que hasta ahora no se ha visto vender cosa alguna por peso. Hay en esta gran plaza una gran casa como de audiencia, donde están siempre sentadas diez o doce personas, que son jueces y libran todos los casos y cosas que en el dicho mercado acaecen, y mandan castigar los delincuentes. Hay en la dicha plaza otras personas que andan continuo entre la gente, mirando lo que se vende y las medidas con que miden lo que venden; y se ha visto quebrar alguna que estaba falsa.

De las descripciones en la carta, entrevemos de que Tenochtitlan contenía espacios públicos con capacidades para decenas de miles de personas, al tiempo que ofrecía una selección casi lujosa de productos. Cortés enumera las calles designadas para diferentes tipos de fabricantes como joyeros y herbolarios, dos comercios que por un lado requerirían conocimientos sobre minería y metalurgia, y por otro, categorización, almacenamiento y análisis

UNITED STATES-GEN. HIST.

Moctezuma recibe a Hernán Cortés [Library of Congress].

de plantas para el tratamiento de malestar. Cortés hace referencia a la existencia de procedimientos para reclamos legales, y una burocracia organizada que impone el cumplimiento de reglas y el comercio organizado. Las observaciones me recuerdan a los gremios de artesanos, que comenzaron a florecer en Italia y Francia en los siglos XII y XIII. Es decir, la carta documenta una ciudad con los mismos (o similares) tipos de clases sociales que eran comunes en Europa. Sin embargo, como estudiante, nunca escuché a un profesor describir a Tenochtitlan como una ciudad avanzada. Mis libros de texto ciertamente no reconocieron la historia detrás de la próspera metrópolis americana. Tampoco destacaron los importantes logros de las culturas que, generaciones antes, habían explorado el continente y establecido asentamientos.

Este desinterés en la historia precolombina tampoco se limitaba a las culturas que existían en México o Sudamérica. De niño, si me hubieran dicho que había una gran ciudad a poca distancia a las orillas del río Mississippi que precedió a las expediciones de Cristóbal Colón, me habría, cuanto menos, sorprendido. Sin embargo, frente a Saint Louis, los restos de una de estas ciudades han perdurado durante el último milenio: Cahokia. Las ruinas de Cahokia, que datan del siglo IX, primero llamaron a la atención de los monjes trapenses franceses que establecieron un puesto de avanzada en la zona en el siglo XVIII. Posteriormente, el ejército estadounidense trazó un mapa del sitio en 1796, y alguna chispa de interés se produjo cuando Henry Brackenridge comenzó a realizar investigaciones en 1811. Pero desde el siglo XIX, el desarrollo urbano ha reducido considerablemente el tamaño de los hallazgos arqueológicos, e incluso hay una carretera interestatal que atraviesa los terrenos. Solo los esfuerzos de varias universidades estadounidenses y, más recientemente, la UNESCO ha ayudado a conservar los principales monumentos que dominan el paisaje, los montículos de tierra construidos a mano.

Cuando los arqueólogos exploraron Cahokia por primera vez, más de cien montículos salpicaron el área. El más importante de los montículos que aún se mantiene en pie cubre setenta y dos mil metros cuadrados y tiene el aspecto de una colina irregular con cuatro terrazas planas distintas. Compuesto por más de seiscientos mil metros cúbicos de tierra, este montículo único es la estructura artificial más grande al norte de México que precede al desarrollo europeo. Diferentes montículos con tapas redondas, ovales, cónicas y de cresta rodean este monumento, forman espacios abiertos que recuerdan a las plazas y revelan tumbas ceremoniales, cerámicas y artefactos de piedra. Las ruinas de Cahokia también cuentan con una empalizada protectora, estructuras de madera, posiblemente para su uso en astronomía, y un taller de cobre con piezas de chapa planas y martilladas.

Los hallazgos arqueológicos detallan una civilización sedentaria, con un conocimiento de la metalurgia, y poblada por una fuerza laboral compleja que fue capaz de producir en masa. Esto último es más evidente considerando la forma en que se construyeron los montículos y los contenidos que los montículos revelan. El montículo 72 es particularmente importante a este respecto, ya que las excavaciones expusieron una tumba que contenía decenas de miles de cuentas hechas de conchas marinas en forma de disco. Estas cuentas, en su mayoría uniformes en su forma y tamaño, apuntan al desarrollo de la categorización organizada, fabricación a granel y control de calidad. Según los estudios citados por la UNESCO, el mantenimiento de una ciudad de este tamaño requeriría una población de entre diez mil y veinticinco mil personas, lo que significa que Cahokia estaba tan poblada como las ciudades europeas contemporáneas de Praga y Londres en el siglo XII. Sin embargo, a pesar de doscientos años de investigación arqueológica, las excavaciones no han producido artefactos escritos, y las tribus que una vez vivieron en Cahokia partieron antes de que Colón llegara a

Vista aérea del antiguo cementerio indígena americano
Cahokia Mounds, Illinois, Estados Unidos [Kent Raney].

las costas de las Bahamas. Como consecuencia, descubrir qué era la ciudad, quién vivía allí y cómo vivían depende completamente de los contenidos que permanecen dentro de los montículos. En lugar de los registros históricos, nuestra comprensión se limita a los datos arqueológicos y la interpretación, lo que significa que —como con Tenochtitlan— falta una parte masiva de la conversación sobre la historia de Estados Unidos.

Y ese es el problema. Hay un vacío en la historia que es tan grande que hace que América parezca una pizarra en blanco antes de la llegada de los exploradores europeos. Seguimos buscando el próximo «santo grial» de evidencia arqueológica, registros escritos y tradiciones medievales precisamente porque las voces originales de esas culturas, que presenciaron la llegada de barcos, ya no se pueden escuchar. Incluso las voces que sí escuchamos, la mayoría de las veces, son dominadas por las de los conquistadores, así que miramos a Europa por si hay más información. Pero, en realidad, el primer paso para encontrar la historia oculta de Estados Unidos no comienza buscando pistas desde fuera de Estados Unidos, sino reconociendo y preservando lo que existía aquí para empezar. Personalmente, hubiera deseado que la clase de historia me hubiera enseñado que figuras históricas como Hernán Cortés o Francisco Pizarro, aunque importantes, fueron un grupo más de una serie iniciada tiempo atrás para explorar y civilizar las Américas. Hubiera deseado que nuestros libros de ciencias sociales hubieran explicado que, antes de 1492, había sociedades tribales y ciudades con clases sociales, redes comerciales, poblaciones educadas y avances que iban, en muchos aspectos, a la par con Europa. Me hubiera gustado saber que había dos lados en la historia de Estados Unidos, y que uno se perdió cuando se encontró el continente. Como adulto, ahora sé que formamos parte de la historia de un continente que renació. También sé que hay historia esperando encontrarse en algún lugar más allá de la sombra del Nuevo Mundo... Solo espero que no sea en una isla con ovejas.

Estampa de cumpleaños que representa a George Washington con su hachuela en la mano, apoyado sobre el infortunado cerezo, 1908.

II
MONUMENTAL WASHINGTON

La historia me la contaron así: cuando George Washington era pequeño, recibió un hacha de regalo. Como la mayoría de los niños de seis años, el joven George dedicó la mayor parte de su tiempo a golpear cualquier arbusto o enredadera que se ponía en su camino. El nuevo pasatiempo de George lo llevó a dar un hachazo a un pequeño cerezo, que desafortunadamente era una de las plantas más queridas de su padre. El padre de George, Agustín, llegó a casa furioso y le preguntó directamente a su hijo sobre el árbol dañado. El joven, reconociendo la gravedad de sus acciones, respondió valientemente: «No puedo mentir, papá. Sabes que no puedo decir una mentira. Lo corté con mi hacha». Asombrado por la honestidad de su hijo, la ira de Agustín se desvaneció rápidamente. Inmediatamente, solo sintió alegría y orgullo, ya que tenía un hijo que diría la verdad sin temor.

Si alguien me hubiera preguntado acerca de George Washington hace treinta años, sin duda les habría contado alguna versión de esta historia. Ciertamente, todos los niños del colegio *Washington Elementary School* lo sabían, y dudo que pudiéramos encontrar un alumno que no estuviera absolutamente convencido de que George Washington fue un modelo de virtud estadounidense. Esto no significa que cualquier niño de nueve años supiera mucho más sobre el presidente. Siendo realistas, en la década de 1990,

FEDERAL RESERVE NOTE
THE UNITED STATES OF AMERICA
THIS NOTE IS LEGAL TENDER
FOR ALL DEBTS, PUBLIC AND PRIVATE
L 92636134 V
WASHINGTON, D.C.
SERIES 2009
WASHINGTON
ONE DOLLAR

yo podría haber enumerado tres hechos con los que estaba familiarizado: Washington fue el primer presidente de los Estados Unidos, tenía dentaduras postizas de madera y su rostro aparecía en el billete del dólar. Ese último detalle lo sabía con certeza, ya que el retrato icónico de Washington me devolvía la mirada cada vez que recibía mi pequeña paga semanal.

Esas primeras impresiones me quedaron grabadas durante mi infancia y, a medida que crecía, lo que sabía con respecto a George Washington rara vez iba más allá de los pequeños detalles que aprendí aquí y allá. Siendo adolescente, podría haberte dicho que Washington era un héroe de guerra, que el Museo Metropolitano de Arte de Nueva York tenía una pintura de Washington cruzando el río Delaware, que tenía una esposa llamada Martha y que una réplica gigante de su cara flotaba majestuosamente en el medio del monte Rushmore en Dakota del Sur. Me tranquilizó la idea de que la suma de estos detalles representaba, de alguna manera, al hombre detrás del símbolo estadounidense. Sin embargo, todo eso cambió en el momento en que descubrí que las dentaduras postizas de Washington estaban hechas, entre otras cosas, de dientes de animales. Fue un descubrimiento pequeño, pero fue suficiente para darme cuenta de que mi experiencia en George Washington apenas había evolucionado desde que era niño, y que era superficial, por decirlo suavemente. Si alguna vez quisiera seriamente tener una imagen más completa de George Washington, tendría que volver a examinar los hechos históricos que había aprendido en tercero de primaria.

* * *

Washington y la salida de la guarnición británica de la ciudad de Nueva York. Óleo sobre lienzo de John Trumbull, 1790. [Governor's Room, Ayuntamiento de Nueva York].

PRESIDENTE DE LOS ESTADOS UNIDOS EN EL CONGRESO REUNIDO

De los detalles biográficos sobre la vida de George Washington que aprendí de niño, su papel en la historia de la presidencia definitivamente fue el que se llevó más atención. No es ningún misterio que Washington se convirtió en el primer presidente de los Estados Unidos en 1789. La Biblioteca del Congreso, la Casa Blanca e incluso los maestros de mi infancia están de acuerdo en eso. Tampoco se desconoce que esto fue una consecuencia directa de la ratificación de la Constitución de los Estados Unidos, un documento que entró en vigor en 1789 y ha sido el fundamento del gobierno estadounidense hasta el día de hoy. Pero cuando era niño, ninguno de mis maestros detalló la secuencia de eventos que hicieron presidente a Washington, o incluso de dónde vino el título de «presidente de los Estados Unidos». Más importante aún, nunca me explicaron cómo surgió la Constitución de los Estados Unidos, cuando la verdad del asunto es que inicialmente los trece estados originales habían rechazado la idea de tener un gobierno central.

Desde el momento en que las colonias norteamericanas declararon su independencia de Inglaterra el 4 de julio de 1776, cada uno de los trece territorios de los Estados Unidos de América instituyó un gobierno provisional que operaba, principalmente, a través de los esfuerzos de las autoridades estatales. En lugar de existir como un solo país, Estados Unidos actuó como un colectivo de repúblicas o naciones separadas, y cada estado adoptó una constitución única. Esto no quiere decir que no hubo coordinación entre los diferentes territorios en la transición de la monarquía a la república. Como todos estaban unidos contra la Corona británica, representantes de cada territorio se unieron para formar un consejo, comúnmente conocido como el «Congreso Continental», para supervisar el esfuerzo de guerra contra el ejército británico. En 1781, los trece estados/naciones formalizaron su alianza cuando el Congreso introdujo la primera constitución de los Estados Unidos, *los Artículos de la Confederación y la Unión Perpetua.* Los «Artículos» fueron uno de los primeros documentos en proporcionar un conjunto de políticas de cooperación entre los diferentes territorios, y le dieron al Congreso Continental la autoridad independiente para formar pactos con otros países, recaudar fondos y organizar fuerzas contra el ejército británico. Al mismo tiempo que los «Artículos» definían cómo el Congreso Continental sostenía derechos y poderes específicos, el documento también expresaba cómo cada territorio de los Estados Unidos mantendría «su soberanía, libertad e independencia». En otras palabras, la máxima autoridad bajo los «Artículos» para cualquier cosa que no requiera cooperación explícita fue el estado, no un gobierno central o un líder electo.

Además de garantizar la autonomía de cada estado, *los Artículos de la Confederación y la Unión Perpetua* son particularmente interesantes porque hacen referencia a la selección periódica de un representante cuya función era «presidir» las decisiones del Congreso Continental (es decir, un presidente). La cita se puede encontrar en el Artículo IX del acuerdo de 1781...

> Los Estados Unidos, en el congreso reunido, tendrán autoridad para nombrar un comité [...] y para nombrar otros comités y funcionarios civiles que sean necesarios para administrar los asuntos generales de los Estados Unidos bajo su dirección: para nombrar a uno de ellos para presidir; siempre que no se permita a ninguna persona servir en el cargo de presidente más de un año en un período de tres años; para determinar las sumas de dinero necesarias que se recaudarán para el servicio de los Estados Unidos ... para construir y equipar una armada, para acordar el número de fuerzas terrestres y para hacer requisiciones de cada estado para su cuota [...]

La tradición de establecer un presidente no era exactamente nueva, ya que había formado parte de la organización interna del Congreso Continental desde antes de la Revolución Americana. De hecho, hubo un total de siete «Presidentes del Congreso Continental» entre 1774 y 1781. Sin embargo, una vez que los «Artículos» entraron en vigor, los títulos formales de los miembros cambiaron ligeramente. Los delegados del Congreso Continental fueron posteriormente «delegados de los Estados Unidos de América en el Congreso Reunidos» y, en consecuencia, el título oficial del presidente del Congreso Continental se convirtió en «Presidente de los Estados Unidos en el Congreso Reunido».

Samuel Huntington, quien había sido el presidente del Congreso durante la introducción de los «Artículos», pudo haber sido el primer presidente titular de los Estados Unidos por defecto. Cuando la salud de Samuel Huntington no le permitió continuar sirviendo, Thomas McKean se convirtió temporalmente en el nuevo presidente de los Estados Unidos, y posteriormente John Hanson varios meses después. Esto plantea la pregunta: ¿por qué la historia pasa por alto a Huntington, McKean y Hanson? La respuesta corta es que, en lo que respecta a las interpretaciones modernas de la historia de los Estados Unidos, el título de presidente bajo los «Artículos» es engañoso. El uso contemporáneo de la palabra «presidente» está asociado con un líder que tiene los recursos para hacer cumplir las políticas de la nación, y aquellos que actuaron como presidente desde 1774 hasta 1789 no coinciden con esta definición. Los «Artículos» proporcionaron una unión flexible entre los diferentes estados, pero no los poderes de un gobierno central fuerte, y los hombres como John Hanson no tenían la autoridad para gobernar, ya que no había ley, rama ejecutiva o agencia federal que pudiera imponer sus decisiones. Más bien, el presidente, antes de la Constitución de los Estados Unidos, actuó como moderador en las sesiones del Congreso y como uno de los principales coordinadores burocráticos.

Retrato de George Washington, de Thomas Sully (c. 1820). Esta pintura es una copia de uno de los retratos más conocidos de George Washington, el realizado por Gilbert Stuart (1800) [William Hood Dunwoody Fund, Minneapolis Institute of Art home].

Teniendo esto en cuenta, puedo entender por qué mis profesores en el colegio *Washington Elementary School* nunca nos dieron una charla sobre los presidentes de los Artículos de la Confederación. Seamos honestos, los temas como el cambio semántico, los colectivos autónomos y las posiciones ceremoniales no deberían formar parte de un plan de estudios de la escuela primaria. Explicar los matices de cómo el presidente no era realmente un presidente hasta que George Washington llegó, a una sala de más de veinte niños, sería desalentador (en el mejor de los casos). Aun así, la introducción de los Artículos de la Confederación es una parte reveladora de la historia estadounidense. Más que simplemente proporcionar pistas sobre el origen del título de «presidente de los Estados Unidos», nos ayuda a comprender el tipo de nación que los padres fundadores habían imaginado, y a través de los «Artículos» queda claro que —después de cortar la relación con la monarquía inglesa— el Congreso era reacio a la idea de tener un líder supremo.

Los problemas que acompañaron esta falta de un gobierno central también ayudan a explicar por qué el plan original de los Estados Unidos era inmanejable. Para el año 1784, los Estados Unidos habían generado una deuda cercana a los cuarenta millones de dólares y la cooperación nacional era necesaria para pagar la cantidad. Pero a pesar de que el gobierno había obtenido préstamos para pagar los gastos militares del pasado, ni el Congreso ni los siete presidentes que siguieron a John Hanson tenían los medios para imponer los impuestos. Imprimir más de la moneda continental no había sido una solución válida tampoco, ya que no tenía respaldo en oro o plata, y hubo momentos en que se devaluó, falsificó o perdió su valor. A nivel estatal, los trece territorios apenas comenzaban a coordinarse, pero el progreso era limitado ya que estaban obligados a trabajar juntos sin agencias que pudieran facilitar la tarea y sin acceso a una economía nacional o global. La deuda tampoco fue una buena señal para el futuro de la defensa nacional. La financiación y los suministros habían sido uno de los principales impedimentos en la guerra contra Gran Bretaña, y la gran cantidad de deuda garantizaba que condiciones similares se repetirían en guerras posteriores. Además, la crisis financiera amenazó con provocar una serie de conflictos internos que debilitarían aún más al Estado. Los procesos de endeudamiento y el aumento de los impuestos, por ejemplo, fueron las causas principales de la rebelión de Shay, un conflicto armado en 1786 contra la introducción de impuestos en Massachusetts.

Así pues, había una necesidad urgente de agencias y ramas de gobierno que pudieran llevar a cabo los intereses del país, y la constitución que introdujo por primera vez el título de «presidente de los Estados Unidos» tuvo que descartarse a cambio de una solución más efectiva. Al mismo tiempo, sin embargo, los temores sobre la instalación de una nueva monarquía, junto con las preocupaciones sobre la distribución injusta del poder entre los estados, ralentizaron el progreso hacia el establecimiento de una autoridad central de gobierno. Aquí es donde George Washington entró en escena. Washington no solo había notado los problemas políticos y financieros del país, sino también la renuencia nacional para resolver las flagrantes fallas del gobierno de los Estados Unidos. Esto es evidente en su correspondencia personal, como en su carta a James Madison del 5 de noviembre de 1786:

> ¡Qué melancólica es la reflexión que, en un espacio tan corto, habríamos hecho grandes avances para cumplir la predicción de nuestro enemigo transatlántico! «Déjenlos solos, y su gobierno pronto se disolverá» ¿No se esforzarán los sabios y los buenos para evitar este mal? ¿O su indolencia sufrirá la ignoran-

cia, y las artes del diseño egoísta de personajes desafectos y desesperados, para involucrar a este imperio naciente en la miseria y el desprecio? ¿Qué evidencia más sólida se puede dar de la falta de energía en nuestros gobiernos que estos trastornos? Si no existe un poder para controlarlos, ¿qué seguridad tiene un hombre de vida, libertad o propiedad? Para ustedes, estoy seguro de que no necesito agregar nada sobre este tema, las consecuencias de un gobierno laxo o ineficiente son demasiado obvias para ser consideradas. Trece soberanías que se enfrentan entre sí, y todos los tirones al poder federal pronto traerán la ruina en general; Considerando que una Constitución liberal y enérgica, bien vigilada y vigilada de cerca, para evitar invasiones, podría restaurarnos a ese grado de respetabilidad y consecuencia, al que teníamos un reclamo justo y la mejor perspectiva de lograrlo.

Este y otros intercambios escritos con Henry Knox, John Jay y James Madison indujeron a George Washington a evaluar sus contactos íntimos sobre la reconstrucción eficiente del país. A partir de las cartas, Washington describió las similitudes entre sus diferentes sugerencias y utilizó la información en colaboración con John Madison y Edmund Randolph para componer y presentar el plan de Virginia: una propuesta para un nuevo gobierno nacional con ramas legislativas, judiciales y ejecutivas separadas. Este documento, junto con el plan de Nueva Jersey, fue una de las principales reformas introducidas en la Convención Constitucional de Filadelfia en 1787, y formó parte de las bases para los primeros borradores de la Constitución de los Estados Unidos.

El papel de George Washington en la propuesta no pasó desapercibido. El plan de Virginia había sido de Virginia, Washington era el virginiano más famoso de su tiempo, y había estado presente cuando se presentó el plan. En

GEORGE WASHINGTON
President of the United States
WASHINGTON - IN UNIFORM - BUST - HEAD TO LEFT
PRESIDENT FILE

más de una forma, Washington ayudó a reunir apoyo en la campaña para el cambio político de una Constitución nueva. Washington facilitó la difusión de ensayos que estaban a favor de un gobierno federal, asistió a eventos que sirvieron principalmente para impulsar la agenda federalista y escribió cartas privadas a los líderes estatales para alentar un cambio político. Los federalistas, conscientes del importante papel que Washington podría tener, se aprovecharon de la participación del Virginiano y lo utilizaron como la mascota principal y el endosante de la Constitución de los Estados Unidos. Cuando la propuesta de Constitución se imprimió originalmente, por ejemplo, incluía una carta de presentación que exhibía la firma de Washington. La distribución combinada de la carta con la Constitución fue intencional, de modo que cualquiera que viera su letra supondría que ambos documentos eran trabajo suyo. Los federalistas demostraron aún más el apoyo de Washington al citarlo públicamente. En lo que sería una flagrante maniobra de marketing profederalista, una carta privada que Washington había escrito a Charles Carter (defendiendo la Constitución) se filtró a la prensa en 1788, y se imprimió en el Virginia Herald, Pennsylvania Mercury, Maryland Journey, y luego en cuarenta y nueve periódicos diferentes.

La aprobación final de la Constitución de los Estados Unidos trajo cambios importantes tanto para George Washington como para la Presidencia de los Estados Unidos. El presidente de los Estados Unidos pasó de ser un título simbólico a un puesto con poderes para influir en la legislación, dirigir el Ejército y promulgar la política exterior. Las reformas en los cargos públicos exigieron una enorme responsabilidad, y el nuevo gobierno necesitaba un líder que encarnara los ideales de los *Padres Fundadores*, que pudiera gobernar eficientemente, infundir confianza en el Congreso Continental, sostener las políticas nacionales y ubicar las prioridades del país por encima de las suyas. No es sorprendente, entonces, que el candidato más adecuado para este exigente criterio fuera George Washington, ya que había demostrado estas cualidades exactas. El Virginiano tenía una presencia activa en la política nacional, había desempeñado su función como presidente de la Convención Constitucional y anteriormente había liderado el país durante ocho años como comandante en jefe. La entrada para el viernes 27 de diciembre de 1776, en las Revistas del Congreso Continental (1774-1789), incluso exhibe un momento notable en la Revolución Americana en el que el congreso había otorgado —de forma experimental— el control ejecutivo a George Washington…

> El general Washington… está investido con plenos, amplios y completos poderes para reunir y formar... de cualquiera o de todos estos Estados Unidos, 16 batallones de infantería... para solicitar ayuda a cualquiera de los estados. La milicia como él juzgue necesario... y para llenar todas las vacantes en cualquier otro departamento en los ejércitos estadounidenses; tomar, donde quiera que esté, lo que quiera para el uso del ejército, si los habitantes no lo venden, permitiendo un precio razonable por el mismo; arrestar y encerrar a personas que se niegan a tomar la moneda continental, o que de otra manera se sienten descontentos con la causa estadounidense...

Solo unos meses después de que la nación declarara su independencia, Washington recibió un comando militar sin precedentes sobre los Estados Unidos de América. Volvería a recibir una autoridad similar en 1777, y aunque no hubiera sido posible instalar un régimen totalitario con los recursos disponibles, Washington no abusó de los poderes que el Congreso había ofrecido. Esos años de sacrificio personal y liderazgo, que culminaron en la independencia estadounidense, otorgaron a Washington un respeto nacional. Posteriormente, se le asignó la tarea de dirigir un país que —en su mayoría— había dudado en instituir un líder autoritario durante trece años.

Claramente, la historia de los Estados Unidos no comienza con la ratificación de la Constitución de 1789, pero la historia que gira en torno al presidente de los Estados Unidos sí. A priori, los *Padres Fundadores* de los Estados Unidos no querían arriesgarse a sustituir a un líder tiránico por otro, por lo que, y según los estándares modernos, la presidencia nunca existió realmente. La decisión de unir a la nación bajo una autoridad central solo ocurrió después de un proceso de ensayo-error, y en el centro de este momento de cambio revolucionario estaba George Washington. Otras figuras históricas como John Hanson tuvieron sus propios logros, pero es difícil concentrarse en sus contribuciones cuando Washington fue elegido específicamente para dirigir el país y los presidentes del Congreso no. Como consecuencia, George Washington está intrínsecamente vinculado a la fundación de la presidencia, mientras que los moderadores del primer gobierno de los Estados Unidos tienden a desvanecerse en el ajetreado trasfondo de la Revolución Americana.

WASHINGTON Y EL CEREZO

Entonces [...] ¿primer presidente? Correcto. ¿Billete de un dólar? Correcto ... Pero ¿qué hay del personaje de George Washington? Cuando yo era niño, George Washington fue la encarnación de la definición textual de la palabra «integridad». Nuestros libros de texto escolares se volverían filosóficos sobre sus virtudes, hasta el punto de que Washington casi parecería un personaje propio del folclore si los documentos históricos no hubieran subrayado la importancia de su participación política y militar.

Los informes de testigos y los registros públicos son en su mayoría positivos, explican las decisiones de George Washington con gran detalle y dedican pasajes enteros a la personalidad modesta del hombre, el amor por su país y su impulso de liderar. Henry Lee, por ejemplo, que había servido en el Ejército Continental bajo el mando Washington, memorizó al presidente de esta manera:

> Primero en la guerra, primero en la paz y primero en los corazones de sus compatriotas, fue insuperable en las escenas humildes y entrañables de la vida privada; piadoso, justo, humano, templado y sincero; uniforme, digno y dominante, su ejemplo fue tan edificante para todos a su alrededor, como lo fueron los efectos de ese ejemplo duradero.

«Padre, no puedo mentir: corté el árbol», pintado por GG White y grabado por John C. McRae. Publicado por Joseph Laing, c. 1889 [Library of Congress].

Más pistas sobre la personalidad de la vida real de Washington son evidentes en sus cartas personales y discursos públicos. Desde el momento de su nombramiento como comandante del Ejército Continental en 1775, hasta su jubilación en su casa de Virginia en Mount Vernon, Washington demostró una modestia ganadora y lealtad inquebrantable a su país. Incluso en su discurso inaugural de 1789, Washington comenzó su periodo como presidente con una muestra de patriotismo y humildad. Sin embargo, no importa cuántos registros e historias leí sobre George Washington, todavía hay algo sobre el presidente que me llama la atención: posiblemente la historia más famosa y culturalmente dominante sobre él es completamente falsa.

Durante más de doscientos años, la idea de que George Washington no podía contar ni una mentira ha formado parte de los mitos de los Estados Unidos. La historia original del cerezo y el joven y veraz George proviene de principios del siglo XIX, de una biografía escrita por el vendedor de libros Mason Locke Weems. Washington había muerto dos años después de su retirada de la oficina presidencial en 1797, y el interés público en su juventud y vida privada proporcionó un incentivo para que los biógrafos se lucraran a costa del presidente recién fallecido. Weems no es una excepción. Aunque Weems —aparte de ser vendedor de libros— era pastor, y se preocupaba por representar a sus personajes con valores cristianos, el dinero era una motivación considerablemente importante en el momento de convertir George Washington en algo sensacionalista. Esto se refleja, sobre todo, en su correspondencia. En enero de 1809, Weems dedicó estás palabras a Mathew Carey, el nuevo propietario de los derechos de autor de la biografía de Washington: «Tienes una gran cantidad de dinero en los huesos del viejo George si te esfuerzas por extraerlo».

Weems les dio a otras figuras históricas como Francis Marion, Benjamin Franklin y William Penn un trato similar, pero su texto sobre Washington fue el más influyente. Después del debut de la historia del cerezo en *La vida de Washington*, otras historias biográficas comenzaron a citar la anécdota, si no con la intención de presentar el relato como acontecimiento verdadero, entonces como un cuento interesante sobre uno de los fundadores más importantes del país. A medida que pasaron los años, la historia se desacreditó varias veces, pero la aparición continua de la narrativa en publicaciones diferentes garantizó su fusión con la cultura popular.

En fin, Washington no cortó ningún cerezo. Pero el hecho de que la anécdota sobre George Washington sea falsa no es una noticia escandalosa exactamente, ya que no hay nada malicioso en el contenido. Por el contrario, la narrativa falsa solo realza las cualidades admirables de Washington. Lo irónico de la historia es que, en su época como general del ejército de los Estados Unidos, la vida de George Washington muchas veces dependía de la duplicidad y su capacidad para dar argumentos, en ocasiones, alejados de la realidad.

Lord Stirling en la Batalla de Long Island. Grabado de Ridgeway (c. 1858) a partir de obra de Alonzo Chappel [Biblioteca de la Sociedad Histórica de Nueva York].

WASHINGTON MIENTE EN LONG ISLAND

La batalla de Long Island es un excelente ejemplo en el que el uso del engaño militar por parte de Washington tuvo un importante papel en la seguridad de miles de soldados estadounidenses. Antes de la batalla, el general Washington había previsto la necesidad de organizar el Ejército Continental contra una posible campaña británica/neoyorquina, considerando cómo la ciudad, que se había convertido en un importante centro político y puerto comercial en 1776, era un objetivo claro en la Guerra de Independencia. Sin embargo, a medida que las fuerzas estadounidenses se preparaban para la invasión británica, las preocupaciones sobre la capacidad del Ejército Continental para proteger la ciudad aumentaron bastante. Principalmente, la preocupación estaba relacionada con los números superiores de Gran Bretaña y la presencia de la flota británica, que había sido la armada más poderosa del mundo desde la victoria de Inglaterra contra Francia en 1763. Cuando el general Charles Lee comenzó a coordinar la defensa de Nueva York, bajo las órdenes de Washington, observó: «Qué hacer con la ciudad que poseo me desconcierta; está tan rodeado de aguas navegables profundas, que quien comanda el mar debe comandar la ciudad».

Los temores sobre una ofensiva marítima se convirtieron en una dura realidad el 22 de agosto cuando, a pesar de los esfuerzos para evitar un ataque contra la metrópoli, las tropas de lord William Howe desembarcaron en el área de Nueva York. En menos de una semana, el ejército de Howe procedió a aprovechar una serie de juicios mal calculados —entre ellos, un camino indefenso— que permitió a los británicos flanquear al Ejército Continental y, como consecuencia, forzar a miles de soldados americanos hacia el río Este. Los «casacas rojas» británicos superaron en número a los soldados estadounidenses de dos en uno, habían atrapado efectivamente a las fuerzas de Washington y estaban en una situación ideal para dar a los revolucionarios un golpe final. Sin embargo, en lugar de un asalto inmediato, Howe paró su avance y se preparó para un asedio prolongado. Un ataque directo contra los estadounidenses atrapados habría resultado innecesariamente en una victoria con muchos muertos, y los británicos prefirieron un plan de acción más cauteloso, ya que habían experimentado una victoria costosa el año anterior en Boston en la batalla de Bunker Hill.

Este retraso, combinado con una tormenta que impidió que los barcos británicos ocuparan el tramo de agua entre Long Island y Manhattan, le dio a Washington una alternativa bienvenida a la inevitable derrota. Ahora con una ruta abierta por el río Este, Washington le encargó al coronel John Glover que recuperara todas las lanchas disponibles en la zona para una evacuación secreta y silenciosa durante la noche. Las ventajas del plan eran claras, ya que el clima desfavorable impidió que los británicos rodearan por completo a los estadounidenses e incluso obstaculizaron al enemigo con poca visibilidad. Pero el éxito de la maniobra se determinaría principalmente por la cantidad de tiempo que tomara transportar miles de soldados de un punto a otro, y factores como el viento y la marea exacerbaron la velocidad de los viajes a través del río. Lógicamente, poco pudo hacer Washington para reducir la duración del esfuerzo o aliviar las dificultades que encontraron las tripulaciones al pasar a Manhattan. Sin embargo, el general estadounidense podría reducir considerablemente el riesgo de que cualquier información reveladora llegara al ejército británico.

En una serie de mensajes dirigidos a las fuerzas estadounidenses en Long Island y Manhattan, Washington y sus subordinados directos comunicaron: «Tenemos muchos batallones de Nueva Jersey que vendrán esta noche para relevar a los que están aquí. Ordene cada lancha de fondo plano, y otras embarcaciones aptas para el transporte de tropas, a Nueva York lo antes posible». En lugar de proporcionar detalles que insinuaban la retirada del Ejército Continental, George Washington trabajó para dar la impresión de reunir más soldados para una defensa continua. Para resolver cualquier duda causada por la llegada repentina de las lanchas, Washington puso en práctica planes de acción adicionales. Complementó el comunicado original engañoso con información como que al mismo tiempo que los refuerzos llegaban a Long Island, las tropas enfermas y agotadas se retirarían a través del río. Washington, además, promovió la idea de que el ejército se había descansado por la noche, y ordenó a sus soldados que encendieran y mantuvieran fogatas. Estas estrategias fueron esenciales para reducir la amenaza de exposición, ya que el descubrimiento de las verdaderas actividades del Ejército Continental a través de informantes habría provocado que Howe abandonara su asedio y lanzara un asalto directo a la posición de Washington. Al eliminar preventivamente las sospechas con respecto a los verdaderos motivos del Ejército Continental, Washington tuvo la libertad de transportar a nueve mil hombres de una orilla a otra y escapar de las fuerzas de lord Howe en la mañana nublada del 30 de agosto.

George Washington repetiría algunas de las técnicas que utilizó en la batalla de Long Island en otros momentos clave de la Revolución Americana, habiendo aprendido de las primeras experiencias de guerra que engañar o incluso retrasar al enemigo era preferible a una confrontación directa. En la batalla de Assunpink Creek, el Ejército Continental pasó días implementando maniobras para evitar un combate cara a cara con los británicos. El 2 de enero de 1777, cuando las tropas de lord Cornwallis descubrieron una ruta que habría subvertido los preparativos defensivos de Washington, el uso de fogatas una vez más ocultó una marcha nocturna del ejército británico que, en aquellos momentos, se estaba preparando para un ataque. A la mañana siguiente, mientras lord Cornwallis, con las manos vacías, inspeccionaba los campamentos desiertos, las fuerzas americanas atacaron las líneas de suministro británicas en Princeton.

L'AMOUR paternel qui a toujours animè le cœur du Roy pour les habitans du Canada, et le desir de les Soustraire à la domination des Anglois, ont determiné Sa Majesté a envoyer dans un des ports Americains des forces de terre et de mer capables d'effectuer ce grand objet. Au moment de leur arrivèe au point ou elles doivent joindre les troupes des Etats unis, les Generaux des deux nations alliès prendront de concert les moyens les plus prompts pour remplir le vœu du Congrès et celui du Roy, en travaillant a l'independance du Canada; et si les françois vòlent avec joye au Secours de leurs freres opprimès, ils ne doutent pas que ceux ci ne S'empressent a secouer le joug de l'enemi commun.

Le tems est enfin venu ou le Canada Sera rendu a lui meme, et en se joignant aux treize Etats independants va resserrer les liens de cette etroite amitié qui les unit pour jamais à la France. Par combien de motifs une telle alliance doit-elle etre chere aux habitans du Canada, a ceux qui sentent couler le sang françois dans leurs veines, et qui sous la tyrannie d'un gouvernement etranger n'ont cessè de se glorifier de ce nom? Admis a la Confederation ou le Congrès n'a cessé de les appeller, ou l'affection du Roy s'empresse de les inviter encore, ils en partageront tous les avantages et commenceront par se choisir une constitution qui leur convienne. Le Clergè, la Noblesse, le Peuple, tous les ordres de l'Etat trop longtems meconnus et negligés, verront refleurir leur religion, leurs privileges et leurs moeurs. Ils retrouveront dans leurs alliès des freres cheris auxquels ils sont attachès par une communautè de naissance, de sentiments et d'usages, et n'auront plus a craindre les profanations, les mepris, et les insultes d'un maitre etranger.

Aprés tant de preuves de patriotisme et d'honneur qui ont toujours distinguè les Canadiens, Sa Majestè, ainsi que le Congrès des Etats unis, croiroient ne pas leur rendre assès de justice s'ils employoient dautres motifs pour les rappeller a cequ'ils doivent a leurs compatriotes françois, aux Americains, a eux mémes. Que de raisons cependant ils trouveront dans leur propre coeur pour les animer a lavengeance, a l'amour de la libertè, pour les faire voler Sous nos drapeaux, en remplissant par cette cooperation les premieres conditions de l'alliance entre la France et les Etats unis!

C'est avec une Satisfaction particuliere que nous Marquis de la Fayette, Major general au Service des Etats unis de l'Amerique, Mestre de camp, commandant le Regiment de Dragons de Sa Majestè, Commandant en chef les troupes americaines destinèes a cooperer en Canada avec les armèes françoises, &c. &c. D'aprés les pouvoirs et instructions dont nous Sommes munis a cet effet, declarons au nom du Roy, et au nom du Congrès des Etats unis, a quiconque il appartiendra

Que dans la juste guerre ou Sa Majestè se trouve engagèe, et en consequence des represailles auxquelles elle a été forcèe par les hostilitès de la grande Bretagne, il luy a plu destiner une armèe de terre et de mer pour cooperer avec celle. des Etats unis a la delivrance du Canada.

Qu'en Se reunissant aux Etats unis pour engager le Canada dans leur confederation, et par consequent dans l'alliance qui les attache a la France, Sa Majestè invite la Noblesse et tous les habitans a joindre les armèes, combinèes pour cette heureuse revolution.

Que Sa Majestè jugeant de l'affection des Canadiens par les Sentimens de Son propre coeur, est intimement persuadèe, ainsi que le Congrès des Etats unis, que les troupes alliès trouveront dans le pays toutes les ressources et secours dont (sans faire le moindre tort aux interets des habitans) il peut etre susceptible; que les Canadiens tacheront de ramener les anciennes dispositions des Sauvages, et de se procurer toutes les connoissances qui peuvent contribuer a nos Succès.

Quoique bien loin de penser qu'aucun françois du Canada fut capable de joindre les Anglois nos enemis communs, et de les aider a verser le sang de ses propres freres, la Sagesse de Sa Majesté et celle du Congrès les engage a prevenir les Canadiens que les moindres Secours donnés aux troupes Britanniques dans leurs preparatifs de defense en augmentant les difficultés et dangers des alliés doivent etre considerès par eux comme des actes d'hostilitès.

M. Le Comte de Rochambeau, Lieutenant General des armèes du Roy, grand croix de l'ordre Royal et militaire du St. Louis, et Commandant l'armèe de Sa Majesté, doit publier apres Son arrivèe, une invitation plus particuliere pour joindre le Canada à la Confederation des Etats unis, et nous Serons chargés de renouveller aux Canadiens les dispositions fraternelles desdits Etats dans les assemblees convoquées a cet effet. Les instructions que nous avons recues se bornent pour le present a faire connoitre aux Canadiens les projets de Sa Majesté et du Congrès des Etats unis pour leur delivrance, et a les inviter a seconder nos efforts en rompant eux memes les fers sous lesquels ils gemissent. Fait au quartier General, de

Sur la Riviere de Connecticut, le

mille Sept cens quatre Vingts.

Signé LA FAYETTE.

Par ordre du General,

Capitaine secretaire.

EL RESULTADO JUSTIFICA EL HECHO

Washington también implementó distracciones y estrategias pasivas para obtener una ventaja trascendental sobre el ejército británico. Las memorias de uno de los revolucionarios colaboradores de Washington, Elkanah Watson, relatan cómo el general estadounidense entregaría a los almacenes barriles de pólvora que (en realidad) eran artículos de utilería llenos de arena, puestos a engañar a la inteligencia enemiga. La creatividad de Washington, sin embargo, no estaba limitada a fogatas o accesorios falsos. Para acompañar sus técnicas militares físicamente engañosas, con frecuencia difundía la desinformación a través de publicaciones o informes fraudulentos bien ubicados. Un ejemplo notable es su colaboración de 1780 con el aristócrata francés Gilbert de Motier, también conocido como el Marqués de Lafayette, para imprimir una proclamación en Filadelfia dirigida a los ciudadanos de Quebec:

> El amor paternal que siempre ha animado el corazón del rey para los habitantes de Canadá, y el deseo de liberarlos del dominio de los ingleses, determinó que Su Majestad enviara a uno de los puertos estadounidenses fuerzas capaces de tierra y mar para realizar Este gran objetivo. Cuando lleguen al punto donde deben unirse a las tropas de los Estados Unidos, los generales de las dos naciones aliadas tomarán las medidas más rápidas para cumplir el deseo del Congreso y el del Rey, trabajando por la independencia de Canadá...
>
> Por fin ha llegado el momento en que Canadá se restaurará, y al unirse a los trece estados independientes reforzará los lazos de amistad íntima que los une para siempre a Francia. ¿Por cuántos motivos una alianza de este tipo debe ser querida para los habitantes de Canadá, para aquellos que hacen que la sangre francesa fluya por sus venas...? Son admitidos en la

Confederación donde el Congreso no ha dejado de llamarlos, donde está el afecto del Rey ansiosos por invitarlos nuevamente, y donde compartirán todas las ventajas y comenzarán eligiendo una constitución que les convenga.

El texto en sí no se creó para inspirar verdaderamente al Canadá francés a unirse a la Revolución Americana. Las posibilidades de que Canadá hubiera actuado de verdad contra Gran Bretaña en cualquier caso eran muy bajas, ya que —aparte de las alineaciones económicas y políticas existentes que favorecían el gobierno británico— la Ley de Quebec aprobada por el Parlamento británico en 1774 otorgó una serie de privilegios diseñados específicamente para satisfacción de la comunidad católico-francesa. Más bien, el objetivo final del documento de Washington era dar a los británicos la impresión de que ellos habían interceptado un ejemplar de propaganda francesa que detallaba una amenaza inminente dentro de los territorios canadienses. Para causar esta impresión, Washington y Lafayette decidieron incluir información que representaría un peligro realista para el ejército británico.

La proclamación hacía referencia a la llegada del teniente general Rochambeau, quien estaba en camino a llegar a los territorios de América del Norte en el verano de 1780 con un contingente de seis mil soldados franceses. Si George Washington lograra engañar a los británicos para que pensaran que Rochambeau se dirigía en dirección a Quebec, en lugar de su verdadero destino en Newport, Rhode Island, él podría obligar a la inteligencia británica a enviar sus refuerzos en una persecución sin sentido, desviando de una forma efectiva miles de soldados enemigos de los territorios de los Estados Unidos. Cualquier esfuerzo dedicado a detener la invasión canadiense imaginaria (y las rebeliones francesas imaginarias) distraería a los «casacas rojas» durante semanas sin costo alguno para el ejército estadounidense, pero a un costo tremendo para los británicos.

El siguiente paso del plan era imprimir cientos de copias de la proclamación y distribuirlas en Nueva York, que todavía estaba bajo control del enemigo, y, con el tiempo, los contactos de Washington en la ciudad habrían asegurado que la falsa propaganda fuera descubierta por miembros del ejército británico. Al ejecutar la creación de la proclamación, Washington encargó al general Benedict Arnold que imprimiera un borrador en Filadelfia. Curiosamente, en su carta del 4 de junio de 1780, Washington pidió discreción, secreto y precaución en la organización de la impresión de un «borrador de una proclamación dirigida a los habitantes de Canadá», y advirtió a Arnold que debía asegurarse de que su contacto en la imprenta era lo suficientemente confiable y prudente como para destruir cualquier copia adicional de aquel borrador. Es decir, Washington no proporcionó los detalles de su plan a su compañero militar. El riesgo de que un informante interceptara la carta antes de llegar a Benedict Arnold era muy real, por lo que, por precaución, lo mejor para Washington era mantener la farsa de una conspiración secreta francoestadounidense. Lo que es interesante es que, sin que Washington lo supiera en ese momento, Benedict Arnold era en realidad un informante para el ejército británico y personalmente informó a los «casacas rojas» de la invasión inminente de Quebec. Sin darse cuenta, George Washington había garantizado el éxito del informe fraudulento antes de que la versión final de la proclamación llegara incluso a los impresores de Filadelfia.

La suerte definitivamente tuvo un papel en las decisiones de Washington, pero el uso continuo del engaño no fue accidental, y muchas veces sirvió como una forma personal de seguro. En los eventos que rodearon la Proclamación canadiense, por ejemplo, quizás Washington no sabía que Benedict Arnold era un traidor a la causa estadounidense, pero sí sabía que los traidores existían y que su trabajo consistía en subvertir sus esfuerzos. Así que, la fachada que presentaba —tanto a sus amigos como enemigos— a lo largo de la guerra tuvo un doble propósito para mejorar sus posibilidades de éxito. Después de la guerra, Washington admitió abiertamente que había engañado tanto a los bandos británicos como estadounidenses, enfatizando elocuentemente la importancia de la técnica en sus campañas de 1780-1781 en una carta a Noah Webster del 31 de julio de 1788:

La batalla de Bunker Hill, grabado por Phillibrown
[The New York Public Library].

[...]determiné (casi doce meses antes) a toda costa comunicar y hacer que los más altos oficiales militares y civiles creyeran que Nueva York era el lugar de ataque destinado, con el importante propósito de inducir los Estados del Este y Medio para hacer mayores esfuerzos en facilitar suministros específicos de lo que hubieran hecho de otra manera, así como con el interesante propósito de hacer que el enemigo esté menos preparado en otro lugar[...] ya que nuestros asuntos estaban en el estados más ruinoso imaginable: que se pensaba que Nueva York estaba más allá de nuestro esfuerzo y, en consecuencia, la única duda que quedaba fue elegir entre un ataque al ejército británico en Virginia o el de Charleston...

Solo añado, que nunca se contempló atacar a Nueva York, a menos que la guarnición primero hubiera estado gastado hasta el punto de no seguir con las operaciones del sur, para que nuestro éxito en el asedio de ese lugar fuera tan infalible como cualquier evento militar futuro. Porque lo repito, y lo considero una y otra vez, alguna ventaja esplendida [...] era tan esencial para revivir las esperanzas y los esfuerzos lánguidos del país, en la crisis en cuestión, que nunca hubiera consentido embarcarme en ningún plan, desde el plan más racional y los cálculos precisos, la cuestión favorable no quedaría tan clara a mi parecer como un rayo de luz.

Que invirtieron tanto esfuerzo y delicadeza para confundir y desconcertar a Sir Henry Clinton con respecto al objeto real, mediante comunicaciones ficticias, así como haciendo una provisión engañosa de hornos, forraje y barcos en su vecindario, es seguro. Tampoco se tomaron menos esfuerzos para engañar a nuestro propio ejército; porque siempre había concebido que, cuando la imposición no tuvo éxito en casa, nunca podría tener éxito en el extranjero.

Lafayette y Washington en el Mt. Vernon, 1784, de Thomas Prichard Rossiter [The Metropolitan Museum of Art].

La carta de Washington indica que, como en la colaboración entre Lafayette y Washington, el objetivo era atraer a la inteligencia británica para que desviara tiempo y suministros valiosos a un lugar que no corriera el riesgo de un ataque. Al mismo tiempo, la falsa ofensiva de Nueva York estaba dirigida indirectamente a la población estadounidense, con la esperanza de revitalizar la moral nacional con una victoria militar y proporcionar al Ejército Continental recursos adicionales de los estados. Al considerar esta estrategia de 1780-1781, las justificaciones de Washington recuerda las palabras que decoran su escudo de armas familiar: *exitus acta probat*, o más bien, el resultado justifica el hecho.

La lista de los engaños de Washington es larga. Los informes fraudulentos escritos por George Washington convencieron a lord William Howe de que sus fuerzas en Morristown eran doce mil cuando el número real de soldados estaba más cerca de tres mil. Una red de espionaje que utilizaba cifras y códigos secretos, identidades falsas, y tinta invisible funcionaba tanto para proporcionar información vital a Washington como sabotear la inteligencia británica. Los mensajes filtrados multiplicaron los suministros de Washington, convirtiendo treinta y seis barriles de pólvora en mil ochocientos barriles imaginarios. Propaganda falsa, despachos manipulados, desvíos, artículos de utilería... Washington mintió en cada oportunidad como parte de las tácticas que puso en práctica el 8 de septiembre de 1776, después de la batalla de Long Island. Los constantes trucos y farsas fueron una faceta de una guerra que favoreció la demora y la defensa en compensación del hecho de que el Ejército Continental nunca tuvo las armas, los números o los fondos para competir con el ejército británico.

Lord William Howe grabado por Henry Bryan Hall.

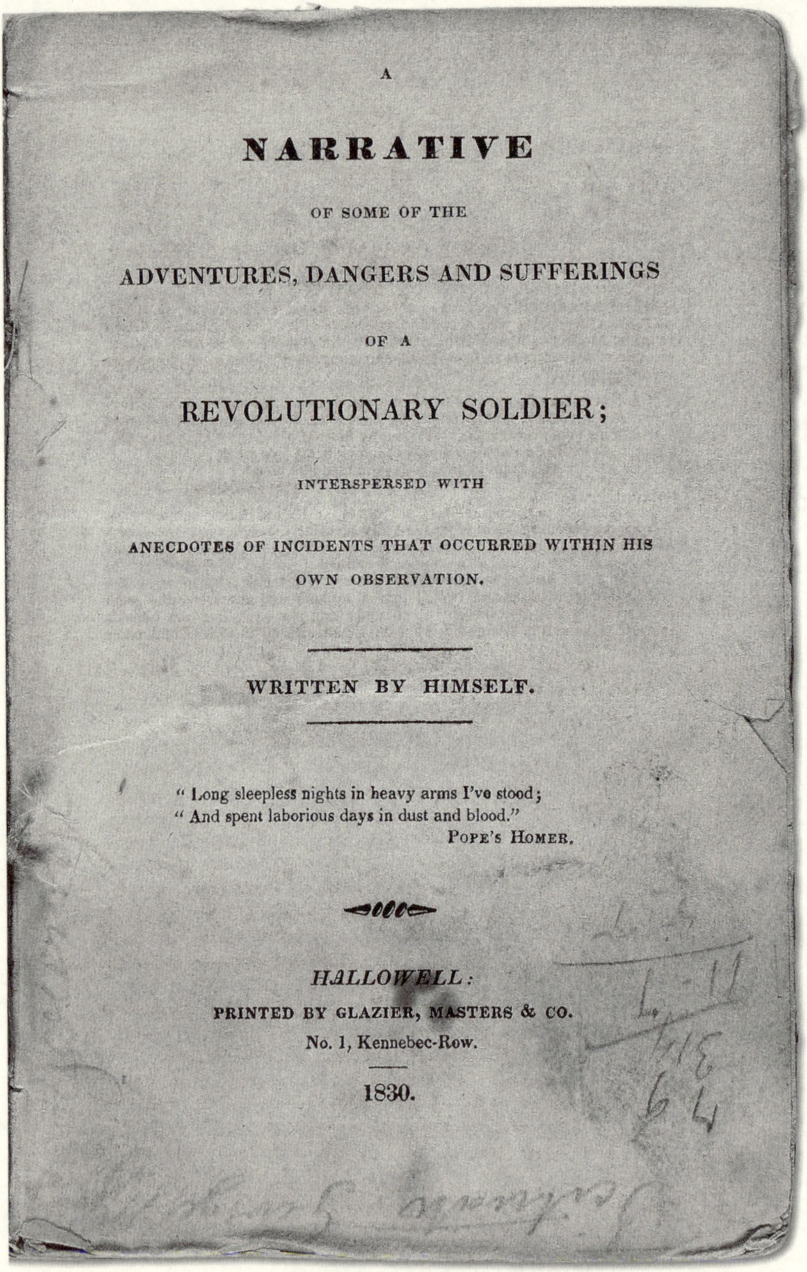

A

NARRATIVE

OF SOME OF THE

ADVENTURES, DANGERS AND SUFFERINGS

OF A

REVOLUTIONARY SOLDIER;

INTERSPERSED WITH

ANECDOTES OF INCIDENTS THAT OCCURRED WITHIN HIS OWN OBSERVATION.

WRITTEN BY HIMSELF.

" Long sleepless nights in heavy arms I've stood;
" And spent laborious days in dust and blood."
POPE'S HOMER.

HALLOWELL:
PRINTED BY GLAZIER, MASTERS & CO.
No. 1, Kennebec-Row.

1830.

Página de título de la obra de Joseph Plumb Martin *A Narrative of Some of the Adventures, Dangers and Sufferings of a Revolutionary Soldier* (*Narración de algunas de las aventuras, peligros y sufrimientos de un soldado revolucionario*), publicado en 1830 por Hallowell.

DEBILIDAD OCULTA

Al revisar la carrera de guerra de Washington, hay cierta discusión sobre si el *Virginiano* fue la elección correcta para el Comandante en Jefe en la Guerra de la Independencia. El propio George Washington reconoció sinceramente sus deficiencias en lo que respecta a su experiencia militar, y en la Revolución Americana solo logró tres victorias en nueve batallas importantes. Pero esos resultados estaban relacionados con el estado del Ejército Continental, que presentaba grandes dificultades e impedía sus posibilidades de éxito desde el principio. Los fondos tenían que organizarse a través del estado y el Congreso Continental, que eran extremadamente ineficientes en la recaudación de impuestos. La ausencia de autoridad central y la falta de coordinación entre los estados significó que el Ejército Continental no tenía los suministros para enfrentar una guerra con un enemigo. Los relatos personales de los soldados que sirvieron bajo el mando de Washington, en los primeros años, detallan cómo el ejército a menudo escaseaba en municiones, ropa protectora, calzado o comida. En 1777, el soldado Joseph Plumb Martin escribió una entrada en el diario de su cena de Acción de Gracias en la que, después de los servicios de la iglesia, él «no tenía nada más que hacer que ir a casa y salir [...] cenar como siempre, en una pata de nada y sin nabos». El general John Sullivan se quejó a Washington de que el ejército estaba «sin abrigos de vigilancia, la mitad sin mantas y más de un tercio sin zapatos, medias o calzones, y muchos de ellos sin camisa». A pesar de la gravedad de estos problemas, el gobierno provisional no siempre tuvo los medios para apoyar los avances de Washington. Las IX Revistas del Congreso Continental muestran cómo, el 10 de diciembre de 1777, el Congreso aprobó una resolución de emergencia en la que George Washington se vio obligado a valerse por sí mismo, otorgándole permiso para: «ordenar que se llevan todo tipo de suministros y provisiones en el país [...] que puede ser beneficioso para el ejército o útil para el enemigo, de todas las personas sin distinción, dejando las cantidades que juzgue necesarias para el mantenimiento de sus familias.»

El proceso detrás de la creación del Ejército Continental revela más problemas. Las trece colonias originales no tenían un ejército propio durante los años de dominio británico, por lo que las milicias estatales y los regimientos temporales se unieron para formar el nuevo ejército estadounidense. Estos no eran soldados de oficio, sino hombres que se habían ofrecido como voluntarios, sirviendo al Ejército Continental por tan solo tres meses o hasta un año (el tiempo máximo de alistamiento). Al comienzo de la guerra, cada doce meses se tenía que reclutar un ejército casi completamente nuevo, saboteando la continuidad de la disciplina y las maniobras. Las condiciones mejoraron en cierta medida después de que el Congreso extendió los períodos de alistamiento a tres años, y tanto los préstamos como la ayuda militar de países europeos

proporcionaron a Washington un valioso apoyo. Pero eso no cambia el hecho de que durante años Washington tuvo que prolongar una guerra revolucionaria utilizando un ejército continental severamente limitado que no podía competir directamente contra una de las fuerzas militares más fuertes del mundo. En una carta a Joseph Reed del 10 de febrero de 1776, Washington expresó su perspectiva inicial sobre las fuerzas estadounidenses a su disposición:

> Mi propia situación es tan molesta para mí a veces, que, si no consultara el bien público, más que mi propia tranquilidad, habría puesto todo al azar desde hace mucho tiempo. Lejos de tener un ejército de veinte mil hombres bien armados, he estado aquí con menos de la mitad de ese número, incluidos enfermos, ausentes, y a la orden, y aquellos no están armados ni vestidos, como deberían ser. En resumen, mi situación ha sido tal que me he visto obligado a utilizar el arte para ocultarlo a mis propios oficiales.
>
> La excursión enviada a Bunker´s Hill tenía algunos hombres buenos y malos involucrados. Se han llevado a cabo uno o dos tribunales sobre la conducta de parte de ellos. Para ser claros, no se debe depender de estas personas si se exponen; y cualquier hombre peleará bien si cree que no está en peligro.

La carta presenta uno de los primeros momentos en la carrera de Washington como Comandante en Jefe, donde resolvió ocultar las debilidades de las fuerzas bajo su mando. Es un momento que lo llevó a inspirar la esperanza de una victoria futura por el bien de sus propios hombres, y desde allí Washington escaló a mentir sobre las deficiencias de su ejército a los británicos, a mentirle a los Estados Unidos de América, y finalmente al mundo o quién quisiera escuchar. Es un momento que llevó a Washington a decidir que, si se enfrentara a una situación tan desesperada con una fuerza tan exigua, debía engañar a todos.

Esta no es la imagen de Washington de nuestra infancia. Cuando somos niños, sabemos que George Washington es importante para la historia de Estados Unidos porque conocemos historias sobre él o porque vemos su rostro y su nombre en todas partes. Esta idea es limitada, pero a menudo es lo que más se destaca, incluso si sabemos que la información es falsa o incompleta.

Mi idea de George Washington estaba restringida al símbolo del hombre severo y resuelto que aparecía en mi paga semanal. Ahora, como adulto, sé que los hombres y mujeres que se ilustran en cada pieza de dinero tienen su propia historia, y aunque no lo sabía hace treinta años, cada billete de un dólar que ingresó en mi pequeña billetera representaba un estadounidense que, a través de su propio impulso, se lanzó de cabeza a un mar de problemas y una guerra de ocho años sin recursos. El billete de un dólar representa a un hombre que se vio obligado a ocultar los últimos fracasos y debilidades de la Revolución Americana, y resolvió usar cada oportunidad y truco de zorro que tenía bajo la manga para cansar a los ejércitos británicos hasta que la persistencia condujera a la victoria final. Representa a un hombre que valoró cada contribución al avance de la causa de su nación, ya que realmente entendió lo poco que realmente tenía. El billete de un dólar también representa lo que sí tenía George Washington, que era la firme convicción del valor de su propia identidad y libertad. Washington eligió mentiras si eso significaba que podía proteger esa convicción y las esperanzas de sus compatriotas estadounidenses.

George Washington no es un héroe debido a sus grandes victorias militares, o por ser presidente, tener monumentos gigantes o tener su nombre escrito en las paredes de la escuela. Washington es un héroe porque, en los momentos en que Estados Unidos enfrentó la guerra y la crisis, el *Virginiano* se esforzó incansablemente por preservar la causa estadounidense. Cuando se habla del nacimiento de la nación, Washington es una figura indispensable, y parece injusto cuando su historia se reduce a imágenes, símbolos o fábulas fácilmente reconocibles. Pero, como esas historias son las que recordamos tan fácilmente, tal vez es hora de seguir el ejemplo de Parson Weems y hacer una nueva historia sobre el joven George Washington..., una en la que siembra una semilla que brota un árbol, y cuando el viento amenaza con arrancar el arbolito, George lo sostiene hasta que se vuelve fuerte y alto, y hasta que salen cerezas rojas brillantes y flores blancas bajo un cielo azul.

* * *

Puesto de hamburguesas en la feria del condado, Imperial, California. Russell Lee, 1942 [The New York Public Library].

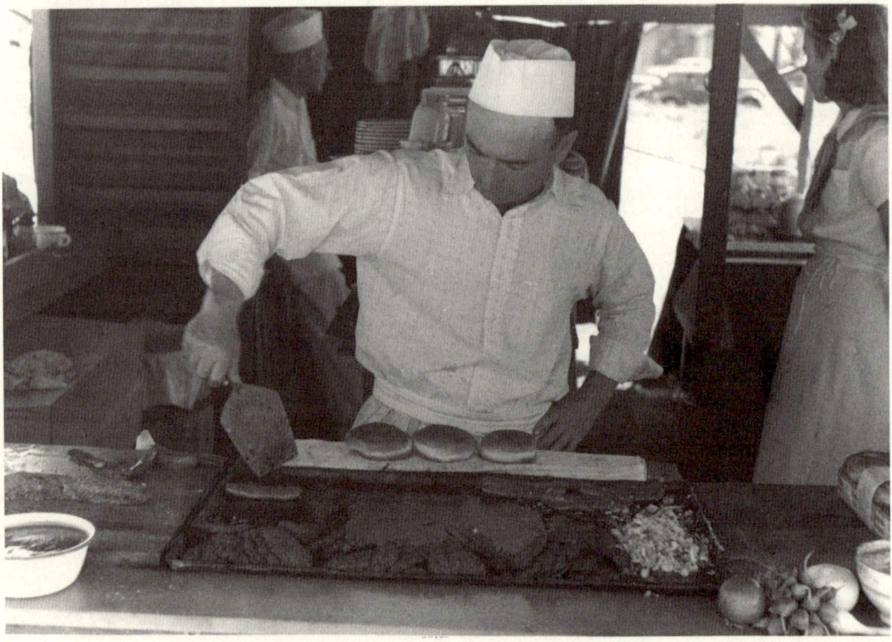

Un cocinero en un puesto de hamburguesas el 4 de julio, Vale, Oregón. Russell Lee, 1941 [The New York Public Library].

III
BURGERS

Cualquier día que mi padre encendía la barbacoa en el porche trasero era un día especial, porque generalmente significaba que íbamos a comer hamburguesas. Siempre cocinaba unas hamburguesas gruesas, con muchísima carne, con un trozo de queso cheddar amarillo por encima. La mejor parte siempre era cuando mi padre cogía una de las hamburguesas terminadas de la parrilla y la cortaba en pedazos. En esos momentos, mis hermanos y yo recibíamos una gran y deliciosa porción de hamburguesa con queso que estaba deliciosamente carbonizada y jugosa, y casi demasiado caliente para comer. Ese momento era, sin duda, mi favorito porque así, de su mano, la hamburguesa sabía mejor. También era la razón por la que nunca tenía hambre cuando nos sentábamos a la mesa.

Cuando me mudé a España, me llevó catorce años hasta que pude hacer (lo que era para mí) la hamburguesa perfecta. Había subestimado completamente la dificultad intrínseca que significaba replicar los sabores de mi juventud, y mis intentos esporádicos durante esos primeros catorce años solo arrojaron resultados decepcionantes. Incluso cuando pedía una hamburguesa en un restaurante (sea gourmet o no), el sabor casi siempre era cuestionable: el bollo se rompería en mis manos, el queso tendría una textura poco creíble y el filete de carne picada tendría demasiada carne o sufriría algún defecto más (como ser demasiado compacto, demasiado soso o tener un regusto artificial). Por un lado, sabía que estaba siendo demasiado exigente. Por otro lado, había una brecha cultural que no podía cruzar: una diferencia de opinión importante sobre si había una forma específica de hacer una hamburguesa correctamente.

Cada vez que hablaba el tema, resultaba difícil encontrar a alguien que pensara que la hamburguesa era algo más que comida basura. Mi amigo Ángel fue especialmente duro con lo que yo nostálgicamente consideraba el plato más emblemático de los Estados Unidos. Argumentó que la palabra «hamburguesa» era solo un término elegante para un sándwich, porque yo podía juntar casi cualquier combinación de ingredientes en un bollo, desde beicon a

Un granjero saborea una hamburguesa en el concurso de «peladura de maíz» del condado de Marshall, en Iowa. Arthur Rothstein, 1939 [Library of Congress].

aros de cebolla, hasta un huevo, siempre que tuviera un filete de carne de ternera picada. Pero incluso esa última condición tampoco era muy rígida, porque podría cambiar la carne de ternera por carne de cerdo, pollo, pavo, cordero, salmón, o alguna mezcla vegetariana. Los bollos también eran opcionales, ya que podían sustituirse por pan de molde, pan de baguette, un cruasán, hojas gruesas de lechuga, rodajas de berenjena o incluso donuts... Entonces, ¿dónde estaba la línea que separaba las hamburguesas de cualquier otro tipo de sándwich? Incluso optó por rechazar la idea de que la hamburguesa era realmente una receta estadounidense. ¿Su razonamiento? El hecho de que la combinación de carne picada y pan había existido en Europa y Asia antes de la formación de los Estados Unidos. Entonces, si la opinión del país que tan bien me ha acogido, sobre una de mis comidas favoritas era tan baja, ¿cómo podría esperar encontrar algo más que una hamburguesa de muy dudoso pedigrí?

Ángel tenía razón, en el sentido de que históricamente la hamburguesa ha permitido una cierta cantidad de improvisación y flexibilidad con los ingredientes. También fue correcto en su evaluación de que otras culturas han mezclado carne molida, o en algunos casos cordero o cerdo, con pan. La mayoría de los alimentos de los Estados Unidos se originan gracias a alguna forma de influencia cultural, y en muchas circunstancias las recetas de otros países han llegado a los libros de cocina estadounidenses. Pero, aunque algunos de los ingredientes de la comida pueden coincidir con platos históricos del pasado, la forma y el sabor exactos de la hamburguesa, tal como la conocemos, no existían antes de que se popularizara en los Estados Unidos. En realidad, la hamburguesa se convirtió en una comida icónica a través de cambios tecnológicos, industriales y demográficos en los Estados Unidos hace ciento veinte años, y a pesar de los ajustes a la receta original, los ingredientes tradicionalmente se han mantenido igual durante ese tiempo.

Sello postal con una mazorca de maíz y un toro de raza hereford, muy apreciada por la calidad de su carne, que conmemora el centenario de la fundación del Estado de Nebraska [Olga Popova].

Sello postal estadounidense de ocho centavos con un semental de la raza aberdeen angus, muy demandada por las características organolépticas de su carne [Shan Shan].

LOS PRIMEROS INGREDIENTES: CARNE PICADA Y EL AVANCE

La historia de la hamburguesa estadounidense comienza con los platos de carne picada de ternera y cerdo que emigraron a través del Atlántico desde Europa. *The Art of Cookery* de Hannah Glasse, una de las colecciones de recetas inglesas más vendidas, proporciona una clara evidencia histórica de que la carne picada había llegado a los Estados Unidos a principios del siglo XIX. La esposa de George Washington, Martha, poseía una copia de la edición de 1805 que Cotton & Stewart publicó en Alexandria, Virginia, y la versión estadounidense del texto menciona la carne picada en al menos cinco recetas diferentes. Pero estas referencias antiguas al uso de carne molida de ternera, ternera lechal, cordero o cerdo generalmente están relacionadas con la preparación de salchichas.

En mis investigaciones, yo quería encontrar algo que se pareciera a la hamburguesa moderna. Lo encontré en *The Virginia Housewife* de Mary Randolph, de 1824, que es el primer libro que lleva el equivalente de carne picada un paso más allá, ofreciendo una alternativa a la salchicha con los mismos ingredientes.

> Tome los trozos tiernos de carne de cerdo fresca, córtelos extremadamente finos: pique un poco de grasa y póngalos juntos en la proporción de tres libras de carne de cerdo a una de grasa, sazone mucho con pimienta y sal, añada una pequeña cantidad de salvia seca frotada en polvo, tenga las tripas bien preparadas, llénelas y cuélguelas en un lugar seco. Las salchichas son excelentes para hacer pasteles y fritos, pero no se conservarán tan bien como en las tripas.

Por su advertencia sobre la naturaleza perecedera del cerdo fresco picado, es evidente que Mary Randolph no diseñó específicamente la receta con el propósito de crear «tortas» de carne. La refrigeración eléctrica no existía a principios de 1800, y las cajas de hielo no fueron comunes hasta décadas después. Secar la salchicha habría sido un método común para preservar la carne picada durante un período prolongado de tiempo, por lo que la prioridad que Randolph le dio a la versión de salchicha del plato es lógica. La mención de los «pasteles» fritos parece ser una ocurrencia tardía; un plato opcional de improviso para acompañar la preparación de carnes curadas después de una matanza.

Las recetas que usaban carne picada como ingrediente asado o frito se hicieron más comunes una vez que los libros de cocina comenzaron a eliminar los pasos básicos para ahumar, salar y curar carnes en la última mitad del siglo XIX. Este cambio en la técnica de cocina coincidió con una serie de desarrollos territoriales, tecnológicos e industriales que influyeron tanto en la industria ganadera como en la forma en que las familias estadounidenses comían. Piensa en el vaquero, para 1870, Estados Unidos había acumulado territorios que se extendían desde Nueva York a California. Con la disponibilidad de grandes trechos de tierra rural, la cría de ganado —para la producción de lácteos y carne— resultó ser una de las industrias de crecimiento más rápido en los estados recién inaugurados. Podemos ver este crecimiento en documentos gubernamentales, como el Boletín del Departamento de Agricultura de los Estados Unidos, número 176, que registró un aumento de más de trescientos por ciento solo en la producción de mantequilla (los números saltaron de 514 000 000 a 1 619 000 000 libras de mantequilla entre 1870 y 1910). Otra fuente: el Informe Anual de la Oficina de Industria Animal para el año 1886, señala cómo los centros de empaquetado de carne de ternera occidentales exportaban grandes cantidades de ternera al este de los Estados Unidos «para satisfacer la demanda». También indica que los estados como Michigan, que se centraron en la elaboración de mantequilla o leche, engordaban su ganado para el mercado una vez que ya no eran «rentables» a los efectos de la producción lechera.

La creación del ferrocarril transcontinental, en combinación con los sistemas de refrigeración eléctrica y de hielo recientemente implantados para vagones, complementaron el crecimiento de la industria ganadera a fines del siglo XIX. El Informe BAI de 1886, por ejemplo, se maravilla del ingenio y la eficiencia detrás de la producción de carne de ternera, y detalla cómo los ranchos de ganado se habían aprovechado de los nuevos sistemas ferroviarios:

> [...] un distribuidor en una ciudad en el extremo oriental de Michigan puede ordenar por telégrafo en la tarde de un día, las carnes requeridas para el comercio del día siguiente. El pedido se completará y las carnes se enviarán por expreso, tal vez a las 10 en punto de la noche, y a las 7 en punto de la mañana siguiente, o 14 horas después desde que se ordenó el pedido, las carnes habrán llegado a la tienda. Se habrán cortado en los tamaños y formas más adecuados a las necesidades de los clientes [...] La ventaja de este sistema es, para el concesionario, que se libera de la necesidad de hacer viajes en el país con el propósito de comprar acciones; que se ahorra los gastos, la atención y la pérdida de asistir a la operación de un matadero [...] Esto le permite vender carnes de buena calidad a precios más bajos de lo que sería necesario cobrar si se compraran cerca de su ciudad [...] El consumidor encuentra su ventaja en el hecho de que obtiene carne que ha sido manipulada en las condiciones más favorables posibles (teniendo en cuenta la época de la que estamos hablando); se beneficia por el hecho de que puede elegir entre una variedad de calidad tan amplia como la que se puede encontrar en los grandes mercados, y por una reducción de los precios de las carnes que elija.

Los avances en la logística hicieron que el transporte de carne de ternera al este de los Estados Unidos fuera una realidad diaria, mientras que los esfuerzos de las empresas de envasado como Armor & Company trabajaron para reducir los costes del consumidor como una estrategia para dominar el mercado de la carne. En consecuencia, la carne fresca se convirtió en un producto relativamente accesible, abundante y (con el tiempo) barato en los Estados Unidos. Los libros de cocina estadounidenses reflejan esta abundancia, alejándose del proceso de conservación de la carne, marcando la transición desde el momento en que la carne molida pasa de ser un subproducto de la fabricación de salchichas a su propio plato.

El libro de cocina de la señora Lincoln. *Mrs. Lincoln's Boston Cook Book. What to do and what not to do in cooking*, editado por Roberts Brothers en 1884. En primer plano una de sus fotografías de estudio [Rabelais Inc., Fine Books on Food & Drink, Maine].

A partir de 1884, las instrucciones para hacer filetes de carne picada redonda y sazonada comenzaron a aparecer con más y más frecuencia. Del *Boston Cook Book* de Mary Johnson Bailey Lincoln, la receta de «tortas de carne a la parrilla» detalla lo siguiente…

> Pique carne de ternera cruda hasta que tenga una textura fina. Sazone con sal, pimienta y un poco de cebolla picada o jugo de cebolla. Conviértalo en pequeños pasteles planos y ase en una parrilla bien engrasada o en una sartén caliente. Sirva muy caliente con mantequilla o salsa Maitre de 'Hotel.

No se aprecia tanta diferencia entre el concepto de «tortas de carne a la parrilla» de los filetes de carne actuales y que la receta de Lincoln califica como el precursor publicado más antiguo de la hamburguesa. Curiosamente, el *Boston Cook Book* también incluye una de las primeras recetas conocidas para el «filete de Hamburgo», pero la relación entre el filete de hamburguesa de Lincoln y la hamburguesa moderna no es tan evidente, ya que el texto describe el plato como un filete de ternera aplanado y tierno en lugar de un filete de carne picada.

Esto cambia en la edición de 1918, que sustituye el filete con carne de ternera «picada» que se ha sazonado con jugo de cebolla. El cambio repentino después de treinta y cuatro años es llamativo y puede implicar una asociación entre la carne molida y la palabra «Hamburgo». Pero no está claro si esto se debe a que en 1918 las hamburguesas habían existido durante aproximadamente dos décadas, o porque otras recetas de filetes de Hamburgo usaban carne picada y la receta de Lincoln se actualizó para imitar esta tendencia.

El médico estadounidense James Henry Salisbury (1823-1905) «inventor» del *Salisbury steak* (filete ruso) [Samuel Sartain, 1883. *The Biographical Cyclopaedia and Portrait Gallery with an Historical Sketch of the State of Ohio*, I, Cincinnati: Western Biographical Publishing Company].

SALISBURY Y HAMBURGO

Entre 1884 y 1918 aparecen dos recetas destacables, la primera de *The Relation of Alimentation and Disease* del Dr. James Salisbury, publicada en 1888. Como el título lo indica en inglés, el libro explora las investigaciones de Salisbury sobre la conexión entre la salud de una persona y su dieta, inspirado en sus experiencias como médico en la Guerra Civil estadounidense. Las deficiencias en nutrición y las gastroenteritis representaban una seria amenaza diaria para los soldados, y contar con una fuente segura y sana de proteínas era una necesidad importante. La receta del «filete de Salisbury» se compuso en un avance de la ciencia nutricional. Si bien las instrucciones en esta receta usan extrañamente el término «bomba muscular» en lugar de términos más comunes como «carne molida» o «picada», el concepto detrás de la receta es similar a los «pasteles de carne a la parrilla» de Lincoln.

> Coma la pulpa muscular de carne de ternera en forma de tortas y a la parrilla. Esta pulpa debe estar lo más libre posible del tejido conectivo o adhesivo, la grasa y el cartílago [...] La pulpa no debe presionarse con demasiada firmeza antes de asar, o tendrá un sabor a hígado. Simplemente presione lo suficiente para mantenerlo unido. Haga los filetes de media pulgada a una pulgada de grosor. Ase a fuego lento y moderado sobre un fuego sin llamas ni humo. Cuando esté cocido, póngalo en un plato caliente y sazone al gusto con mantequilla, pimienta, sal. También use salsa Worcestershire o Halford, mostaza, rábano picante o jugo de limón en la carne si lo desea.

Seis años después (1894), el chef Charles Ranhofer hizo referencia al filete de Salisbury en su libro *The Epicurean.*

«Eso es», publicidad de la salsa worcestershire de Lea & Perrins'.

La versión de Ranhofer de los filetes de carne picada se desvía de la receta de Salisbury, en el sentido de que su libro detalla cómo «estos filetes crudos se sirven con frecuencia sin ningún condimento o bien sazonados y asados pocos hechos». La simplicidad del filete Salisbury de Ranhofer contrasta con una segunda y más elaborada receta que publicó bajo el nombre de «Filete de ternera, al estilo de Hamburgo».

Antes de *The Epicurean*, el término «Hamburgo» se había utilizado para identificar los tipos de salchichas (*The Art of Cookery*), así como los tipos de bistec (*Boston Cook Book*). Aunque el uso implicaba una afiliación a Alemania, las recetas en sí mismas no siempre establecieron un vínculo entre la palabra «Hamburgo» y el uso de carne molida, ni proporcionaron ingredientes o instrucciones que hicieron que los platos fueran notablemente alemanes. Esto cambia en cierta medida con la receta de «Filete de ternera al estilo de Hamburgo» del chef Charles Ranhofer, ya que incluye ingredientes que insinúan una conexión con el plato alemán / danés frikadellen. Las recetas de frikadellen a menudo combinan una mezcla de carne molida de ternera, cerdo y ternera lechal con especias, huevo, cebolla, leche o pan. Si bien la versión de Ranhofer no coincide en todos esos ingredientes, sí utiliza diferentes carnes, cebollas y migas de pan para formar albóndigas aplastadas:

> *Una libra de lomo de ternera sin tendones ni grasa; córtelo en una tabla de cortar con cuatro onzas de sebo de riñón de ternera, sin nervios ni piel o la misma cantidad de médula; agregue una onza de cebolla picada ligeramente frita en mantequilla; sazone todo con sal, pimienta y nuez moscada, y divida la preparación en bolas, cada una con un peso de cuatro onzas; aplánelos, rebócelos en pan rallado y fríalos en una sartén con mantequilla.*

Además de las similitudes entre frikadellen y el «filete al estilo de Hamburgo», hay detalles adicionales que sugieren que la receta de Charles Ranhofer se basó en la cocina del noreste de Europa. Ranhofer nació en Francia, se formó en París y fue chef del cónsul ruso y de la nobleza

Placa publicitaria de la salsa worcestershire de Lea & Perrins'.

francesa en Alsacia, que hace frontera con Alemania. Charles Ranhofer también fue chef en Delmonico's en Nueva York, y publicó su receta en un momento de la historia cuando la ciudad experimentó un notable salto en su población alemana.

Este salto de inmigración aconteció en la última mitad del siglo XIX. Una serie de crisis agrarias y financieras —en combinación con una mayor accesibilidad a los Estados Unidos— proporcionaron un incentivo para que los alemanes cruzaran el Atlántico, pasando por la isla Ellis y Nueva York en el proceso. A través de la fundación de compañías, como la Hamburg America Packet-Travel Stock Company (1847), decenas de miles de alemanes y europeos del este viajaron desde Hamburgo y Bremen a Nueva York. Durante los siguientes cien años los alemanes se convirtieron en uno de los grupos demográficos de mayor población entre los inmigrantes en los Estados Unidos. Esto se refleja en los informes del censo de población que en 1890 registraron 2,78 millones de residentes alemanes en los Estados Unidos, un número que solo fue superado por la comunidad inmigrante de las Islas Británicas.

Naturalmente, un mayor intercambio cultural estaba destinado a influir en los elementos gastronómicos. Pero independientemente de si el filete al estilo de Hamburgo de Charles Ranhofer se inspiró en este intercambio o sus antecedentes, como su nombre indica, lo que está claro es que los filetes de carne picada aparecieron en diferentes puntos de los Estados Unidos (Virginia, Massachusetts, Nueva York), en diferentes momentos (1824, 1884, 1888, 1894), de diferentes autores que no eran alemanes. Más importante aún, a pesar de las diferencias entre las diversas recetas, los pasteles de carne a la parrilla, el filete al estilo de Hamburgo y el filete de Salisbury eran todos sinónimos unos de otros. La historia detrás de cómo «Hamburgo» finalmente comenzó a formar parte de la palabra «hamburguesa», y quién colocó exactamente el filete de carne molida entre dos trozos de pan, no está del todo clara.

Por el momento, la Biblioteca del Congreso reconoce que Louis Lassen, inmigrante danés y propietario de «Louis' Lunch» en New Haven, Connecticut, inventó oficialmente la hamburguesa en 1900 para un cliente que tenía mucha prisa. La receta tradicional de «Louis' Lunch» consiste en un filete de carne picada de ternera a la parrilla, asada verticalmente con cebolla, en quemadores de gas de hierro fundido y servida con tomate entre dos rebanadas de pan. La edición del 16 de mayo de 1977 de la revista New York Magazine detalla brevemente cómo el término «hamburguesa» se originó con algunos marineros del puerto marítimo de Hamburgo, que eran conocidos de Lassen, que nombraron el plato en honor a ellos mismos.

El problema con este relato es que existen al menos otras cinco afirmaciones importantes sobre la invención de la hamburguesa, y la versión de Lassen es tan probable como el cuento de los contendientes reclamantes Frank y

El inmigrante danés Louis Lassen en su bar Louis' Lunch a principios del siglo XX [Louis' Lunch].

Charles Menches sobre quedarse sin salchichas en la feria de la ciudad de Hamburgo (del estado de Nueva York) o el relato de Charlie Nagreen donde aplastó una albóndiga entre dos pedazos de pan. Las historias de origen de Fletcher Davis, Oscar Weber Wilby, Charlie Nagreen, los hermanos Menches y Otto Kause son interesantes, pero tener que buscar pruebas anecdóticas —y comparar quién tiene el discurso más creíble— no vale la pena cuando la verdad es que, a fines del siglo XIX, los Estados Unidos estaba pasando por un tipo de renacimiento del sándwich. El hot dog, el sándwich de pastrami, el Reuben, el sándwich de mantequilla de cacahuete y mermelada, el sándwich club..., todos estos platos icónicos estadounidenses (y más) se inventaron entre fines del siglo XIX y principios del siglo XX. La innovación detrás de colocar una selección de carnes, quesos y salsas entre dos piezas de pan no se limitó a la invención de la hamburguesa, sino fue una tendencia estadounidense de aprovechar los alimentos que proporcionarían una comida ideal para los vendedores ambulantes, eventos sin asientos permanentes (ferias, rodeos, circos...) o servicio de mesa, e incluso restaurantes que servía una población activa que trabajaba —según el Censo de los Estados Unidos— un promedio de más de sesenta horas en fábricas industriales entre 1850 y 1900.

EL PAN

La historia de la hamburguesa no se detiene en el momento en que Louis Lassen, Charlie Nagreen, Fletcher Davis, Otto Kause, Oscar Wilby o Menches comenzaron a servir la hamburguesa. La hamburguesa tenía una serie de precursores que le dieron a la comida sus propias contribuciones y que llevó la comida de ser un «best seller» local a un artículo que estaba estandarizado y nacionalizado. Parte de este proceso comenzó con la mejora del segundo ingrediente vital para la hamburguesa: el pan. Rollos, bollos y «baps» estuvieron presentes en los libros de cocina desde 1805 como mínimo, ya que *The Art of Cookery* enumera los rollos franceses entre los ingredientes principales para la receta del plato «The Floating Island». En 1824, Mary Randolph publicó una receta para un rollo suave que se asemeja a un bollo o pan de hamburguesa en *The Virginia Housewife*, bajo el título «Bollos de batata».

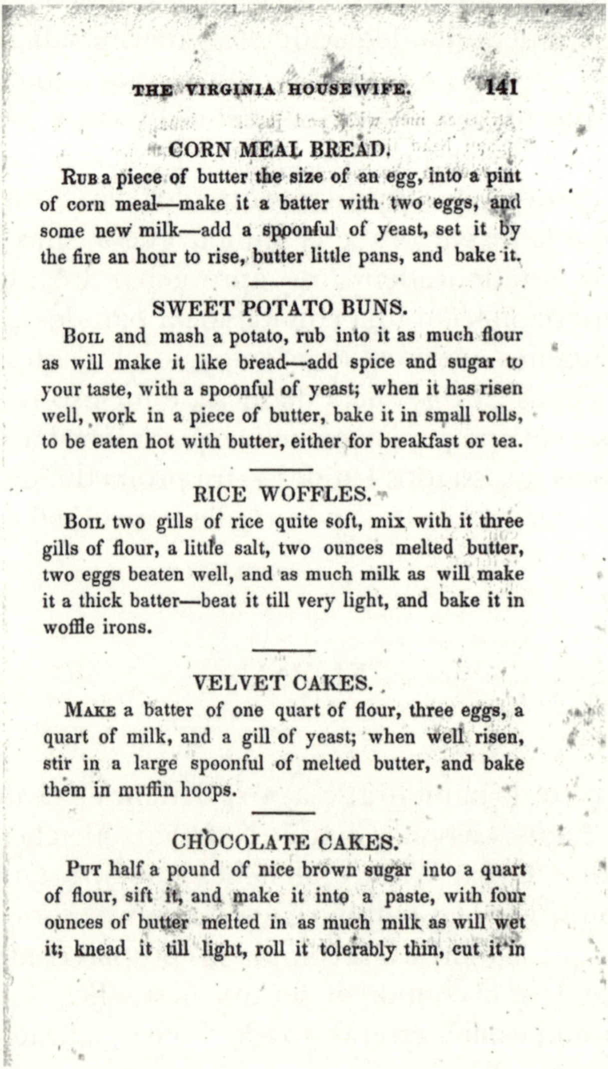

THE VIRGINIA HOUSEWIFE. 141

CORN MEAL BREAD.

Rub a piece of butter the size of an egg, into a pint of corn meal—make it a batter with two eggs, and some new milk—add a spoonful of yeast, set it by the fire an hour to rise, butter little pans, and bake it.

SWEET POTATO BUNS.

Boil and mash a potato, rub into it as much flour as will make it like bread—add spice and sugar to your taste, with a spoonful of yeast; when it has risen well, work in a piece of butter, bake it in small rolls, to be eaten hot with butter, either for breakfast or tea.

RICE WOFFLES.

Boil two gills of rice quite soft, mix with it three gills of flour, a little salt, two ounces melted butter, two eggs beaten well, and as much milk as will make it a thick batter—beat it till very light, and bake it in woffle irons.

VELVET CAKES.

Make a batter of one quart of flour, three eggs, a quart of milk, and a gill of yeast; when well risen, stir in a large spoonful of melted butter, and bake them in muffin hoops.

CHOCOLATE CAKES.

Put half a pound of nice brown sugar into a quart of flour, sift it, and make it into a paste, with four ounces of butter melted in as much milk as will wet it; knead it till light, roll it tolerably thin, cut it in

> Hierva y machaque una patata, añada harina hasta que adquiera una consistencia que pueda parecer pan; añada especias y azúcar a su gusto, con una cucharada de levadura; Cuando haya subido bien, trabaje en un trozo de mantequilla, hornee en rollos pequeños, para comer caliente con mantequilla, ya sea para el desayuno o el té.

Pequeños panecillos hechos con levadura, y a veces con patata, como es el caso de Martin´s Famous Potato Rolls, se convirtieron en una parte permanente de la historia de las hamburguesas cuando Walter Anderson abrió un puesto de hamburguesas en Wichita, Kansas, utilizando una receta de pan que preparó por primera vez en 1916. Poco después, Anderson abrió dos puestos más y firmó un contrato para abrir un cuarto puesto con Edgar «Billy» Ingram en 1921. La asociación entre Anderson e Ingram condujo a la creación de la primera cadena de restaurantes de hamburguesas «White Castle», que se extendió a más de una docena ciudades durante los diez siguientes años.

Anderson fue el último de una larga lista de norteamericanos en hacer rollos de sándwich, pero el primero en normalizar el uso de bollos redondos en la preparación de hamburguesas y en lanzar el producto en varias ciudades simultáneamente. Como consecuencia, el nuevo bollo esponjoso de hamburguesa logró sustituir en gran medida el pan rebanado y otros panecillos dondequiera que se expandió White Castle. El impacto de este giro en los acontecimientos es considerable. Desde 1916 hasta ahora, la fabricación del bollo blando ha avanzado notablemente, ya que la producción moderna de panecillos para hamburguesas requiere controles especializados de temperatura y sistemas de enfriamiento para la preparación de la masa, tiempos de descanso específicos y configuraciones de humedad, y requisitos de horneado concretos para conseguir un dorado, diámetro, altura y peso uniforme. Esos avances comenzaron con el modelo comercial de White Castle, que dependía de ofrecer un producto de bajo coste que fuese consistente y reconocible, y que garantizara un control de calidad y un servicio rápido. El impulso industrial hacia la eficiencia obligó a los fundadores Ingram y Anderson a introducir la estandarización, los lotes industriales, la refrigeración en sus restaurantes, líneas de ensamblaje de hamburguesas y el uso de filetes congelados. Ingram, quien compró la propiedad de Anderson en 1933, priorizó la reducción de los tiempos de cocción y los costes de producción tanto que impulsó el desarrollo de las exclusivas hamburguesas delgadas de la compañía con agujeros perforados, para que una hamburguesa se pudiera cocinar completamente sin necesidad de volteado.

Downey, California, el arco publicitario del Mc Donalds más antiguo del mundo en activo, construido en 1953 [Logan Bush].

Para el tercer ingrediente clásico —aunque opcional— de hamburguesas, debemos retrotraernos a 1916. Al mismo tiempo que Walter Anderson formuló su receta para el pan de hamburguesa, James Kraft solicitó una patente con el «objeto principal [...] para convertir el queso del género Cheddar en tal condición que puede mantenerse indefinidamente sin estropearse». Posteriormente, Kraft inventó el queso americano. Si bien muchas empresas han incluido queso americano en sus hamburguesas, la empresa que más ha hecho para normalizar su uso y aumentar la popularidad de la hamburguesa en los Estados Unidos (y en todo el mundo), sin duda es McDonald´s. Fundada en 1948 en San Bernardino, California, por Richard y Maurice McDonald, la compañía siguió los pasos de White Castle en una campaña del siglo XX por su rentabilidad, servicio acelerado y conveniencia. Richard y Maurice agilizaron su servicio de restaurante para que la comida de un cliente estuviera lista en pocos minutos. Sin embargo, la responsabilidad del crecimiento exponencial original de McDonald's se debe a los esfuerzos de Ray Kroc, quien comenzó a franquiciar el negocio en 1955. En el lapso de cuatro años, McDonald´s llegó a tener de más de cien restaurantes, pero ese número llegó a mil en 1968, diez mil en 1988 y veinte mil en 1996. En 2020, cerca de cuarenta mil restaurantes McDonald's sirven la misma hamburguesa con queso que la compañía introdujo a mediados del siglo XX: un filete de carne picada con queso americano, kétchup, cebolla picada y pepinillo en un pan redondo y esponjoso.

Culturalmente, la expansión de McDonald's es una espada de doble filo. Por un lado, la hamburguesa ha ganado reconocimiento internacional en gran parte gracias a los restaurantes McDonald's. La franquicia es tan frecuente que, de hecho, la revista *The Economist* acuñó la frase «índice Big Mac» para comparar el poder adquisitivo de las diferentes monedas mundiales utilizando el producto McDonald's más famoso como una constante. El problema es que si la referencia principal de un país extranjero —con respecto al sabor y la calidad de una hamburguesa— se restringe a un pedido de McDonald's, una comprensión completa del plato siempre se limitará a una experiencia de comida «rápida», por decirlo de una forma elegante.

Volviendo a mi aventura de buscar la hamburguesa perfecta, he de decir que la hamburguesa con queso de McDonald's no es la hamburguesa que comía en casa cuando era niño, pero irónicamente, fue esa hamburguesa con queso la que finalmente me ayudó a entender lo que había estado haciendo mal durante mis primeros catorce años en España. El momento exacto ocurrió cuando, en el coche, después de una serie de peticiones repetitivas y ruidosas pidiendo ir a un McDonald's, invité a mi hijo a un «happy meal». Por lo general, tenía el hábito de pedir una caja de Nuggets de pollo para mí, y mi hijo tenía la costumbre de llenarse la barriga con mi comida y descuidar la hamburguesa con queso que venía con su menú infantil que finalmente me comía yo. Una vez, mientras masticaba su hamburguesa, revisé los ingredientes en mi cabeza para descubrir exactamente qué era lo que no estaba disfrutando. En mis manos tenía uno de los ejemplos más clásicos de una hamburguesa con queso, pero había una clara diferencia entre lo que McDonald's estaba vendiendo y la comida reconfortante con la que crecí. Solo me di cuenta de lo que no estaba bien cuando fui a probar cada parte de la hamburguesa individualmente: la carne.

El beicon sabe maravilloso. Lo mismo ocurre con el queso cheddar, el queso de cabra, la cebolla, los aros de cebolla, la salsa de barbacoa, los tomates, la lechuga, los encurtidos, y mi hijo jura que las patatas fritas añaden un toque especial. La preferencia de sabor es subjetiva, y realmente aprecio todos estos ingredientes, pero las mejores hamburguesas que he comido tienen una cosa en común: la carne sabía bien. Podría agregar todos los condimentos e ingredientes adicionales que quisiera a una hamburguesa, pero la esencia básica de una hamburguesa está en la carne. El día después de aquella reveladora experiencia en McDonald´s, fui a mi carnicero de confianza y compré dos kilos de carne de ternera picada, listo para preparar un plato que no hubiera existido si no fuera por la conveniencia histórica y la disponibilidad de carne de ternera, los avances en refrigeración y picadoras de carne eléctricas, las campañas para mantener los precios bajos al consumidor, los incentivos detrás de comidas simples y fáciles de comer, las cocinas que midieron el control de calidad y la eficiencia, y las potencias que nacionalizaron y globalizaron la combinación de un filete de carne picada en un bollo suave. Mi hamburguesa con queso no era comida rápida porque tardó 120 años en prepararse. Entonces... ¿probamos la receta?

LA RECETA. HAMBURGUESA CON QUESO DE LA VIEJA ESCUELA

Todos los jueves, como un reloj, es noche de hamburguesas en la casa de los Bell. Como era de esperar, cada uno de nosotros tiene sus propios hábitos cuando se trata de preparar hamburguesas. Mi hijo menor, que tiene cinco años, prefiere comer la hamburguesa, sin pan, sin queso, sin condimentos. Mi esposa es de la vieja escuela y sigue la ruta del restaurante Louis' Lunch, cambiando el bollo esponjoso por rebanadas de pan grueso, pan de telera para ser más exactos, como buena cordobesa. Sin embargo, mi hijo mayor y yo disfrutamos de la hamburguesa con queso en su forma más pura, un filete de hamburguesa, queso americano, un bollo suave y esponjoso, y salsa especial.

Ingredientes

Sal gorda • aceite de oliva • cuatro lonchas de queso de burger de color amarillo (así lo encontramos en los supermercados) • 650 gramos de pecho de ternera (con su grasa) • cuatro panes esponjosos de hamburguesa de tamaño mediano • salsa «*burger*» (opcional, típicamente una combinación de kétchup, mahonesa, y caldo de pepinillos).

Utensilios

Una espátula • una sartén (personalmente utilizo una de hierro fundido) • una prensa de carne, o una cuchara de madera

Preparación

El pecho de ternera, con una buena capa de grasa, es el ingrediente clave de esta receta. Algunos carniceros tienen la costumbre de cortar la grasa del pecho antes de venderla, por lo que en tales casos se debe agregar grasa adicional.

Un filete de hamburguesa jugosa y sabrosa debe tener alrededor del 25% de grasa, haciendo una proporción de tres partes de pecho a una parte de grasa. El primer paso es dividir el pecho picado en cuatro bolas, cada una con un peso de alrededor de 160 gramos.

Con las bolas de carne preparadas, añada aceite de oliva a una sartén y caliente a fuego medio. Una vez que el aceite de oliva esté caliente, coloque una de las bolas en la sartén e inmediatamente aplaste la bola, presionando hacia abajo con una combinación de la espátula y la prensa de carne (o la cuchara de madera) hasta que el filete recién formado tenga aproximadamente dos centímetros de altura.

Dependiendo del tipo de sartén, es recomendable deslizar la espátula debajo del filete para asegurarse de que la hamburguesa no se pegue en la sartén. Añada una pizca generosa de sal al lado crudo de la carne picada y dele la vuelta cuando la parte inferior esté dorada y crujiente.

Coloque una loncha de queso burger amarillo en el lado tostado de la hamburguesa. La mayoría de los quesos funcionan bien, pero el queso americano se derrite casi instantáneamente y proporciona una textura mantecosa sin dominar el sabor de la hamburguesa.

Tueste el interior del pan, agregue la hamburguesa terminada y, si es de su agrado, agregue algunos condimentos. Para obtener los mejores resultados, coma la hamburguesa con queso mientras está caliente y haga un brindis por mi padre.

Una de las variantes de portada del número 13 de *Captain America*, dibujada por Patch Zircher, con el supervillano enemigo del Capitán: Red Skull [Marvel Worldwide, Inc].

IV
TWO FACES OF FAKE NEWS

Siempre me ha costado pensar en la conspiración y su lugar en la historia, porque cuando llega el momento de considerar los detalles de las tramas calculadas y el engaño, mi primer instinto es buscar un villano. Encuentro que esto es especialmente cierto con los escándalos históricos que han logrado alterar a la opinión pública y la política nacional, como es el caso de las «*fake news*». Las *fake news* se diferencian de los malentendidos o exageraciones que han influido en la historia, porque la introducción de la desinformación es intencionada; está diseñado para ser comunicado, compartido, y creído, aunque sea falso. Lo que hace que estos engaños sean más escandalosos es cuando sus autores resultan ser personajes históricos cuyo lugar en la sociedad por lo general debería estar en desacuerdo con las nociones de villanía.

Villanos o no, el beneficio de la historia es que nos permite seguir los pasos de aquellos que se destacaron como los arquitectos de las noticias falsas, ver sus motivaciones y las consecuencias de sus elaboraciones. Pero lo que es más importante, la historia nos permite ver que el elemento clave de sus engaños no fue simplemente que fueran famosos, o que su complot fuera extraordinariamente astuto, sino que la realidad alternativa que presentaban era un espejo deformado de los valores, creencias, y ansiedades de, por ejemplo, los Estados Unidos.

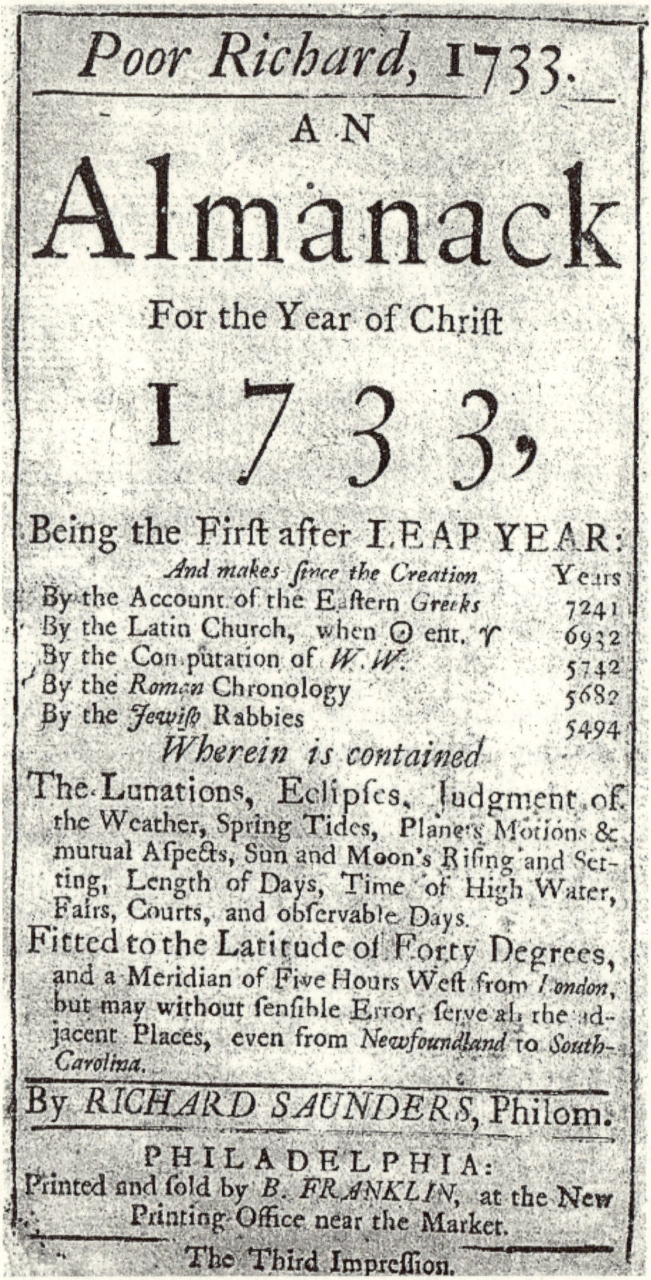

Poor Richard, 1733.

AN

Almanack

For the Year of Chriſt

1733,

Being the Firſt after LEAP YEAR:

And makes ſince the Creation Years

By the Account of the Eaſtern *Greeks* 7241

By the Latin Church, when ☉ ent. ♈ 6932

By the Computation of *W. W.* 5742

By the *Roman* Chronology 5682

By the *Jewiſh* Rabbies 5494

Wherein is contained

The Lunations, Eclipſes, Judgment of the Weather, Spring Tides, Planets Motions & mutual Aſpects, Sun and Moon's Riſing and Setting, Length of Days, Time of High Water, Fairs, Courts, and obſervable Days.

Fitted to the Latitude of Forty Degrees, and a Meridian of Five Hours Weſt from *London*, but may without ſenſible Error, ſerve all the adjacent Places, even from *Newfoundland* to *South-Carolina*.

By *RICHARD SAUNDERS*, Philom.

PHILADELPHIA:
Printed and ſold by *B. FRANKLIN*, at the New Printing-Office near the Market.

The Third Impreſſion.

Con el seudónimo de «Pobre Richard» o «Richard Saunders», Benjamin Franklin cosechó un importante éxito de ventas con su célebre almanaque anual *Poor Richard's Almanack*.

CONFESIONES SOBRENATURALES Y LA VIUDA SILENCE DOGOOD

Ya desde principios del siglo XVIII, el escándalo ha formado parte de la historia norteamericana. Y de los textos meteorológicos destinados a causar polémica, *Poor Richard's Almanack* seguramente es uno de los documentos más llamativos. En el momento de su primera publicación en 1733, se convirtió en una fuente de discordia entre los autores Richard Saunders y Titan Leeds, principalmente porque el almanaque incluía una predicción sobre la muerte prematura de Leeds: la tarde del 17 de octubre de 1733, a las 15.29. La discordia solo se intensificó al año siguiente cuando, después de que el presunto día «oficial» de la muerte de Leeds pasó, una respuesta a la profecía original apareció en *The American Almanack* de Titan Leeds. La publicación contradijo el pronóstico de Saunders, insistiendo que Leeds estaba muy vivo, y acabó dirigiéndose a Saunders «de una manera muy grosera y desagradable», llamándolo «un falso predictor, un ignorante, un garabateador engreído, un payaso, y un mentiroso». La disputa entre los dos escritores continuó durante varios años, pero por fin se resolvió en la edición de 1740 de *Poor Richard's*, ya que contenía una carta confesional de nada menos que el fantasma de Titán Leeds...

Querido amigo Saunders:

Mi respeto por ti continúa incluso en este estado separado, y me entristece ver las aspersiones lanzadas sobre ti por la malevolencia de los editores avariciosos de almanaques, que tienen envidia de tu éxito. Dicen que tu predicción de mi muerte en 1733 era falsa, y fingen que me mantuve vivo muchos años después. Pero por la presente certifico que real-

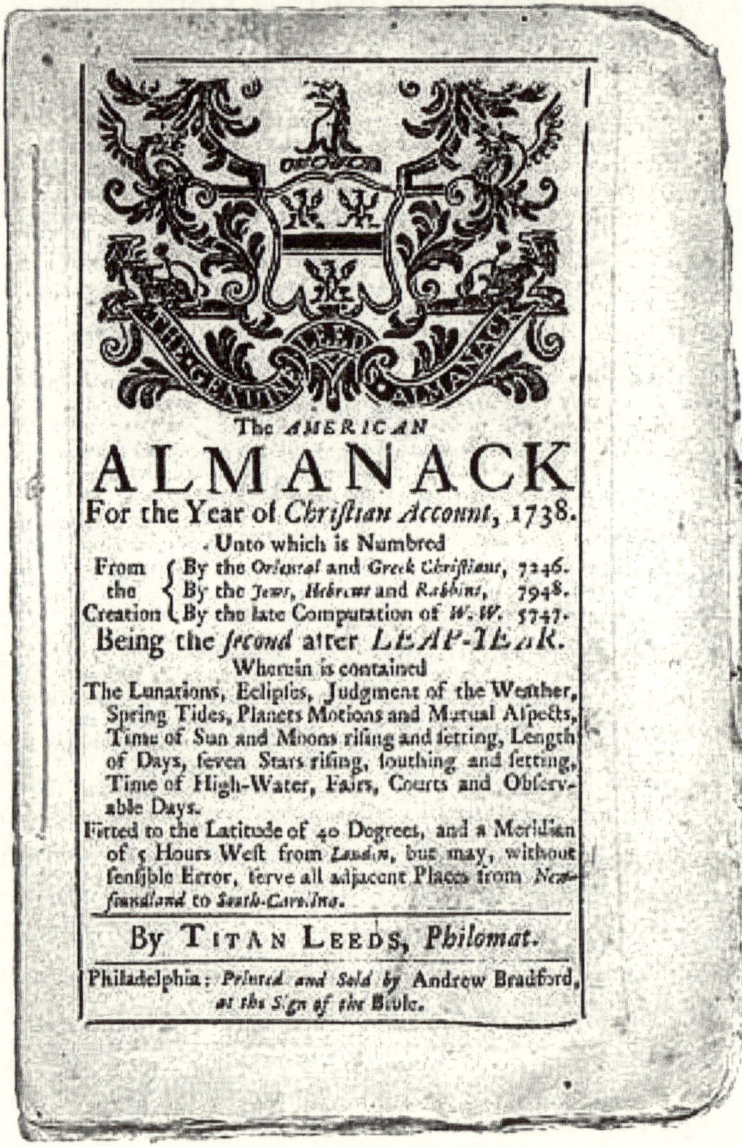

The AMERICAN

ALMANACK

For the Year of *Chriſtian Account*, 1738.

Unto which is Numbred

From the Creation { By the *Oriental* and *Greek Chriſtians*, 7246. By the *Jews*, *Hebrews* and *Rabbins*, 7948. By the late Computation of *W. W.* 5747.

Being the *ſecond* after *LEAP-YEAR*.

Wherein is contained

The Lunations, Eclipſes, Judgment of the Weather, Spring Tides, Planets Motions and Mutual Aſpects, Time of Sun and Moons riſing and ſetting, Length of Days, ſeven Stars riſing, ſouthing and ſetting, Time of High-Water, Fairs, Courts and Obſervable Days.

Fitted to the Latitude of 40 Degrees, and a Meridian of 5 Hours Weſt from *London*, but may, without ſenſible Error, ſerve all adjacent Places from *Newfoundland* to *South-Carolina*.

By TITAN LEEDS, *Philomat.*

Philadelphia: *Printed and Sold by* Andrew Bradford, *at the Sign of the Bible.*

Frontis del almanaque editado por Titan Leeds, competencia del editado por «Poor Richard». El calendario de 1738 contiene horarios para las cortes, reuniones de cuáqueros, bautistas y ferias; una lista de carreteras y distancias entre puntos de Boston a Carolina del Sur; un catálogo de monarcas vivos y sus fechas de nacimiento; un extracto de *The Dunciad*; un anuncio del librero Andrew Bradford; y una nota al lector con especulaciones apocalípticas relativas al Papa. La portada presenta un elaborado grabado, y en la página tres aparece una representación anatómica del zodíaco... Puede hacerse con un ejemplar original por $ 15,000.

mente morí en ese momento, precisamente en la Hora que mencionaste, con una variación de solo 5 min. 53 segundos que debe permitirse que no sea un gran problema en tales casos. Y más, declaro que no les proporcioné cálculos de los movimientos de los planetas, etc. durante los siete años después de mi muerte, como pretenden alegremente: así que las cosas que publican como un almanaque en mi nombre no son más mías que las tuyas...

Tu amigo íntimo
T. Leeds

El mensaje sobrenatural comienza confirmando dos cosas que Richard Saunders había sospechado durante mucho tiempo: 1) que había previsto con precisión el día de la muerte de Leeds, y 2) que su competencia directa por predicciones astrológicas y meteorológicas, *The American Almanack*, había sido escrita por un impostor desde el año 1734 en adelante. En el resto del documento, el fantasma de Leeds explica cómo el espíritu pudo producir la carta póstuma (entrando en la fosa nasal izquierda de Richard y manipulando su cuerpo para escribir el texto), y —como prueba de la autenticidad de la publicación— termina ofreciendo tres predicciones. Entre sus observaciones, Richard Saunders comenta sobre las notables revelaciones y explica cómo: «Por mi parte, estoy convencido de que la carta anterior es genuina. Si el lector duda de ello, permítale observar cuidadosamente los tres signos; y si en realidad no se cumplen, crea lo que quiera». Entre las tres señales a las que hace referencia Saunders, está la predicción de que el editor William Bradford estaría sobrio durante nueve horas «para asombro de todos sus vecinos...» Y considerando la absoluta improbabilidad de ese pronóstico, ¿cómo podría ser la carta otra cosa que una farsa?

Benjamin Franklin grabado por J. B. Longacre, 1819, a partir de obra de D. Martin, 1767 [Wellcome Collection].

El fantasma de Titán Leeds no existía, obvio. Pero no podemos acreditar a Saunders con la creación de este engaño sobrenatural, porque Saunders tampoco existía. Al igual que muchos escritores de los siglos XVII y XVIII, Benjamin Franklin utilizó seudónimos con frecuencia, siendo Richard Saunders uno de los muchos personajes de ficción de su carrera como editor. Ya en 1722, Benjamin Franklin había estado utilizando identidades falsas, engaños y sensacionalismo para avanzar en sus propios diseños, comenzando con sus contribuciones a *The New England Courant*, un periódico semanal que su hermano mayor James Franklin publicó entre 1721 y 1726. Estas primeras experiencias formaron el trasfondo de lo que sería uno de los primeros casos en una larga historia de noticias falsas en los Estados Unidos.

Cuando era adolescente, Benjamin servía a James Franklin como aprendiz en la imprenta donde se publicó *The New England Courant*. Si bien James ocasionalmente imprimió algunas de las obras más poéticas de Benjamin, las tareas de Benjamin —en lo que respecta a la publicación del periódico— se basaban principalmente en vender periódicos en la calle o en labores relacionadas con la composición tipográfica. Según su autobiografía, esto cambió cuando Benjamin notó las reacciones positivas que los amigos «ingeniosos» de James recibieron por sus contribuciones al periódico. Inspirado por estos diálogos, Benjamin decidió desempeñar un papel más crucial en el «Courant» y en abril de 1722, Benjamin, con dieciséis años, entregó en secreto una carta dirigida a la imprenta en la que asumió la identidad de una viuda de Boston.

Benjamin firmó la primera carta al «Courant» con el seudónimo Silence Dogood, eligiendo una identidad falsa sobre todo porque sospechaba que su hermano se opondría a imprimir un artículo sabiendo que era suyo. Para que su trabajo encajara más, Benjamin incluyó una serie de anécdotas conmovedoras en la primera carta que podría complementar el tono de *The New England Courant*.

THE [No 39

New-England Courant.

From MONDAY April 23. to MONDAY April 30. 1722.

To the Author of the New-England Courant.

[No 3

SIR,

IT is undoubtedly the Duty of all Persons to serve the Country they live in, according to their Abilities; yet I sincerely acknowledge, that I have hitherto been very deficient in this Particular; whether it was for want of Will or Opportunity, I will not at present stand to determine: Let it suffice, that I now take up a Resolution, to do for the future all that *lies in my Way* for the Service of my Countrymen.

I HAVE from my Youth been indefatigably studious to gain and treasure up in my Mind all useful and desireable Knowledge, especially such as tends to improve the Mind, and enlarge the Understanding: And as I have found it very beneficial to me, I am not without Hopes, that communicating my small Stock in this Manner, by Peace-meal to the Publick, may be at least in some Measure useful.

I AM very sensible that it is impossible for me, or indeed any *one* Writer to please *all* Readers at once. Various Persons have different Sentiments; and that which is pleasant and delightful to one, gives another a Disgust. He that would (in this Way of Writing) please all, is under a Necessity to make his Themes almost as numerous as his Letters. He must one while be merry and diverting, then more solid and serious; one while sharp and satyrical, then (to mollify that) be sober and religious; at one Time let the Subject be Politicks, then let the next Theme be Love: Thus will every one, one Time or other find some thing agreeable to his own Fancy, and in his Turn be delighted.

ACCORDING to this Method I intend to proceed, bestowing now and then a few gentle Reproofs on those who deserve them, not forgetting at the same time to applaud those whose Actions merit Commendation. And here I must not forget to invite the ingenious Part of your Readers, particularly those of my own Sex to enter into a Correspondence with me, assuring them, that their Condescension in this Particular shall be received as a Favour, and accordingly acknowledged.

I THINK I have now finish'd the Foundation, and I intend in my next to begin to raise the Building. Having nothing more to write at present, I must make the usual excuse in such Cases, of *being in haste*, assuring you that I speak from my Heart when I call my self, The most humble and obedient of all the Servants your Merits have acquir'd,

SILENCE DOGOOD.

‖*‖ *Those who incline to favour Mrs.* Dogood *with their Correspondence, are desir'd to send their Letters (directed to her) to the Publisher of this Paper.*

To the Author of the New-England Courant.

SIR,

I Am of Opinion, that it may at some Times and on some Occasions be proper to expose the Vices and pernicious Principles of particular Persons, especially when they themselves will endeavour (with Frowns or Flatteries) to corrupt others thereby: And since I have met with some Things (in my Opinion) of less Consequence in your Paper, I presume you may be inclin'd to favour the Publick with the following Information, which I have lately receiv'd from credible Persons: *Viz.* A certain Gentleman some time last Week, in his Conversation (in the Hearing of divers Persons) was pleased to say, *That he would make his Tenants to know; that they should vote for good Honest Men for Representatives, such Men as he would have them vote for, or else he would turn them out of his Tenements.* The whole of the Conversation wou'd be too tedious to rehearse here; however, it has been Mater of considerable Speculation in the Town. Some say, to choose honest Men and such as he would have them choose, is a Contradiction in Terms. Others think he has a mind to be chose himself, but that he does not answer the Character. 'Twould be needless to name him, so that every Body might point at him; but for your own Satisfaction, if you will tell no Body, I'll tell you thus much, That he commonly goes with one Eye half shut, and his Mouth screw'd up into a whistling Posture.

I am, Sir,
Your Humble Servant,
HARRY MEANWELL.

Mister *Couranto,* *Woodstock, April 20. 1722.*

OF late there has been pritty much Talk about *Sagadehoc,* and *Sham-Deeds*; and my Neighbours one or other, are often asking what 'tis about: For my part, I hear so many different Stories about it, that I don't know what to make on't. They say the Truth of it is in the Votes; but we Country Folks, very few of us at least, can get a Sight of 'um: Besides, we'a been so bizzy o'late about our Meeting-House, that we cou'dn't spare any of our Family (I mean the *Truemans*) for a Representative last Year, and so ha'dn't any of the Votes at our Town, except what *Ball-Face* had, and he has such a Hatred against all our Name and Family, (for the sake of Posts and Profits,) that he'll sooner ruin us than do us a small Courtesy, (and that we know.) Therefore if you'd be so kind as put this in your *Courant,* may be some Body wou'd be at the trouble to draw up the whole of that Matter; and then if you'd put it in your next Paper, we shou'd soon have it at our Town; and I can tell you a great many here wou'd take it mighty kindly of you: For besides, you must know, several of us has got the *Deplorable State of New-England,* and we hear the Story in the Votes concerns one of a great Family, mention'd in that Pamphlet; which if it does, and we can get it, we intend to tack one to 'tother. I 'ave a great many things more to talk with you about, but I'll put it off to another Time. I doubt I am troublesome already.

By yer Leave, Sir,
ELISHA TRUEMAN.

Primera página del The New England Courant,
de la semana del 23 de abril de 1722.

Este propósito no era una tarea fácil; las primeras ediciones del *Courant* habían dedicado una gran cantidad de sus artículos a la epidemia de viruela en Boston, y hasta enero de 1722, el diario se convirtió en una de las principales fuentes de información contra la inoculación, un tema que causó enfrentamientos entre los sacerdotes, los médicos, y aquellos que desconfiaban de los nuevos tratamientos médicos. Incluso después de que los casos de viruela comenzaran a disminuir en febrero del mismo año, el periódico continuó criticando a sus rivales en la comunidad de Boston, haciendo que muchos de los artículos fueran, de alguna manera, controvertidos o combativos. El atractivo de las cartas de Dogood fue que equilibraron los escritos más polémicos del periódico con artículos encantadores y humorísticos, y exploraron temas contemporáneos a través de la perspectiva de una viuda de Boston, dándole al periódico un toque más local.

James llegó a reimprimir catorce de las cartas enviadas por Silence, sin saber que su hermano era el verdadero autor. Al principio, las publicaciones proporcionaron una narrativa sobre la historia personal de Dogood: su infancia en Boston, el fallecimiento de sus padres, su relación con un sacerdote puritano, el nacimiento de sus hijos y la muerte prematura de su esposo. A medida que avanzaba la farsa, el sentido del humor de Benjamin Franklin evolucionó y comenzó a implementar insinuaciones y sátiras descaradas, burlándose de las tendencias sociales, las instituciones públicas y privadas, e incluso la moda. La carta del 11 de junio de 1722, en particular, proporcionó uno de los discursos más humorísticos sobre el desdén de Silence Dogood por las enaguas:

> No puedo descartar este tema sin algunas observaciones sobre una moda particular que ahora reina entre mi propio sexo, el más inmodesto e inconveniente de todo lo que el Arte de la Mujer ha inventado, a saber, el de Enaguas de aro... Estos monstruo-

> sos pedazos de Mortero revuelto no son aptos para la Iglesia, el Salón o la Cocina; y si varios de ellos estuvieran bien montados en la Isla Noddles, se verían más como Motores de Guerra por bombardear la Ciudad, que como Adornos del Sexo femenino.

Durante este período, Franklin se entrenó para ser un escritor versátil, con cartas que incluían diatribas sobre una variedad de diferentes temas relacionados con la moral, la educación, la poesía, la libertad de expresión y la religión. Algunas de las cartas de Dogood eran experimentales; exploraron aspectos de la sociedad contemporánea desde la perspectiva de una mujer, y cubrieron temas que habrían sido bastante provocativos en su época. La publicación del 28 de mayo de 1722, por ejemplo, incluyó una crítica exhaustiva de la desigualdad que existía entre hombres y mujeres a la hora de obtener una educación superior:

> A menudo lo he considerado como una de los Costumbres más bárbaros del mundo, considerándonos como un país civilizado y cristiano, que negamos las ventajas del aprendizaje para las mujeres... ¿Qué ha hecho la mujer para perder el privilegio de ser enseñada? ¿Nos atormenta con su orgullo e impertinencia? ¿Por qué no la dejamos aprender para darle la oportunidad de desarrollar más ingenio? Vamos a reprender a las mujeres con locura, cuando solo es el error de esta inhumana costumbre que les impidió ser más sabias.

Debido a que la identidad de Benjamin Franklin era secreta, Silence Dogood tenía la libertad de introducir los temas que él/ella consideraba adecuados para el periódico, sin la amenaza de represalias. En cuanto a su técnica, por lo general, Franklin hacía que su personaje de Dogood comenzara la carta con una declaración amplia sobre un tema en particular, o usaba anécdotas pintorescas, que luego conducían el texto a una discusión más específica. Las cartas más creativas de Franklin, sin embargo, introdujeron personajes suplementarios que actuaron como artificios literarios. Estas figuras suplicaban, contradecían o incitaban a Silence Dogood para presentar el argumento central, lo que resultaba en un artículo que examinaba un tema particular desde múltiples perspectivas.

La publicación del 28 de mayo hizo precisamente esto al incluir una carta dirigida a Silence Dogood de un hombre local llamado «Ephraim Censorious». En el texto, Franklin hizo malabares con las dos personalidades, cambiando del Silencio, un personaje humilde pero obstinado, a un hombre que actuaba como un provocador machista, en el preludio del debate sobre las mujeres y la educación. Lo que es curioso de la escritura de Franklin es que, a pesar del contenido divisivo, el texto —que es breve y directo— siempre favorece el valor del entretenimiento en lugar de una discusión seria. Franklin usó Efraín y Dogood para hablar sobre el sexismo y la desigualdad de género, pero se aseguró de eliminar polémica al hacer que la escritura se volviera perceptiblemente satírica en las últimas líneas de la introducción. Concretamente, Efraín reprendió a la viuda de Boston por la ociosidad de las mujeres, y exclamó que «una vez que hayas reformado a las Mujeres, te resultará una tarea mucho más fácil reformar a los Hombres, porque las Mujeres son las causas principales de los grandes males de los varones.»

La farsa terminó en octubre de 1722. Es importante señalar que, aunque las catorce cartas aparecieron impresas, las publicaciones de Dogood nunca fueron exactamente *fake news*. Al igual que el *Poor Richard´s Almanack*, los textos eran demasiado divertidos para convertirse en algo más que una sátira, lo que en realidad le dio a Franklin una ventaja significativa como autor. El humor y la emoción eran herramientas que Franklin podía usar para impulsar su agenda, lo que le permitía experimentar con una variedad de personajes y explorar ideas sensacionalistas. Sobre todo, el humor le permitió expresarse sin tener que tomarse un tema en serio. E incluso cuando sus obras rozaron el engaño o utilizaron piezas de información falsa, Franklin salpicó su discurso con suficientes pistas satíricas como para suavizar los resentimientos y no dejar dudas sobre si el texto era una obra de ficción o no. En algunas ocasiones, sus publicaciones provocaron una reacción violenta, pero en estos casos, la ira provino principalmente de sus víctimas previstas —James Franklin, Samuel Mather, Titan Leeds— que no apreciaron la broma. Sin embargo, sin el componente de humor en la escritura de Franklin, la línea entre la realidad y la pura invención se volvió mucho más difícil de detectar. Esto es notablemente evidente en el engaño más ambicioso de Benjamin Franklin, de los últimos días de la Revolución Americana, en el que utilizó todas sus habilidades para personajes imaginarios, declaraciones sensacionalistas, letras falsas, discursos retóricos... y el resto de los talentos que había perfeccionado entre 1722 y 1740, para publicar un periódico falso.

LOS OBSTÁCULOS DE LA PAZ

El 19 de octubre de 1781, las fuerzas británicas sufrieron una derrota decisiva en Yorktown, en la que el general Cornwallis se rindió al ejército continental. Para 1782, hubo rumores de la reconciliación entre Gran Bretaña y Norteamérica, y como padre fundador y embajador de los Estados Unidos en Passy, Francia, Benjamin Franklin tenía la labor de perseguir los intereses estadounidenses. Para avanzar las negociaciones de paz entre los dos países, Franklin tuvo que reunirse en Paris con Richard Oswald, quien había sido asesor del gobierno británico durante la Guerra de la Independencia, y principal comisionado de paz enviado a dialogar con representantes de las cuatro naciones que participaron en la Revolución Americana: los Estados Unidos, Francia, España y la República Holandesa.

El objetivo principal de las reuniones era llegar a un acuerdo pacífico entre todos los países, pero desde el principio, surgieron algunas dudas sobre las intenciones de Gran Bretaña. Según el *Journal of the Peace Negotiations* de Franklin, el deseo de establecer la paz entre los Estados Unidos y el Gobierno británico parecía ser mutuo en la superficie, pero en el texto, Franklin señala cómo el comisionado Oswald expresó con frecuencia su preocupación de que las reuniones terminarían produciendo términos que eran demasiado humillantes para aceptar. Estas impresiones también aparecen en una carta a George Washington del 2 de abril de 1782, en que Franklin observa: «Los ingleses parecen no saber cómo continuar la guerra o hacer las paces con nosotros».

La inseguridad era problemática. Por un lado, Gran Bretaña reconoció que la continuación de la guerra sería infructuosa, y presionó por una tregua con todos los participantes de la Revolución. Pero, por otro lado, Richard Oswald contradeciría ese sentimiento reconciliador cuando existía cualquier riesgo de que el Gobierno bri-

Grabado del sitio de Yorktown, realizado por Louis-Charles-Auguste Couder (1790-1873) y Jean Mathias Fontaine (1791-1853) [The New York Public Library].

Rendición de Lord Cornwallis en Yorktown, Virginia, el 19 de octubre de 1781 [Library of Congress].

tánico no aprobara las condiciones de rendición. En un caso, el *Journal* de Franklin detalla cómo Oswald reveló sus intenciones de amenazar a España en las negociaciones, utilizando un plan para pasar el ejército inglés por Rusia —y posteriormente invadir la costa occidental de América— como una forma de chantaje. El *Journal* también informa cómo Oswald hizo comentarios similares en las conversaciones con los Estados Unidos y Francia, e insinuaba que, si las estipulaciones para la paz eran inaceptables, Gran Bretaña tenía la fuerza, los recursos y la voluntad para continuar la guerra. Para Oswald y el Gobierno británico, estaba claro que cada nación tenía sus propias exigencias para la reconciliación, pero la paz no se podía comprar a cualquier precio.

Lo que hizo que la situación fuera más incómoda fue que, a pesar de las recomendaciones de Franklin de que se podría aliviar cierta presión política si Gran Bretaña ofreciera propuestas voluntariamente, el Gobierno británico se mostró reticente a ser el primero en hacer sugerencias para una retribución justa. Esta circunstancia dejó Benjamin Franklin en una situación incómoda. Él quería conseguir ciertas concesiones para los Estados Unidos, pero también sabía que la paz dependía de las negociaciones, la diplomacia y la opinión pública, no de los ultimátum o las exigencias firmes. Y así, Benjamin Franklin hizo lo que siempre había hecho en situaciones que requirieron cierta discrepancia y tacto: buscó refugio en el anonimato de su imprenta.

* * *

Numb. 705.

SUPPLEMENT

TO THE BOSTON

INDEPENDENT CHRONICLE.

BOSTON, March 12.

Extract of a Letter from Capt. Gerrish, of the New-England Militia, dated Albany, March 7.

"THE Peltry taken in the Expedition [*See the Account of the Expedition to Oswegatchie on the River St. Laurence, in our Paper of the 1st Instant.*] will as you see amount to a good deal of Money. The Possession of this Booty at first gave us Pleasure; but we were struck with Horror to find among the Packages, 8 large ones containing SCALPS of our unhappy Country-folks, taken in the three last Years by the Senneka Indians from the Inhabitants of the Frontiers of New-York, New-Jersey, Pennsylvania, and Virginia, and sent by them as a Present to Col. Haldimand, Governor of Canada, in order to be by him transmitted to England. They were accompanied by the following curious Letter to that Gentleman.

May it please your Excellency, *Teoga, Jan. 3d, 1782.*

" At the Request of the Senneka Chiefs I send herewith to your Excellency, under the Care of James Boyd, eight Packs of Scalps, cured, dried, hooped and painted, with all the Indian triumphal Marks, of which the following is Invoice and Explanation.

No. 1. Containing 43 Scalps of Congress Soldiers killed in different Skirmishes; these are stretched on black Hoops, 4 Inches diameter; the inside of the Skin painted red, with a small black Spot to note their being killed with Bullets. Also 62 of Farmers, killed in their Houses; the Hoops red; the Skin painted brown, and marked with a Hoe; a black Circle all round, to denote their being surprised in the Night; and a black Hatchet in the Middle, signifying their being killed with that Weapon.

No. 2. Containing 98 of Farmers killed in their Houses; Hoops red; Figure of a Hoe, to mark their Profession; great white Circle and Sun, to shew they were surprised in the Day-time; a little red Foot, to shew they stood upon their Defence, and died fighting for their Lives and Families.

No. 3. Containing 97 of Farmers; Hoops green, to shew they were killed in their Fields; a large white Circle with a little round Mark on it for the Sun, to shew that it was in the Day-time; black Bullet-mark on some, Hatchet on others.

No. 4. Containing 102 of Farmers, mixed of the several Marks above; only 18 marked with a little yellow Flame, to denote their being of Prisoners burnt alive, after being scalped, their Nails pulled out by the Roots, and other Torments: one of these latter supposed to be of a rebel Clergyman, his Band being fixed to the Hoop of his Scalp. Most of the Farmers appear by the Hair to have been young or middle-aged Men; there being but 67 very grey Heads among them all; which makes the Service more essential.

No. 5. Containing 88 Scalps of Women; Hair long, braided in the Indian Fashion, to shew they were Mothers; Hoops blue; Skin yellow Ground, with little red Tadpoles to represent, by way of Triumph, the Tears or Grief occasioned to their Relations; a black scalping Knife or Hatchet at the Bottom, to mark their being killed with those Instruments. 17 others, Hair very grey; black Hoops; plain brown Colour; no Mark but the short Club or Cassetete, to shew they were knocked down dead, or had their Brains beat out.

No. 6. Containing 193 Boys' Scalps, of various Ages; small green Hoops; whitish Ground on the Skin, with red Tears in the Middle, and black Bullet-marks, Knife, Hatchet, or Club, as their Deaths happened.

No. 7. 211 Girls' Scalps, big and little; small yellow Hoops; white Ground; Tears; Hatchet, Club, scalping Knife, &c.

No. 8. This Package is a Mixture of all the Varieties above-mention'd, to the Number of 122; with a Box of Birch Bark, containing 29 little Infants' Scalps of various Sizes; small white Hoops; white Ground; no Tears; and only a little black Knife in the Middle, to shew they were ript out of their Mothers' Bellies.

With these Packs, the Chiefs send to your Excellency the following Speech, delivered by Conejogatchie in Council, interpreted by the elder Moore, the Trader, and taken down by me in Writing.

Father,

We send you herewith many Scalps, that you may see we are not idle Friends.

A blue Belt.

Father,

We wish you to send these Scalps over the Water to the great King, that he may regard them and be refreshed; and that he may see our faithfulness in destroying his Enemies, and be convinced that his Presents have not been made to ungrateful People.

A blue and white Belt with red Tassels.

Father,

Attend to what I am now going to say: it is a Matter of much Weight. The great King's Enemies are many, and they grow fast in Number. They were formerly like young Panthers; they could neither bite nor scratch: we could play with them safely: we feared nothing they could do to us. But now their Bodies are become big as the Elk, and strong as the Buffalo: they have also got great and sharp Claws. They have driven us out of our Country for taking Part in your Quarrel. We expect the great King will give us another Country, that our Children may live after us, and be his Friends and Children, as we are. Say this for us to the great King. To enforce it we give this Belt.

A great white Belt with blue Tassels.

Father,

We have only to say farther that your Traders exact more than ever for their Goods: and our Hunting is lessened by the War, so that we have fewer Skins to give for them. This ruins us. Think of some Remedy. We are poor: and you have Plenty of every Thing. We know you will send us Powder and Guns, and Knives and Hatchets: but we also want Shirts and Blankets.

A little white Belt.

I do not doubt but that your Excellency will think it proper to give some farther Encouragement to those honest People. The high Prices they complain of, are the necessary Effect of the War. Whatever Presents may be sent for them through my Hands, shall be distributed with Prudence and Fidelity. I have the Honour of being

Your Excellency's most obedient

And most humble Servant,

JAMES CRAUFURD."

"It was at first proposed to bury these Scalps: but Lieutenant Fitzgerald, who you know has got Leave of Absence to go for Ireland on his private Affairs, said he thought it better they should proceed to their Destination; and if they were given to him, he would undertake to carry them to England, and hang them all up in some dark Night on the Trees in St. James's Park, where they could be seen from the King and Queen's Palaces in the Morning; for that the Sight of them might perhaps strike Muley Ishmael (as he called him) with some Compunction of Conscience. They were accordingly delivered to Fitz, and he has brought them safe hither. To-morrow they go with his Baggage in a Waggon for Boston, and will probably be there in a few Days after this Letter.

I am, &c.

SAMUEL GERRISH.

BOSTON, March 20.

Monday last arrived here Lieutenant Fitzgerald abovementioned, and Yesterday the Waggon with the Scalps. Thousands of People are flocking to see them this Morning, and all Mouths are full of Execrations. Fixing them to the Trees is not approved. It is now proposed to make them up in decent little Packets, seal and direct them; one to the King, containing a Sample of every Sort for his Museum; one to the Queen, with some of Women and little Children: the Rest to be distributed among both Houses of Parliament; a double Quantity to the Bishops.

Hasta ese momento, la imprenta de Benjamin Franklin en Francia había sido propicia para crear mensajes, panfletos, escritos humorísticos, certificados de préstamos y pasaportes. Cada publicación cumplió un propósito importante, pero al final no requirió que Franklin pasara una gran cantidad de tiempo o creatividad planeando su ejecución. Su proyecto de 1782, destinado a proteger y apoyar los intereses estadounidenses en las negociaciones, fue mucho más sofisticado. Requirió una selección de seudónimos diferentes y un estilo que proporcionaba suficiente autenticidad para que el documento final no se descartara como sátira pura o propaganda manipuladora. El 22 de abril, utilizando su colección de fuentes tipográficas (inglesas, francesas y personalizadas), su experiencia en la composición y redacción de textos y una imaginación que había cultivado desde el *The New-England Courant*, Franklin produjo una colección de artículos, avisos y anuncios en el estilo de un periódico de Boston.

Las motivaciones del falso periódico se vuelven claras una vez que comparamos su contenido con las observaciones diarias de Franklin. El documento, titulado *Supplement to the Boston Independent Chronicle*, abordó temas diferentes que Benjamin Franklin había mencionado en conversaciones con Richard Oswald y en cartas a John Adams, como elementos que debían formar parte de las negociaciones. Por ejemplo, según el *Journal of the Peace Negotiations*, Franklin le había expresado a Oswald cuán sinceramente él «desearía que Inglaterra pensara en ofrecer algo para aliviar a aquellos que habían sufrido por sus excursiones de reventa y quema; es verdad que las vidas no pudieron restaurarse ni compensarse, pero los pueblos y casas destruidas sin remedio podrían reconstruirse...». El periódico de Franklin refleja este lamento al proporcionar un relato ficticio de un tal capitán Gerrish de la Milicia Americana.

En su carta, el capitán detalla el descubrimiento de cientos de cueros cabelludos humanos que se habían encontrado empaquetado meticulosamente para un viaje a Inglaterra:

> *Extracto de una carta del capitán Gerrish, de la Milicia de Nueva Inglaterra, fechada en Albany, el 7 de marzo.*
>
> *Las Pieles tomadas en la Expedición [...] como verás, sumará una buena cantidad de dinero. La posesión de este botín al principio nos dio placer; pero nos sorprendió el horror al encontrar entre los paquetes, ocho paquetes grandes que contenían* CUEROS CABELLUDOS *de nuestros infelices paisanos, tomados en los últimos tres años por los indios Senneka de los habitantes de las fronteras de Nueva York, Nueva Jersey, Pensilvania y Virginia, y enviados por ellos como regalo al coronel Haldimand, gobernador de Canadá, para que él los transmita a Inglaterra. Fueron acompañados por la siguiente Carta curiosa a ese Señor.*
>
> *A petición de los jefes de Senneka, envío a Su Excelencia, bajo el cuidado de James Boyd, ocho paquetes de cueros cabelludos, curados, secos, enganchados y pintados, con todas las marcas de triunfo indias, de las cuales la siguiente es Factura y Explicación.*
>
> *No. 1. Contiene 43 cueros cabelludos de soldados del Congreso asesinados en diferentes escaramuzas; estos se estiran en aros negros, 4 pulgadas de diámetro; el interior de la piel pintada de rojo, con una pequeña mancha negra para notar que los mataron con balas. También 62 de los agricultores, asesinados en sus casas; los aros rojos; la piel pintada de marrón y marcada con una azada; un círculo negro por todas partes, para denotar su sorpresa en la noche; y un hacha negra en el medio, lo que significa que fueron asesinados con esa arma.*

El *Supplement* continúa la lista, proporcionando información sobre la condición y la providencia de más de novecientos cueros cabelludos. Franklin enumera los cueros cabelludos de soldados americanos, granjeros, mujeres, niños, niñas y bebés. Explica cómo las diferentes víctimas encontraron su muerte; en la batalla, en sus casas, en sus campos, como prisioneros... Incluso entra en detalles más macabros, explicando si la gente murió luchando, si se quemaron vivos, asesinados con hachas y cuchillos, o arrancados de sus madres. La gran cantidad de detalles en el informe falso es impactante, al igual que el contenido. Está claro que Franklin quería que el lector se sintiera horrorizado, no solo por los detalles de cada conjunto de cueros cabelludos (o el número de víctimas), sino también por la sequedad indiferente de las descripciones. Él hizo que el acto de catalogar el cuero cabelludo humano parezca un hecho casi rutinario en la Revolución Americana, y que los paquetes de este tipo podrían verse como un acto aceptable de buena voluntad hacia el Rey Británico.

Los paquetes no existían realmente, haciendo del texto un ejemplar sensacional de propaganda. Sin embargo, al mismo tiempo, Benjamin Franklin no había exagerado de la brutalidad de las incursiones militares colaboracionistas entre indios y británicos. Tribus como los Cherokees, Mohawk, Senecas, Shawnees, Cayugas, Onondagas y Creek se habían unido a las fuerzas británicas en múltiples batallas y ataques, ya sea con la esperanza de disuadir la colonización de los colonos estadounidenses o prolongar la protección que Gran Bretaña había otorgado hasta ese momento. Muchas incursiones se dirigieron a objetivos militares o asentamientos, y el acto de cortar la caballera durante estos ataques fue una práctica bastante común. Después de la batalla de Wyoming en 1778, un asalto realizado por tropas lealistas e indios Iroqueses, agente indio John Butler informó haber recolectado doscientos veintisiete cueros cabelludos de la milicia estadounidense. En el mismo año, una fuerza combinada de Senecas, Mohawks y soldados británicos atacaron Cherry Valley. El capitán americano Benjamin Warren describió las consecuencias de esa masacre en su diario:

Estatua colosal de un jefe passamaquoddy en el Gasco Bay Trading Post, Ruta 1, Freeport, Maine [Library of Congress].

> En la tarde y mañana del día 13, enviamos expediciones después de que el enemigo se retirara. Atendimos a los muertos. Una vista tan impactante que mis ojos nunca antes habían visto de salvaje y brutal barbarie. Ver al esposo llorando por su esposa muerta, con cuatro niños muertos acostados a su lado, destrozados, con el cuero cabelludo quitado, y algunas de las cabezas, algunas piernas y brazos cortados, algunas con la carne arrancada de los huesos por los perros. Doce de una familia fueron asesinados y cuatro de ellos quemados en su casa.

Otros responsables de varios ataques entre 1778 y 1782 eran Sir John Johnson que lideró redadas en los valles Mohawk y Schoharie, y el agente indio Simon Girty, quien instigó una serie de incursiones contra Fort Laurens y emboscadas con la tribu Shawnee en Kentucky. Esto no quiere decir que ningún indio se haya aliado con las fuerzas de los Estados Unidos. Tribus como los Oneidas, Tuscaroras, Passamaquoddy, Micmac, Maliseet y Penobscot se pusieron del lado de los colonos y brindaron un apoyo valioso. Lo que señala el *Supplement* es que el ejército británico, en lugar de pelear únicamente con las fuerzas armadas continentales, dirigió activamente sus ataques a civiles, mujeres, y niños.

* * *

Sello postal de un centavo de dólar con las efigies de Jones y Barry [Olga Popova].

John Paul Jones caricaturizado como un pirata en una publicación londinense [Library of Congress].

LA AUTENTICIDAD

> Recientemente he visto un memorial que, según se dice, fue presentado por Su Excelencia a sus Altezas Generales del Estado, en el que le complace calificarme con el título de pirata...

Para complementar el artículo principal del *Supplement*, Benjamin Franklin incluyó un segundo texto, también en forma de carta, enviada supuestamente por el comodoro en la marina continental John Paul Jones. Unos años antes, el gobierno británico había calificado John Paul Jones con el título de «pirata» debido a su papel en la Revolución Americana, un término cuyas implicaciones tenían bastante importancia en el siglo XVIII. Según el *Journal of the House of Commons*, la Ley de Alta Traición Americana de 1777 otorgó el poder a «su Majestad para asegurar y detener a las personas acusadas o sospechosas del crimen de alta traición cometida en América del Norte o en alta mar». Es decir, la ley permitió a las autoridades británicas tratar a los marineros y oficiales capturados durante la Revolución como piratas o criminales comunes, en lugar de prisioneros de guerra.

Franklin conocía tanto a John Paul Jones como las circunstancias que rodearon a los americanos encarcelados entre 1777 y 1782. Asimismo, sabía que el Gobierno británico no podía identificar a los rebeldes como prisioneros de guerra antes del fin de las hostilidades; cualquier concesión implicaría que los soldados capturados eran ciudadanos de una nación independiente. Pero la victoria en Yorktown, en combinación con los cambios radicales en el ministerio británico, ofreció una oportunidad de presionar por reformas políticas a favor de los prisioneros estadounidenses.

En un intento por renunciar a las afirmaciones que identificaban al pueblo estadounidense como culpable de alta traición, Benjamin Franklin creó un texto que se desvió drásticamente del estilo de su primer artículo. En lugar de depender tanto de detalles provocativos o manipulación emocional, la carta introdujo una lógica moralista para denunciar la corrupción del Parlamento y cuestionar la autoridad del rey Jorge III. Sobre todo, Franklin uso el personaje de Jones para acusar al rey de ser «Nerone Neronior», es decir, más Nerón que Nerón en crueldad y tiranía. Es un discurso con un tono abiertamente político, algo que podría haber causado que el lector rechazara el texto por ser demasiado parcial. Pero el propósito principal de Franklin no era solo persuadir al lector, sino imitar los ensayos argumentativos y los formatos de cartas que aparecían en los periódicos del siglo XVIII.

Fue este impulso por generar una falsificación lo que, en parte, garantizó el éxito del *Supplement.* Los artículos no tenían que ser perfectos, pero sí tenían que ser lo suficientemente persuasivos y auténticos para que un lector no ignorara el periódico en su conjunto. El esfuerzo por captar la autenticidad es evidente incluso hasta la selección de avisos y anuncios que acompañan los artículos. El «Supplement» informó sobre la pérdida de un caballo, la legitimización de un acuerdo de sucesión y la disponibilidad de dos propiedades en venta. Si bien las publicidades falsas ocuparon un espacio valioso que podría haberse utilizado para propaganda adicional, el texto mundano proporcionó una variedad de tonos diferentes que contrarrestaron los relatos macabros e indignados. También dio la impresión de que el documento había sido compuesto por más de una persona, y emuló un diseño de periódico, lo que le dio a la información de la página una apariencia más oficial.

La culminación de los esfuerzos de Franklin dio sus frutos cuando el *Supplement* pegó un salto de la imprenta de Franklin a los periódicos reales. En Londres, apareció en el *General Advertiser* y *Morning Intelligencer* y más tarde en el *Public Advertiser.* También, entre 1782 y 1783, varios periódicos de los Estados Unidos publicaron el extracto de las redadas de los indios, incluyendo el *New Jersey Gazette,* el *Pennsylvania Packet,* el *Continental Journal,* el *Massachusetts Spy,* y el *Providence Gazette and Country Journal.* Claramente, Franklin había logrado su objetivo de aumentar la conciencia pública hasta cierto punto, pero si el periódico falso logró influir en las negociaciones de París o no, ocurrió algo que Franklin nunca tuvo la intención de hacer: la publicación resurgió trece años más tarde, y entre 1806 y 1874, más de treinta periódicos americanos citaron el *Supplement* como un relato histórico oficial.

Es difícil saber cómo se habría sentido Franklin sobre el éxito de su periódico falso en el siglo XIX. Franklin había justificado la creación de la publicación, antes de que el «Supplement» tomara vida propia, en una carta a John Adams del 22 de abril de 1782. Franklin explicó que: «Envío un documento adjunto sobre la veracidad del cual tengo algunas dudas en cuanto al formato, pero ninguno en cuanto a la sustancia, ya que creo que el número de personas realmente escalpadas en esta Guerra cruel por los indios excedió lo que se menciona en el [artículo principal]... Al ser verdades sustanciales, el formato se debe considerar como un periódico...». Según Franklin, su *Supplement* no era un engaño, principalmente porque el contenido de los artículos era inherentemente verdadero. Su obra maestra personificaba a la crueldad verdadera de la guerra, y si existía el potencial de favorecer a los Estados Unidos en el diálogo por la paz a través de su trabajo, Franklin estaba dispuesto a publicarlo. Pero eso fue antes de su muerte en 1790.

Si hubiera algún valor en el engaño de Franklin, tal vez sería que el daño al «Supplement» se limitó a las reediciones de un solo texto. A diferencia de una colección de crímenes de guerra imaginarios contra la población estadounidense que podrían servir como una extensa historia falsa contra la comunidad indígena, el artículo de Franklin nunca podría ser nada más que un incidente aislado, aunque brutal. Un segundo elemento para considerar es que, aunque el periódico no era verdadero en ningún sentido convencional, los detalles del trabajo de Franklin se habían basado en las realidades de la Revolución Americana. Las redadas y masacres se habían cobrado la vida de mujeres y niños, al igual que los marineros estadounidenses se habían tratado como criminales, lo que significa que el engaño proporcionó detalles que eran verdaderos en espíritu. Sin embargo, esto también es parte del problema, porque estos mismos detalles, en combinación con los formatos de los periódicos, los anuncios y los diferentes estilos de redacción, son los que hicieron que el periódico fuera tan convincente. Un lector no pudo evitar creer las descripciones sombrías si hubiera vivido experiencias similares, y aunque Franklin no había mostrado ninguna intención que pudiera considerarse siniestra, el *Supplement* tenía, no obstante, un potencial peligroso para transformarse en algo más que ficción. Esto plantea la pregunta: si Franklin hubiera sido menos discreto o sus descripciones más exageradas, ¿cuál habría sido la consecuencia? Si el engaño de Franklin fue peligroso a pesar de sus esfuerzos por mantener cierto grado de honestidad, ¿qué hubiera sucedido si no hubiera habido ninguna preocupación por decir la verdad?

* * *

FAKE NEWS EN EL SIGLO XX

Franklin pudo haber sido el primero en publicar noticias falsas en América, pero ninguna conversación sobre *fake news* estaría completa sin hablar de uno de sus perpetradores más audaces: el senador Joseph McCarthy. McCarthy era todo lo que Franklin no era: indiscreto, exagerado, rápido para unir su nombre a sus elucubraciones y despreocupado por la veracidad. Sin embargo, al igual que los episodios históricos que involucran a Franklin, la historia detrás de los engaños de McCarthy tuvo su trasfondo, su momento de desarrollo y su clímax en una época de cambio.

En medio de un período en el que las tensiones entre la URSS, China y Estados Unidos comenzaron a escalar, el candidato republicano Joseph McCarthy ganó en las elecciones al Senado de los Estados Unidos, para el estado de Wisconsin, 1946. El siguiente año, el presidente Harry Truman puso en práctica la evaluación de la lealtad de los empleados del servicio civil federal, introduciendo el uso de una de las primeras «listas negras» para miembros de grupos fascistas, comunistas y subversivos. En 1948, al exfuncionario del Departamento del Estado Alger Hiss se le acusó de espionaje, marcando un momento importante en la carrera del congresista Richard Nixon, quien fue uno de los interrogadores principales de la investigación. En 1949, China se convirtió en una nación comunista, la Unión Soviética desarrolló la bomba atómica y Klaus Fuchs confesó el crimen de pasar secretos de estado, lo que nos lleva a 1950.

El 9 de febrero de 1950, el senador Joseph McCarthy asistió a la celebración del Día de Lincoln en la ciudad de Wheeling, Virginia Occidental. McCarthy había sido invitado por el Club de Mujeres Republicanas del Condado de Ohio para disfrutar y participar en el evento junto con más de doscientos setenta y cinco hombres y mujeres representantes republicanos. Y fue en aquella noche que McCarthy dio el discurso que lo hizo famoso:

> Hoy estamos comprometidos en una batalla final entre el ateísmo comunista y el cristianismo. Los campeones modernos del comunismo lo han seleccionado como el momento clave. Y, damas y caballeros, las fichas están caídas, están realmente caídas...
>
> Al final de la guerra éramos físicamente la nación más fuerte de la Tierra y, al menos potencialmente, la más poderosa en intelecto y moralidad. El nuestro, podría haber sido el honor de ser un faro en el desierto de la destrucción, una prueba brillante y viviente de que la civilización aún no estaba lista para destruirse a sí misma. Desafortunadamente, hemos fallado miserable y trágicamente en aprovechar la oportunidad. La razón por la que nos encontramos en una posición de impotencia no es porque nuestro único enemigo potencial poderoso ha enviado hombres a invadir nuestras costas, sino más bien por las acciones traidoras de aquellos que han sido tratados tan bien por esta nación...
>
> Esto es cierto en ningún sitio más que en el departamento de estado. Allí, los jóvenes brillantes que nacen con cucharas de plata en la boca son los que han sido los peores...
>
> En mi opinión, el Departamento de Estado, que es uno de los departamentos gubernamentales más importantes, está infestado de comunistas. Tengo en mi mano cincuenta y siete casos de personas que parecerían ser activas o ciertamente leales al Partido Comunista, pero que, sin embargo, todavía están ayudando a dar forma a nuestra política exterior.

El discurso, que se transmitió por radio, captó rápidamente la atención de John E. Peurifoy, subsecretario de Estado adjunto de Administración. McCarthy no había entrado en detalles sobre las identidades de los comunistas infiltrados, pero sí acusó al Secretario de Estado de servir lealmente a un traidor al país. Así que la pregunta principal que tenía Peurifoy era si Joseph McCarthy podría revelar quienes eran los subversivos que trabajan en el gobierno, ya sea proporcionando la lista al Departamento de Estado o haciendo públicos los nombres. Peurifoy lo quería saber sobre todo porque, según el programa de lealtad del presidente, los empleados del Departamento de Estado ya habían sido sometidos a controles exhaustivos por parte de la FBI, y la repentina aparición de cincuenta y siete «comunistas activos» no detectados dentro del Departamento era una revelación verdaderamente devastadora.

El senador Joseph McCarthy de pie al micrófono, probablemente discutiendo sobre el *Senate Select Committee to Study Censure Charges (Watkins Committee)* «Comité Selecto del Senado para Estudiar los Cargos de Censura (Comité Watkins)» presidido por el Senador Arthur V. Watkins. Fotografía de Thomas J. O'Halloran, junio de 1954 [Library of Congress].

EL COMITÉ DE TYDINGS

Durante las siguientes semanas, el senador McCarthy reveló cierta información de su famosa lista, pero no antes de dar discursos similares en Salt Lake City y Reno. En este tiempo, el número de subversivos en su lista aumentó rápidamente de cincuenta y siete a ochenta y uno, un detalle que llegó a afirmar ante el Senado el 20 de febrero. En aquella conferencia, McCarthy repitió sus acusaciones de infiltración comunista en el transcurso de cinco horas, pero igual que en Wheeling, el senador terminó su narración sin revelar los nombres de las amenazas al Departamento del Estado.

El 22 de febrero, la publicidad en torno a las acusaciones de McCarthy inspiró al Senado a autorizar una investigación de deslealtad dentro de los departamentos gubernamentales. Fue en estas audiencias con el comité del Senado donde aparecieron las primeras señales de que la lista de McCarthy era fraudulenta. En lugar de responder a preguntas directas del comité sobre sus acusaciones, por ejemplo, McCarthy trabajó para reunir el apoyo del partido republicano, asociar la homosexualidad con los riesgos de lealtad, y dirigir agresivamente la narrativa de las audiencias en la dirección de sus intereses. En esas sesiones, McCarthy tuvo la oportunidad de presentar evidencia de deslealtad al comité, y es durante esas audiencias en las que McCarthy identificó públicamente por primera vez las amenazas comunistas en relación con el Departamento de Estado, instigando lo que al final fue una caza de brujas contra nueve personas, incluido Owen Lattimore, director de la *Page School of International Relations.*

El caso de Owen Lattimore fue particularmente importante, porque —de cierta manera— los interrogatorios ayudaron a McCarthy a asumir una apariencia de credibilidad. En estas sesiones, McCarthy usó la reputación de Lattimore como un académico influyente en China para vincularlo con Alger Hiss, un exfuncionario del Departamento de

Estado y presunto espía. La asociación recordó los interrogatorios públicos del congresista Richard Nixon en 1948, y durante las audiencias, Joseph McCarthy apoyó sus acusaciones con documentos fraudulentos, pruebas orquestadas y testigos falsos. Investigaciones posteriores sobre la veracidad de las pruebas del senador McCarthy revelaron disparidades significativas entre lo dicho en el comité y la realidad de cualquier posible afiliación a grupos subversivos. A pesar de aquellas investigaciones, los sucesos de las audiencias acabaron en desastre. En el momento en que el comité pudo refutar las pruebas contra Owen Lattimore y el resto de los acusados, las reputaciones de los involucrados se habían arruinado por las sospechas de espionaje y subversión.

Las transcripciones de los procedimientos públicos muestran que la aceptación de las afirmaciones de McCarthy estuvo lejos de ser universales, con el informe final del Comité Tydings llegando a conclusión que las acusaciones de Joseph McCarthy eran «un fraude y un engaño», pero esos hallazgos no llegaron a captar la atención del público. El comienzo de la Guerra de Corea, y las noticias del arresto del informante ruso Julius Rosenberg, ocurrieron en los días posteriores al Comité de Tydings, y para muchos, estos eventos validaron los temores y acusaciones de infiltración soviética. Eran hechos que reforzaban el miedo que el público estadounidense desarrolló después del fin de la segunda guerra mundial, y que encapsulaba la expansión del comunismo en Asia, el posible desarrollo de armas nucleares y la subversión de la democracia americana. Para Joseph McCarthy, aquellos días convirtieron su fracaso en un éxito total; la cruzada contra individuos subversivos se había transformado en un asunto partidista y era el que lideraba la marcha. Joseph McCarthy procedió a usar su lista de «comunistas activos» y la «amenaza» de una infiltración enemiga como una narrativa falsa perpetua, con el propósito de hacer campaña en quince estados, avanzar en su carrera y obtener publicidad nacional para los próximos cuatro años.

EL DISCURSO PERPETUO DE MCCARTHY

Lo que ayudó a McCarthy a difundir la desinformación y desarrollar su talento para las noticias falsas, a partir de 1950, fue la cobertura nacional continua. El 28 de septiembre de 1952, por ejemplo, solo unas semanas antes de las elecciones al Senado de los Estados Unidos en Wisconsin, Joseph McCarthy hizo su sexta aparición en «Longines Chronoscope», un programa de noticias patrocinado por la compañía de relojes Longines-Wittnauer. En la entrevista televisada, McCarthy se reunió con William Bradford Huie, editor de *American Mercury*, y Henry Hazlitt, editor colaborador de la revista *Newsweek*, para hablar sobre su carrera política, la campaña republicana en el Senado y la amenaza del comunismo en los Estados Unidos. La entrevista muestra, incluso dos años después de Wheeling, cómo el discurso de Joseph McCarthy apenas había cambiado…

H. Hazlitt: *¿Cuál es la interpretación más amplia de su propia victoria en Wisconsin tal como la ve?*

J. McCarthy: *Sr. Hazlitt, diría que primero, no fue un voto para McCarthy. Fue una votación sobre un tema, un tema muy importante. El pueblo estadounidense reconoce que el único problema real, y no el problema falso, es el tema del comunismo... la corrupción, todo enredado en la guerra de Corea y en la Guerra Mundial, llámelo, 2 y medio, llámelo acción policial, llámelo lo que quieras. Significa que el pueblo americano está harto en el fondo de lo que está sucediendo. Me gustaría considerarlo un homenaje a McCarthy, pero no lo fue, fue un voto sobre todos los temas importantes. Solo espero que muchos de nuestros buenos amigos se den cuenta de que este es el problema este año.*

W. Huie: *Usted da a entender, senador, al decir que no votaron por McCarthy, que ahora se ha convertido en un sím-*

bolo para un gran grupo de americanos. Dicho esto, ¿qué cree que usted simboliza en la escena política americana ahora?

J. McCarthy: *No me gusta mucho la forma en que hace la pregunta, Sr. Huie. Digámoslo de esta manera. Muchas personas han estado esperando que alguien exponga hasta qué punto nuestra política exterior suicida ha sido dictada por el Kremlin. Han estado esperando que alguien realmente se levante y luche contra la corrupción de la manera en que hombres como el senador Williams han luchado y creo que mi gente en Wisconsin votaba la aprobación de una lucha contra el comunismo, la corrupción, la venta de intereses estadounidenses y no estaban votando por Joe McCarthy. Sólo soy el destinatario del voto y ciertamente lo aprecio mucho.*

W. Huie: *Bien, ¿diría que la otra cara de esa moneda es que fue el destinatario de todo el voto de protesta en Wisconsin? Quiero decir que estaban votando por usted para protestar, lo que delineó que han sido los fracasos de la administración.*

J. McCarthy: *Eso bien podría ser.*

H. Hazlitt: *Senador, quería preguntarle sobre esta palabra: «Macartismo». ¿Estoy en lo cierto al suponer que el primero que usó esa palabra fue Owen Lattimore en testimonio ante el Comité Tydings?*

J. McCarthy: *Owen Lattimore lo usó por primera vez: déjame corregirme, creo que lo usó Lattimore o el Daily Worker por primera vez, pero el testimonio ahora es que los cuarenta principales comunistas se reunieron en Nueva York y decidieron cómo lucharían contra McCarthy y que luego acuñaron la frase Macartismo. Ahora, en cuanto a la fecha de aquello, pues, que fue el día antes de que Lattimore testificara o el día después, francamente no lo sé.*

La entrevista con Huie y Hazlitt es notable en el sentido de que demuestra la repetición continua en 1952 de las ideas principales que McCarthy había utilizado en sus discursos de 1950: que los agentes comunistas habían penetrado en el gobierno de los Estados Unidos y habían estado manipulando la política nacional desde la Segunda

La portada de la revista *Time* del 22 de octubre de 1951, realizada por Ernest Hamlin Baker, con el retrato de McCarthy sobre el lema «*Demagogue McCarthy*» [*Time*].

Guerra Mundial. La gran diferencia es que, en lugar de atacar al Departamento de Estado, Joseph McCarthy utilizó el tema general de una «amenaza» para socavar la administración demócrata del presidente Harry Truman, implementando términos negativos como «vendido», «suicidio», «corrupto», «traición» y «traidores» para describir el estado del gobierno.

Además de identificar los principales puntos de conversación de la narrativa de McCarthy, la entrevista también revela algunas de las diferencias cruciales entre los estilos creativos de McCarthy y el primer autor de «fake news» en los Estados Unidos, Benjamin Franklin. A diferencia de los engaños cuidadosamente pensados de Franklin, las noticias falsas de McCarthy tienen una cierta cantidad de improvisación. Está claro que hay un guion con palabras y frases que el senador repite con frecuencia, pero en la entrevista de «Longines» hay momentos en los que McCarthy inventa descuidadamente, afirmando su conocimiento de los detalles más íntimos de reuniones comunistas secretas en Nueva York, y otros instantes donde sus afirmaciones se vuelven ambiguas. Cuando la conversación gira en torno a su propia carrera política, Joseph McCarthy insiste en que un «voto por McCarthy» es un voto contra el comunismo; que, si los estadounidenses leales querían poner fin a la inminente amenaza extranjera, entonces su deber era votar por el partido republicano. Al mismo tiempo, se contradice, y explica que la lucha contra el comunismo no es específicamente una lucha demócrata o una lucha republicana, y que no le diría a la gente qué votar. También difiere de Benjamin Franklin en que se desacredita a sí mismo y usa evidencia transparentemente falsa para respaldar sus afirmaciones. En su comentario sobre el Macartismo, por ejemplo, McCarthy habla sobre los sucesos del Comité Tydings como si los procedimientos en 1950 hubieran demostrado claramente que Owen Lattimore estaba asociado con un grupo de espías comunistas.

Sobre todo, la entrevista de *Longines Chronoscope* muestra cuán dependiente era McCarthy del uso constante de acusaciones en sus declaraciones. Es casi como si, al hablar rápidamente, repetir la misma jerga, y atacar a todos sus objetivos, Joseph McCarthy pudiera adelantarse a sus críticos, personas que solo se quedaban atrás porque estaban demasiado ocupados averiguando cuánto de lo dicho era una invención. A corto plazo, esta técnica demostró ser muy eficaz. Pero a la larga, la práctica puso a McCarthy en un riesgo cada vez mayor. Quizás esto explica en parte por qué la campaña anticomunista de Joseph McCarthy duró un total de cuatro años, mientras que el «Supplement» de Benjamin Franklin fue capaz de convencer a los lectores durante casi un siglo. Mientras Franklin permaneció en el anonimato, McCarthy dependía en gran medida del hecho de que era un senador republicano para protegerse de las críticas. Pero de la misma manera que la celebridad le dio algo de protección a McCarthy, también tuvo sus peligros, ya que también se le podría responsabilizar por las fallas en su discurso.

Si bien la estrategia de Joseph McCarthy era muy diferente del de Benjamin Franklin, sus trabajos tenían algunas cualidades en común. Al igual que Franklin, McCarthy utilizó una buena cantidad de manipulación emocional en sus narraciones. La Guerra Fría, la Guerra de Corea, el desarrollo de armas atómicas, la difusión del comunismo, el descubrimiento de espías e informantes secretos... Todos fueron una fuente de temor público, y McCarthy abordó estos temas exactos en artículos impresos y entrevistas televisadas. Muchas de las exageraciones eran creíbles porque tenían conexiones con personas reales y eran similares a los eventos que habían sucedido antes.

Otra herramienta que las dos figuras compartieron fue su uso de números y listas para apoyar sus narraciones. Del mismo modo que el catálogo de cueros cabelludos humanos numerados jugó un papel importante en el *Supplement* de Franklin, los números fueron un elemento clave en muchos de los discursos de McCarthy. Los cuarenta comunistas principales, cincuenta y siete subversivos activos y ochenta y un riesgos de lealtad aludieron a la evidencia concreta de una conspiración. Ese número se disparó a más de ciento treinta cuando McCarthy lanzó su mayor obra de *fake news*, pero a diferencia de Franklin, los números al final le traicionaron.

MCCARTHY CONTRA EL MUNDO

> Señor presidente, en condiciones normales no le molestaría a estas horas, pero esta noche es diferente. Sr. Cohn, ¿cuál es el número exacto de comunistas o subversivos que están sueltos hoy en estas plantas de defensa?

La pregunta, sacada de las transcripciones de las audiencias del Ejército-McCarthy de 1954, vino de Joseph N. Welch, el abogado principal del Ejército de los Estados Unidos, con el propósito de identificar finalmente un número que parecía fluctuar a medida que pasaban las horas. Una vez más, el Senado de los Estados Unidos estaba investigando una serie de acusaciones sobre la presencia de comunistas en organizaciones gubernamentales, solo que esta vez la víctima intencionada era el Ejército de los Estados Unidos. La afirmación venía de nuevo de Joseph McCarthy, y de nuevo el centro de su argumento se basaba en la existencia de una lista que resultaba cada vez más elusiva.

El Ejército desafió a McCarthy y su abogado principal por sus acusaciones, y afirmó que sus cargos formaban parte de una estratagema para un trato preferencial para el exasistente de McCarthy, G. David Schine. La lista de McCarthy tuvo un papel importante en los intercambios entre el Senado y el Ejército, y lo esquivo de la lista fue lo que finalmente hizo que Welch perdiera la paciencia. En las entrevistas televisadas, Welch le pidió directamente al abogado principal de McCarthy, Roy Cohn, que presentara una evidencia real, ya sea al FBI o al Departamento de Defensa, en lo que debería haber sido un acto concluyente de testimonio. Pero después de ver que Roy Cohn no iba a procurar la famosa lista ni se iba a comprometer a ofrecerla a ninguna organización pública con el poder de investigar la amenaza comunista, Welch hizo una oferta firme para llevar personalmente la lista al Departamento de Defensa esa misma noche.

Joseph McCarthy, que ya había interrumpido las entrevistas en nombre de Roy Cohn para expresar sus objeciones, una vez más expresó su objeción:

> J. McCarthy: *Número 1, no tengo ninguna objeción en absoluto de dar cualquier información que tengamos sobre los comunistas al Departamento de Defensa. Número 2, sé que ya lo tienen. Me gustaría señalar al senador Symington un ejemplo de la situación en la que nos encontramos. No es un caso de falta de información por parte del Departamento. Tomemos, por ejemplo, en la Imprenta del Gobierno. Descubrimos que el FBI había dado cuarenta informes diferentes a la Junta de Seguridad de la Imprenta del Gobierno con respecto a un hombre que fue acusado por informantes del FBI... Le pregunté a la junta de lealtad por qué le permitieron manejar material secreto en vista de los cuarenta informantes diferentes del FBI que estaban dispuestos a testificar sobre sus actividades comunistas. La respuesta fue: no era nuestra práctica llamar a nadie para dar información despectiva... No es una cuestión de los oficiales de seguridad, no tener información. Tenemos todas las razones para creer que tienen toda la información que tenemos, y más. Sin embargo, si hay alguna pregunta al respecto, cualquier persona del Departamento de Defensa, cualquiera de sus oficiales de seguridad puede venir y sentarse con nuestro personal en cualquier momento del día o de la noche y obtener toda la información que deseen. Me gustaría hacer esta moción, si puedo.*

Obstinado y poco dispuesto a terminar con la farsa, McCarthy explicó que el Departamento de Defensa, y cualquier otra organización, tendría que visitar directamente las oficinas de McCarthy para obtener información sobre los más de ciento treinta subversivos. Pero cuando quedó claro que Welch no estaba satisfecho con esa respuesta, McCarthy, siempre el acusador y nunca el acusado, redirigió el interrogatorio durante la próxima semana.

El 9 de junio Joseph McCarthy procedió a denunciar la infiltración comunista del propio bufete de abogados de Welch, en un intento de desacreditar a Welch y asociarlo con contactos íntimos comunistas. Fue un momento importante en las audiencias. El miedo a la subversión aún estaba muy vivo en Estados Unidos, pero para que la falsa narrativa de McCarthy siguiera convincente, o tenía que aparecer la notoria lista, o el público tendría que perder la fe en la integridad del abogado principal del Ejército de los Estados Unidos. La acusación condujo a uno de los momentos más memorables de las audiencias, en el cual Welch, indignado por la flagrante tergiversación con respecto a un compañero suyo, exclamó: «Hasta este momento, senador, creo que nunca he medido realmente su crueldad o su imprudencia... Has hecho lo suficiente. ¿No tienes sentido de la decencia?»

La acusación de McCarthy, claramente desesperada, le falló. A través de sus persistentes preguntas y solicitudes, Welch pudo señalar cómo, a pesar de los diversos ataques y afirmaciones personales de McCarthy, el senador de Wisconsin no pudo proporcionar ninguna evidencia de una amenaza comunista. Después de cuatro años de narrativas falsas, el Senado de los Estados Unidos censuró a Joseph McCarthy el 2 de diciembre de 1954.

* * *

LO QUE QUEDA

Es difícil agrupar todos los casos de *fake news* en una sola categoría de engaños, cuando hay tantas cosas que hacen que cada noticia falsa sea diferente. Las noticias falsas nunca se han limitado a un autor, ni a un tema, ni siquiera a un período de tiempo, y las motivaciones detrás de cada instancia son igualmente variadas y van desde ambiciones de beneficio personal hasta planes de una amenaza particular o aspiraciones más elevadas de cambio nacional.

Sin embargo, hay cosas que todas tienen en común. Los engaños, como los de Benjamin Franklin y Joseph McCarthy, tenían objetivos claros y requerían un esfuerzo claro y calculado para garantizar el éxito. Más importante aún, compartían un hilo conductor en su capacidad de sacar provecho de las fuentes de aprehensión y discordia nacionales. Está claro, por ejemplo, que una parte de Estados Unidos se sintió agraviada por Gran Bretaña. Otra parte temía la invasión comunista y otra estaba convencida de la conspiración internacional. Los escritos de Franklin y los discursos de McCarthy actuaron como munición en una lucha contra esas ansiedades, pero, irónicamente, la difusión de sus ideas hizo poco por resolverlas y tendió a intensificar las preocupaciones nacionales.

Las «fake news» son peligrosas en su potencial para dirigir el cambio político e influir en la opinión pública. El mayor peligro, sin embargo, es que, si una noticia es lo suficientemente convincente, requiere muy poco para escalar fuera de control. Franklin perdió el control de su *Supplement* al hacer su trabajo de forma anónima, dando a los periódicos estadounidenses del siglo XIX la libertad de recircular sus escritos de acuerdo con sus propias agendas. El senador Joseph McCarthy perdió el control en el momento en que hombres como John Peurifoy y Joseph Welch le pidieron que respondiera una pregunta simple: ¿dónde está la lista? Ante el público, McCarthy no tuvo más remedio que amplificar su narrativa y exagerar, inventar y hacer tantas acusaciones como fuera posible para mantenerse a la luz favorable de la prensa, llevando a Estados Unidos por un camino de miedo, sospecha y ruina en canje por cuatro años de celebridad.

En estos adversos escenarios, la verdad siempre ha estado en desventaja. Muchas veces existe una aversión a la realidad tal cual es, no solo porque nos cuesta creer que nos han faltado la verdad, sino también porque a nadie le gusta admitir que le han engañado. La verdad está en desventaja porque, si eliminamos las noticias falsas de su exageración y descubrimos que los trofeos de Benjamin Franklin —cabezas humanas desmembradas— no se enviaron a Inglaterra como regalos reales, o que el Departamento de Estado y Ejército de los EE. UU. nunca había sido infiltrado por una liga de espías comunistas... Lo que queda no es algo que una persona quiera recordar. En el mejor de los casos, lo que queda es un fantasma de las cosas que no eran ciertas, y en el peor, las ansiedades que esos fantasmas despertaron.

*   *   *

El Progreso Estadounidense (John Gast, 1871) es una representación alegórica de la modernización del Nuevo Oeste. La figura central es Columbia, una personificación de los Estados Unidos de América, que aparece liderando la civilización hacia el oeste sobre colonos estadounidenses, tendiendo hilos telegráficos y con un libro escolar en la mano, metáfora de la importancia de la educación.

Across the continent, «Westward the course of empire takes its way». Grabado de 1868 de J.M. Ives a partir de obra de F.F. Palmer [Library of Congress].

V
DOWN IN MÉXICO

Cuando comencé a escribir este capítulo, tenía la esperanza de realizar un tratado sobre el expansionismo americano, centrado en los primeros setenta años de la historia de los Estados Unidos y el crecimiento exponencial de la nación a lo largo de los cuatro mil cien kilómetros que separan Nueva York de la costa de California. El primer borrador del capítulo contenía varios episodios históricos, con una introducción que detallaba el primer impulso al río Mississippi, tierras otorgadas a los Estados Unidos después del Tratado de París en 1783. El siguiente en la línea fue Thomas Jefferson y la compra de Luisiana, cuyo acuerdo cedió los territorios que extendía la frontera de Estados Unidos más allá del Mississippi hasta las Montañas Rocosas.

Posteriormente, el capítulo abordó el Tratado de Gante que produjo el estado de Maine en 1814, seguido de Florida y las negociaciones entre John Adams y España en 1820. Y entre imágenes mentales de pioneros en carromatos cubiertos, inmensos trechos de llanuras doradas, pueblos polvorientos con tabernas y ranchos, luchas desesperadas entre los indios y los colonos…, tenía la esperanza de crear un discurso que resumiera dos temas importantes de la historia estadounidense: la libertad y la tierra.

Habiendo jugado un papel importante en la influencia de ambos temas, el capítulo también contempló al padre

El hogar de los pioneros: en la frontera occidental, publicado por Currier & Ives, c. 1867 [Library of Congress].

Las Montañas Rocosas: emigrantes cruzando las llanuras, publicado por Currier & Ives, c. 1866 [Library of Congress].

fundador Thomas Jefferson, sus filosofías sobre los derechos inalienables de la humanidad y su relación con el desarrollo de la nación. Abordaba su visión de un mundo en el que la chispa de la libertad estadounidense se esparciría desde los trece Estados originales hacia aquellos territorios controlados por el dominio absoluto o extranjero, permitiendo a los hombres «romper las cadenas bajo las cuales la ignorancia y la superstición monacales los habían persuadido a unirse ellos mismos, y asumir las bendiciones y la seguridad del autogobierno». Pero en el camino me perdí. Al entrar en un laberinto de fechas, nombres y episodios históricos, el significado detrás de la expansión de Estados Unidos perdió su enfoque. Necesitaba un mapa para desentrañar la maraña de relatos históricos y, aunque (técnicamente) el mapa que necesitaba era metafórico, al leer mis apuntes, mi mirada se encontró con un conjunto de atlas que trazaban los territorios del suroeste, más allá de Louisiana... que es decir, Texas.

Las ciudades de Austin y Houston…; los condados de Edwards, Travis, y Polk… En Texas, los recordatorios de su historia están escritos en el mapa del Estado. Comprender la historia detrás de esos nombres es comprender las ambiciones, virtudes, contradicciones, injusticias, ideales y peligros de la frontera norteamericana. Más que solo contar una historia del progreso estadounidense en el «viejo oeste», esos mismos nombres revelan un lado de la historia de los Estados Unidos donde los hombres que más hicieron para defender y preservar las libertades políticas, personales y religiosas de los Estados Unidos, en su búsqueda tenaz de la tierra y la libertad, también hizo lo máximo para imponer la soberanía americana en todo el suroeste.

*   *   *

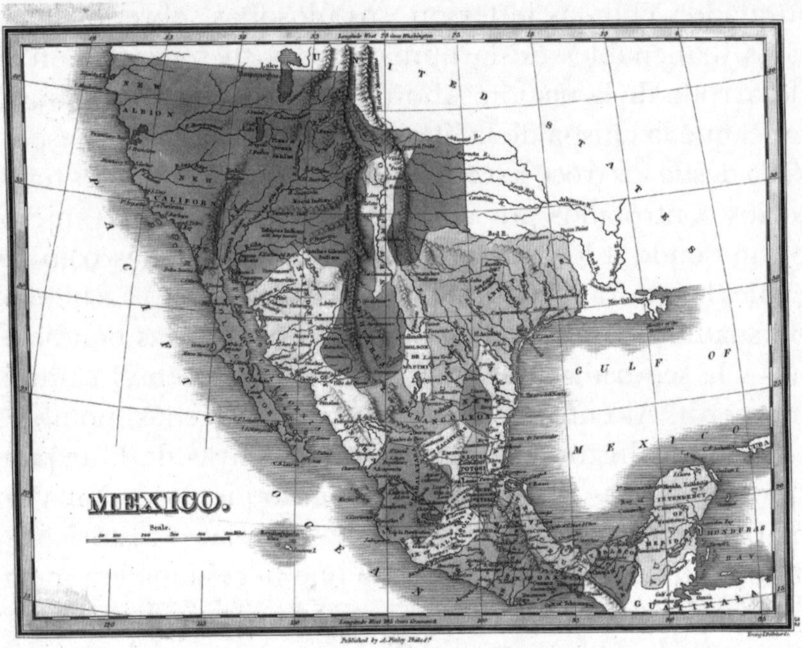

Mapa de México con Texas y California [Steve Estvanik].

Stephen F. Austin (1793-1836).

HADEN EDWARDS Y STEPHEN AUSTIN

La historia detrás del nacimiento de esas ciudades y condados comienza con la revolución, no en los Estados Unidos, sino en México. En 1821, la nación mexicana declaró su independencia de España, y con el cambio de gobierno llegaron reformas dramáticas en la política de inmigración. Bajo el dominio español, las oportunidades de inmigración a territorios mexicanos habían sido severamente limitadas. A los estadounidenses, en su mayor parte, no se les había permitido establecerse más allá de Louisiana, pero bajo una nueva constitución y cuerpo gobernante en 1824, México estableció la Ley General de Colonización y ofreció contratos de tierras para agentes colonizadores, o «empresarios», en una provincia mexicana específica: Texas.

Dos de las figuras centrales en la migración temprana a Texas fueron Stephen Austin y Haden Edwards. Ambos recibieron contratos de empresarios entre abril y junio de 1825, para supervisar el asentamiento de cientos de familias estadounidenses en Texas, pero de los dos empresarios destaca Edwards. La razón es simple. Al establecerse en Nacogdoches, al este de Texas, casi de inmediato estallaron disputas por la tierra entre Edwards y la población local. Como empresario, el gobierno mexicano le había proporcionado a Edwards títulos que servían como prueba de propiedad, algo que muchas familias nativas en realidad no tenían. Ya en 1809, los registros del censo de Nacogdoches detallaban los informes de los residentes cuyas reclamaciones consistían en contratos verbales y ventas informales, y que no habrían podido proporcionar documentación jurídica formal en el caso de una disputa legal. Frente a propiedades que se habían ocupado sin su autorización, Edwards colocó avisos que, según el Apéndice de Contratos de Empresario en la Oficina General de Tierras de Texas, instruía:

> [...] todo individuo o familia residente, dentro de los límites del territorio especificado y todos aquellos que afirmen tener derecho a cualquier parte o partes de la tierra o tierras de dicho territorio se presentarán inmediatamente ante mí y me mostrarán sus títulos o documentos, si es que poseen, para que sean recibidos o rechazados, según las leyes; y si no lo hacen, dichas tierras se venderán indistintamente...

Edwards actuó directamente para desalojar a los residentes que ocupaban sus tierras, ignorando cualquier reclamo de indocumentados y sin tener en cuenta la Ley General de Colonización que, en virtud del artículo 2, protegía aquellas áreas que se habían adquirido antes de la llegada de extranjeros y, a través del artículo 9, otorgaba a los ciudadanos mexicanos preferencia en el momento de la emisión de las tierras.

En respuesta a las tensiones causadas por los avisos de Edwards, las autoridades municipales trabajaron para proporcionar títulos para la población española y mexicana. Fue un esfuerzo por rectificar el papeleo que faltaba y brindó una solución para los ciudadanos mexicanos que habían vivido en Nacogdoches antes de la llegada y el asentamiento estadounidense, pero solo impulsó a Haden Edwards a buscar un método alternativo para ganar influencia en la comunidad. Se presentó una oportunidad en las elecciones de alcalde de 1825, en las que Edwards propuso a su yerno, Chichester Chaplin, como uno de los candidatos. Chaplin ganó con el apoyo abrumador de los colonos estadounidenses, pero debido a que esos mismos votantes no eran ciudadanos mexicanos y que tampoco habían vivido en Texas durante ni siquiera un año, la victoria provocó un alboroto inmediato. El candidato alternativo, Samuel Norris, llamó la atención del director político en San Antonio de Béjar, resultando en la anulación de los resultados por acusaciones de fraude.

Poco mejoró entre los residentes de Nacogdoches y Edwards, y el incremento de incidentes requirió la intervención de la milicia local. Pero a pesar de las disputas, las intenciones de Edwards hacia asumir la autoridad en Nacogdoches apenas cambiaron. Esto es más evidente en su correspondencia con el vecino empresario Stephen F. Austin. Cuando Austin, quien administraba el territorio al sur de Nacogdoches, se enteró de los hechos en el asentamiento, expresó públicamente sus preocupaciones con respecto a Haden Edwards (y los disturbios civiles que había causado) en una reunión en San Jacinto. Indignado porque Austin trabajaría para socavar a sus compatriotas, Edwards escribió una carta como respuesta —el 28 de febrero de 1826— para defender sus convicciones:

> Me siento perfectamente justificado por ese artículo de los contratos que se hacen entre colonos y empresarios, y me siento más que justificado por lo que hago, por el bien de la colonia y del gobierno en general, como debes admitir como hombre sincero, ese colono que está dispuesto y es capaz de pagar por las tierras, tal como se ofrecen, vale cincuenta de esos holgazanes indolentes que apenas viven para existir, y no tienen ambición ni empresa más.
>
> Si me hace el placer de venir a verme, le mostraré que mis familias ya están comprometidas a mis precios y no están dispuestas a que yo permita que otros establezcan acuerdos inferiores, satisfechos con las desventajas que surgen en el país. Las personas honestas y trabajadoras que ya están en el país son de la misma opinión y ya han cumplido con los términos.

Alrededor del 15 de marzo, Austin, muy consciente del sentimiento amenazante contra Haden, hizo todo lo posible para convencer a Edwards, de que estaba equivocado, y escribió que: «La verdad es que no comprendes la naturaleza de la autoridad con la que estás investido por el

Tah-Chee, un jefe Cherokee, litografía coloreada, publicada en Filadelfia por EC Biddle, c. 1837 [Library of Congress].

gobierno, y es mi sincera opinión que la continuación del curso imprudente que ha comenzado lo arruinará por completo y dañará materialmente todos los nuevos asentamientos». Pero Edwards nunca se arrepintió, y en el espacio de un mes, como Austin había predicho, el fraude político y la hostilidad abierta entre Haden Edwards y las autoridades mexicanas hicieron que el presidente Guadalupe Victoria revocara el contrato de Nacogdoches.

Haden Edwards se negó a darse por vencido. En una carta fechada el 21 de julio de 1826, Benjamin Edwards le escribió a Stephen Austin sobre la expedición de su hermano Haden a los Estados Unidos para obtener apoyo, alertando a Austin sobre el «retumbar del volcán» y «una chispa de materia encendida que se encenderá en una conflagración». Ese noviembre, un grupo de hombres liderados por Burrell J. Thompson, Martin Parmer y John S Roberts, y que finalmente incluía a Haden y Benjamin Edwards, se apoderó de Nacogdoches tras un golpe de violencia. En pocas semanas, los hermanos Edwards habían declarado su independencia de México y establecieron la «República de Fredonia», con Haden como presidente electo y su hermano como comandante en jefe.

Sabiendo que la revuelta no quedaría sin oposición, los usurpadores buscaron el apoyo de la población Cherokee local, pero desafortunadamente para los rebeldes, los acuerdos que se establecieron entre los «fredonianos» y la tribu de indios americanos no duraron mucho. Una vez más, las autoridades mexicanas se apresuraron a trabajar contra Edwards, reuniéndose con los cherokees para disolver la alianza contra México. Al mismo tiempo, el teniente coronel Mateo Ahumada marchó hacia Nacogdoches bajo órdenes de luchar contra el golpe, y fue acompañado por el empresario Stephen F. Austin y la Milicia de Texas. Haden Edwards, al encontrarse sin la ayuda de los Cherokee o cualquier apoyo adicional de los colonos americanos en el área de Texas, no tuvo más remedio que abandonar sus ambiciones de una República independiente y huir de Texas.

PAPELES HISTORICOS MEXICANOS

1

JOSE MARIA SANCHEZ

VIAJE A TEXAS EN 1828 - 1829

INTRODUCCION
POR
JORGE FLORES D.

MEXICO
1939

LA DESCONFIANZA

La República de Fredonia duró poco —en total varias semanas—, pero la rebelión fue el primero de una secuencia de acontecimientos que provocaron un escepticismo y hostilidades duraderas entre las autoridades mexicanas y los colonos estadounidenses. Los primeros indicios de desconfianza llegaron en forma de una investigación en noviembre de 1827, cuando el general mexicano Mier y Terán encabezó una comisión para estudiar la zona fronteriza entre Texas y el estado de Luisiana. El propósito de la encuesta era evaluar las condiciones de los territorios bajo influencia estadounidenses y brindar soluciones viables para mantener la autoridad en ellos. Aunque la investigación continuó durante más de un año, rápidamente se hizo evidente —desde la perspectiva de los militares— que la ola de inmigración desde los Estados Unidos representaba un riesgo importante para la soberanía mexicana. El teniente José María Sánchez, quien acompañó al general Mier y Terán, según el libro *Viaje a Texas en 1828-1829*, anotó en su diario que los norteamericanos se habían apoderado de casi todo el este de Texas, en la mayoría de los casos sin el conocimiento de las autoridades. Detalla el teniente Sánchez la falta de controles gubernamentales, así como la escasa población mexicana, llegando a la conclusión de que Texas se encontraba en peligro inminente de perderse debido a que el gobierno del Estado, que debía velar por la conservación de los territorios Tejanos, era el que menos sabía, no solo de lo que estaba sucediendo sino incluso sobre las condiciones de la tierra misma.

En respuesta a la amenaza que supondría una toma de posesión estadounidense, las autoridades mexicanas tomaron medidas para frenar o desalentar el aumento de la inmigración desde los Estados Unidos. La Constitución de 1827 para el estado de Coahuila y Texas prohibió la futura admisión de esclavos en el área y declaró que todos los niños nacidos de padres esclavizados eran libres al nacer. Luego, el decreto de Guerrero de 1829 abolió oficialmente la esclavitud en México, y un tercer mandato, la Ley del 6 de abril de 1830, complementó el decreto de Guerrero al prohibir la importación de esclavos, lo que dificultaba que los asentamientos estadounidenses aumentaran el tamaño de su fuerza laboral a través de la esclavitud. La Ley del 6 de abril de 1830 también introdujo más restricciones para inhibir la inmigración y el comercio local. Las oportunidades para futuras concesiones de tierras ya no estaban disponibles, poniendo fin a la inmigración legal a Texas, y los funcionarios locales podían hacer cumplir los aranceles aduaneros sobre cualquier producto que pudiera cruzar la frontera hacia México. Los colonos estadounidenses respondieron eludiendo los controles sobre la esclavitud, la importación y la inmigración tanto como fue posible. En algunos casos, los texanos eludieron los controles fronterizos o encontraron lagunas en las nuevas ordenanzas al hacer pasar a sus esclavos como sirvientes contratados con contratos de por vida, una solución a la que hizo referencia Stephen Austin en una carta del 19 de julio de 1831. En el caso del decreto Guerrero, las protestas de la comunidad estadounidenses y la incompatibilidad con las leyes de colonización aseguraron que las nuevas restricciones nunca se implementaran por completo en Texas.

Lo que logró la repentina reversión de los incentivos para los texanos (sobre todo) fue la impresión entre los asentamientos de que los intereses estadounidenses en Texas estaban en riesgo. Durante este período de tiempo, Stephen Austin trabajó para calmar los temores entre las colonias, suavizar las frustraciones con los contactos en los Estados Unidos, y resolver las ansiedades sobre la lealtad de Texas con el gobierno estatal. Eso no le impidió, sin embargo, protestar por lo que consideró medidas «descorteses», advirtiendo que leyes como la del 6 de abril tendrían «una tendencia fatal si se ejecutan imprudentemente».

STEPHEN AUSTIN Y WILLIAM TRAVIS

En este clima de duda y discordia, las relaciones civiles entre los colonos y las autoridades mexicanas empeoraron considerablemente. Esto fue especialmente cierto en el área de Anáhuac donde, en 1832, disputas sobre la recuperación de esclavos fugitivos y el antagonismo general hacia el coronel mexicano John Bradburn culminaron con el arresto de William Travis, abogado y figura prominente en Anáhuac con fuertes afiliaciones a grupos militantes de Texas. Bradburn había sido un funcionario impopular y controvertido de antemano, a quien Stephen Austin describió en una carta del 20 de junio, 1832, como «incompetente para tal comando y medio loco parte del tiempo». Bradburn se había ganado la reputación de hacer cumplir los derechos de aduana y de aplicar cargos penales indiscretos que poco contribuían a mejorar la diplomacia con la comunidad texana. Incluso había tenido roces con William Travis antes, pero la reacción a los hechos que rodearon la detención de Travis causó importantes disturbios civiles como para provocar un enfrentamiento armado entre el puesto militar de Bradburn y los militantes texanos en junio.

El conflicto se convirtió rápidamente en insurgencias contra el ejército mexicano, lo que dio como resultado la batalla de Velasco, del 25 al 26 de junio. Sin embargo, si bien ocurrió un conflicto similar en Nacogdoches, los disturbios en Anáhuac no se transformaron en una revuelta en toda la provincia, ni provocaron una represalia inmediata por parte del gobierno. La repentina rebelión y la subsecuente victoria texana ocurrieron en un momento en que la atención nacional se centró en Antonio López de Santa Anna, quien encabezaba una revolución contra la administración del gobierno mexicano.

Lo que se originó en Anáhuac como una venganza contra Bradburn, en la agitación política, adoptó la apariencia de un gesto texano de apoyo al movimiento de Santa Anna.

General D. Antonio López de Santa Anna, presidente de la República de México [Library of Congress].

A raíz de la insurrección nacional de Santa Anna y las agresiones en Anáhuac, el ejército mexicano evacuó las guarniciones militares de Nacogdoches, Tenoxtitlan, Anáhuac y Velasco. Por primera vez, Texas estuvo libre de supervisión militar y, motivados para mantener una mayor autonomía, los delegados de los distintos distritos de Texas se reunieron en la Convención de 1832 y luego nuevamente en 1833 para buscar la condición de un Estado independiente, y abordar las quejas de Texas contra las regulaciones sobre esclavitud, asentamiento e importación. La intención de las reuniones políticas era preparar un conjunto de peticiones que los representantes estadounidenses pudieran presentar al Congreso mexicano, con la esperanza de resolver las fuentes de conflicto importantes que habían dividido el gobierno nacional y la comunidad texana. El 18 de julio, Stephen Austin, encargado de presentar solicitudes al vicepresidente Valentín Gómez, viajó a la capital para pedir un cambio político.

Stephen Austin tuvo un éxito parcial y logró renegociar la ley que prohibió la inmigración de los Estados Unidos. Pero a pesar de que sus esfuerzos por reducir la presión política tuvieron éxito, las tensiones entre las comunidades estadounidense y mexicana continuaron. Por un lado, algunos de los texanos se habían resistido directamente a la autoridad gubernamental; otros más, hicieron esfuerzos llamativos para introducir una constitución estatal y deshacer las leyes destinadas a mantener la soberanía mexicana. Una pequeña minoría llegó a defender la independencia, y para hombres como el presidente Santa Anna, el nuevo activismo indicaba un movimiento político que favorecía la sucesión. Por otro lado, los texanos tenían muchos motivos de malestar. El gobierno mexicano se encontraba en un estado constante de desorganización; habían tenido cuatro presidentes distintos entre 1828 y 1832, tres de los cuales se habían ganado su puesto por la fuerza. Los acuerdos originales que habían persuadido a cientos de familias americanas de emigrar a Texas estaban en un estado de revisión constante, y cuando representantes intentaron preservar los intereses estadounidenses, a menudo se encontraron con rechazo o sospecha. En algunos casos, los esfuerzos por el cambio político llegaron a tener consecuencias desfavorables. Poco después de sus negociaciones en la capital, por ejemplo, Stephen Austin había sido encarcelado por sospechas de traición. No estaba claro qué políticas implementaría el nuevo gobierno en los próximos años o, lo que es más importante, si México volvería a tomar las guarniciones en Texas en un movimiento para recuperar el control de los texanos.

El vuelo de Santa Anna en la batalla de Cerro Gordo. Litografía publicada por R. Magee y creada por el litógrafo Richard Magee (c. 1848) [Library of Congress].

Ninguno de estos temores fue infundado, ya que todos se convirtieron en realidad entre 1834 y 1835, una vez que el presidente Santa Anna disolvió el Congreso. En un caso de cambio político radical, Santa Anna derogó la Constitución de 1824, eliminó las legislaturas estatales, redujo la autonomía estatal e instigó un plan de acción para reestructurar los puestos militares en México. Donde antes se había implantado un gobierno federalista, ahora Santa Anna trabajó para declarar un estado centralista. La transición nacional hacia un régimen sin el federalismo fue un golpe para muchos texanos, incluido Stephen Austin, quien había sido uno de los partidarios más activos y vocales de la paz mexicano-estadounidense. Recién excarcelado y tras encontrar a Texas en un estado de agitación, Austin expresó públicamente, en un discurso que tuvo lugar el 8 de septiembre de 1835, su pérdida de fe en el régimen de Santa Anna:

> La revolución en México está llegando a su fin. El objetivo es cambiar la forma de gobierno, destruir la constitución federal de 1824 y establecer un gobierno central o consolidado. Los estados se convertirán en provincias.
>
> Si el pueblo de Texas debería o no estar de acuerdo con este cambio y renunciar a todo o parte de sus derechos constitucionales y adquiridos bajo la constitución de 1824, es una cuestión de suma importancia; uno que requiere la consideración deliberada de la gente, y solo puede ser decidido por ellos, convocados justamente para ese propósito. Como ciudadano de Texas, no tengo otro derecho y no pretendo tener otro…
>
> Bajo el gobierno español, Texas era una organización local separada y distinta. Fue una de las unidades que componían la masa general de la nación, y como tal participó en la guerra de la revolución, y estuvo representada en el congreso constituyente de México, que formó la constitución de 1824. Este congreso

> constituyente, lejos de destruir esta unidad, la reconoció y confirmó expresamente mediante la ley del 7 de mayo de 1824, que unió provisionalmente a Texas con Coahuila, bajo la especial garantía de ser estado de la confederación mexicana, en cuanto poseyera los elementos necesarios. Esa ley y la ley federal la constitución dio a Texas una existencia política específica, y otorgó a sus habitantes derechos especiales y definidos, que solo pueden ser renunciados por la gente de Texas... El estado, por lo tanto, no puede renunciar a esos derechos adquiridos, al aceptar el cambio de gobierno, o por cualquier otro acto, a menos que la gente de Texas lo autorice expresamente para hacerlo; tampoco el gobierno general de México puede privar legalmente a Texas de ellos sin el consentimiento de este pueblo. Estas son mis opiniones.

En Brazoria, Austin rechazó la idea de adaptarse a los cambios extremos en el gobierno mexicano, y aunque no abogó directamente por la rebelión armada, el discurso fue una desviación importante de los escritos del año anterior que apostaban por la «fidelidad a México». Mientras tanto, los pensamientos del presidente Santa Anna sobre la relación política con Texas habían sido considerablemente más hostiles. Sus intenciones, tomadas de una carta fechada en Brazoria, el 3 de mayo de 1834, se habían hecho públicas en el Boletín de Nueva Orleans, y afirmaban que tan pronto como terminara la guerra en el sur, enviaría de cuatro a seis mil hombres a Texas con el propósito de castigar a los norteamericanos turbulentos. Adicionalmente, escribió que, si se resistiesen en lo más mínimo, se les confiscaría toda su propiedad y convertiría Texas en un desierto.

WILLIAM TRAVIS Y SAMUEL HOUSTON

El 2 de octubre de 1835, las fuerzas armadas mexicanas —iniciando maniobras precursoras en Texas— fueron al pueblo de Gonzales para recuperar un cañón que el gobierno había prestado. Sin embargo, en lugar de asegurar el arma, se encontraron con una pequeña fuerza de texanos armados que portaban una bandera que mostraba una estrella, un cañón y las palabras «VEN Y TÓMELO» escritas en letras negras en la parte inferior. Así comenzaron las escaramuzas en Texas, con enfrentamientos paralelos en Goliad y San Antonio durante las próximas semanas. En cada pelea, los texanos obligaron al ejército mexicano a retirarse y, como resultado de la incapacidad de las autoridades mexicanas para inculcar la conformidad con el régimen centralista, el presidente Santa Anna lanzó personalmente una campaña militar contra los rebeldes.

El 23 de febrero de 1836, Santa Anna se enfrentó a los tejanos en El Álamo, una misión española que se había fortificado en preparación para la llegada del ejército mexicano. Hasta el momento del enfrentamiento, hombres como el ingeniero jefe Green Jameson se habían mostrado optimistas sobre sus posibilidades contra los militares que se acercaban, haciendo declaraciones en el sentido de que la resistencia estadounidense podría «azotar diez a uno con nuestra artillería». Sin embargo, a pesar de la confianza, los voluntarios del Álamo estaban desesperadamente superados en personal; Santa Anna tenía miles de soldados, mientras que las fuerzas estadounidenses dentro del complejo sumaban alrededor de doscientos. Sin embargo, durante el asedio de tres días, el líder William Travis se negó a abandonar la guarnición improvisada y en su lugar escribió una carta, llamando a todos los texanos y estadounidenses a las armas el 24 de febrero:

[Superior] Sello postal emitido en 1936 que conmemoraba el centenario de la batalla de El Álamo, con las efigies de Houston y Austin. [Inferior] Sello de nueve céntimos de dólar emitido en 1956 con el frontispicio del fuerte.

> Estoy sitiado, por mil o más de los mexicanos bajo Santa Anna [...] He sufrido bombardeos y cañonazos continuos durante veinticuatro horas y no he perdido a un hombre. El enemigo ha exigido una rendición a discreción, de lo contrario, la guarnición debe ser atacada por la espada, si se toma el fuerte. He respondido a la demanda con un disparo de cañón, y nuestra bandera todavía ondea orgullosamente desde las paredes. Nunca me rendiré o me retiraré. Así que, te llamo en nombre de la Libertad, del patriotismo y de todo lo que es querido por el personaje americano, para que nos ayudes con todo el despacho. El enemigo recibe refuerzos diariamente y sin duda aumentará a tres o cuatro mil en cuatro o cinco días. Si se descuida esta llamada, estoy decidido a mantenerme el mayor tiempo posible y morir como un soldado que nunca olvida lo que se debe a su propio honor y al de su país. Victoria o muerte.

Al día siguiente, Travis envió una súplica urgente adicional específicamente a Samuel Houston, mayor general del ejército terrestre de Texas, explicando su necesidad de ayuda, «porque debido al número superior de enemigos, será imposible para nosotros mantenerlos fuera mucho más.»

La ayuda nunca llegó. Houston avanzaba en la dirección opuesta, consolidando el apoyo a la Convención de 1836 que formalizó la Declaración de Independencia de Texas y la separación de Texas de México, unos doscientos setenta kilómetros al noreste. No fue hasta el 6 de marzo que una última apelación, dirigida a los delegados de la Convención, impulsó a Houston a dejar las reuniones políticas y responder la llamado del Álamo. El 11 de marzo, Samuel Houston llegó a Gonzales, donde un grupo de trescientos setenta y cuatro voluntarios esperaban órdenes para marchar hacia el oeste. Lo que no sabía era que el mismo día quc la última carta del Álamo llegó a la Convención,

Santa Anna había atravesado las defensas estadounidenses. En medio de la expedición para ayudar a William Travis, la noticia de la masacre de doscientos combatientes americanos en El Álamo, paralizaron las maniobras texanas.

Aún estaban por llegar más informes de muerte a manos de las fuerzas de Santa Anna. Semanas antes del asalto a Texas, el presidente mexicano había presentado el decreto del Congreso del 30 de diciembre de 1835, que identificó a todos rebeldes armados como piratas que, de ser capturados, serían ejecutados. El ejército mexicano no estaba tomando prisioneros, y en los días que siguieron a la toma del Álamo, cientos de soldados texanos que habían estado en camino para reforzar la posición de Houston fueron capturados y posteriormente ejecutados en la masacre de Goliad.

La noticia de las brutales muertes de la resistencia estadounidense aterrorizó a los colonos en Texas, que, a miles, en una huida masiva, abandonaron sus hogares. Solo aquellos que no se habían sumado al éxodo a los Estados Unidos —impulsado por la sangrienta campaña de Santa Anna para reconquistar Texas— buscaron al ejército de Houston para unirse a él mientras se reagrupaba. Samuel Houston, sin embargo, en lugar de montar una defensa, tomó una decisión intencionada de evitar el enfrentamiento directo con las tropas mexicanas. La pequeña fuerza de la República se había más que duplicado en tamaño después de las masacres del Álamo y Goliad, pero el ejército mexicano todavía tenía la ventaja en números de efectivos, suministros y entrenamiento.

Mientras tanto, Santa Anna persiguió a los americanos en retirada desde marzo hasta abril. Pero es en este punto que el general mexicano cometió un error. Impaciente después de semanas de persecución continua, Santa Anna dividió su ejército en tres partes para capturar tanto a las fuerzas de Houston como al gobierno de la República de Texas, al mismo tiempo que protegía su línea de suministro. Es en este momento cuando los servicios de inteligencia avisan sobre la desgana y cansancio de las tropas mexicanas tras las maniobras militares que acababa de realizar. Las fuerzas de Houston se encuentran con las de Santa Anna acampada en San Jacinto —y que representan solo un pequeño porcentaje del ejército mexicano— motivando a los texanos a aprovechar esta reducción de la fuerza enemiga para realizar su avance. El 21 de abril, Samuel Houston inició un ataque sorpresa que arrinconó al ejército mexicano, iniciando una batalla que, según los informes de Houston, cobraría la vida de nueve estadounidense mientras infligía seiscientas treinta muertes mexicanas, hirió a doscientos ocho más y cobró setecientos treinta prisioneros de la guerra, incluido Santa Anna. De un solo golpe, los texanos habían terminado la ofensiva militar mexicana en Texas.

JAMES POLK

Los norteamericanos habían ganado la revolución, pero para garantizar la seguridad y el futuro de Texas, las autoridades locales tenían que negociar un tratado de paz con México o esperar la anexión a través de Estados Unidos. Pero para México, Texas siguió siendo una provincia en rebelión, y la respuesta inmediata del congreso mexicano fue desacreditar y denunciar la victoria estadounidense. En su composición histórica de 1837, *Tejas y los Estados Unidos de América, en sus relaciones con la República Mexicana*, el secretario de Guerra, el general José María Tornel y Mendívil, abordó con detenimiento la Declaración de Independencia de Texas desde el punto de vista de los centralistas. Y más que reprender las denuncias de corrupción política, negligencia y despotismo militar contra el gobierno centralista, Tornel y Mendívil enfatizó la nulidad de los reclamos de independencia de la República de Texas y sus justificaciones para asumir el poder sobre 695 000 kilómetros cuadrados de terreno mexicano.

Algunos de los billetes emitidos durante la duración de la República de Texas.

> Los rebeldes aspiran finalmente a justificar ante Dios y los hombres su criminal levantamiento por la adopción de medidas represivas a que se ha visto precisado el muy indulgente gobierno mexicano. Es un derecho inherente a la soberanía de las naciones el uso de la fuerza para contener a los inquietos, castigar a los revoltosos y mantener la obediencia. ¿De qué otro derecho se usa ahora en los Estados Unidos mandando tropas a las Floridas, para castigar a los indios Semínoles y a los Creekes? Lo que es justo para un pueblo, lo es para todos: los atributos de la soberanía son iguales en ellos. El mundo civilizado ha pronunciado ya su juicio sobre la usurpación de los Tejanos, y desconocido los títulos con que desean apoyar su declaración de independencia.

Otras figuras históricas, como el sucesor de Santa Anna, el presidente Anastasio Bustamante, repitieron este sentimiento e instaron a la retribución, haciendo declaraciones sobre el deber del gobierno de retomar el control de los rebeldes. Sin embargo, a pesar de estos sentimientos nacionales, el país todavía se estaba recuperando del fracaso militar en Texas, así como de años de insurrección. Como consecuencia, el gobierno mexicano decidió no emprender una segunda campaña inmediata.

Estaba claro que México no reconocería fácilmente la independencia estadounidense, por lo que la apuesta más probable era un acuerdo con los Estados Unidos. Sin embargo, el gobierno americano tardó en aprovechar la oportunidad ya que, una vez más, la esclavitud se convirtió en una fuente de problemas políticos. Los empresarios de Texas dependían completamente de los esclavos para mantener sus plantaciones de algodón y la economía del territorio, pero en los Estados Unidos, la rivalidad entre los estados esclavistas y los estados libres generó temores de que la incorporación de Texas crearía un desequilibrio de poder político. Varios estados, incluidos Vermont, Massachusetts,

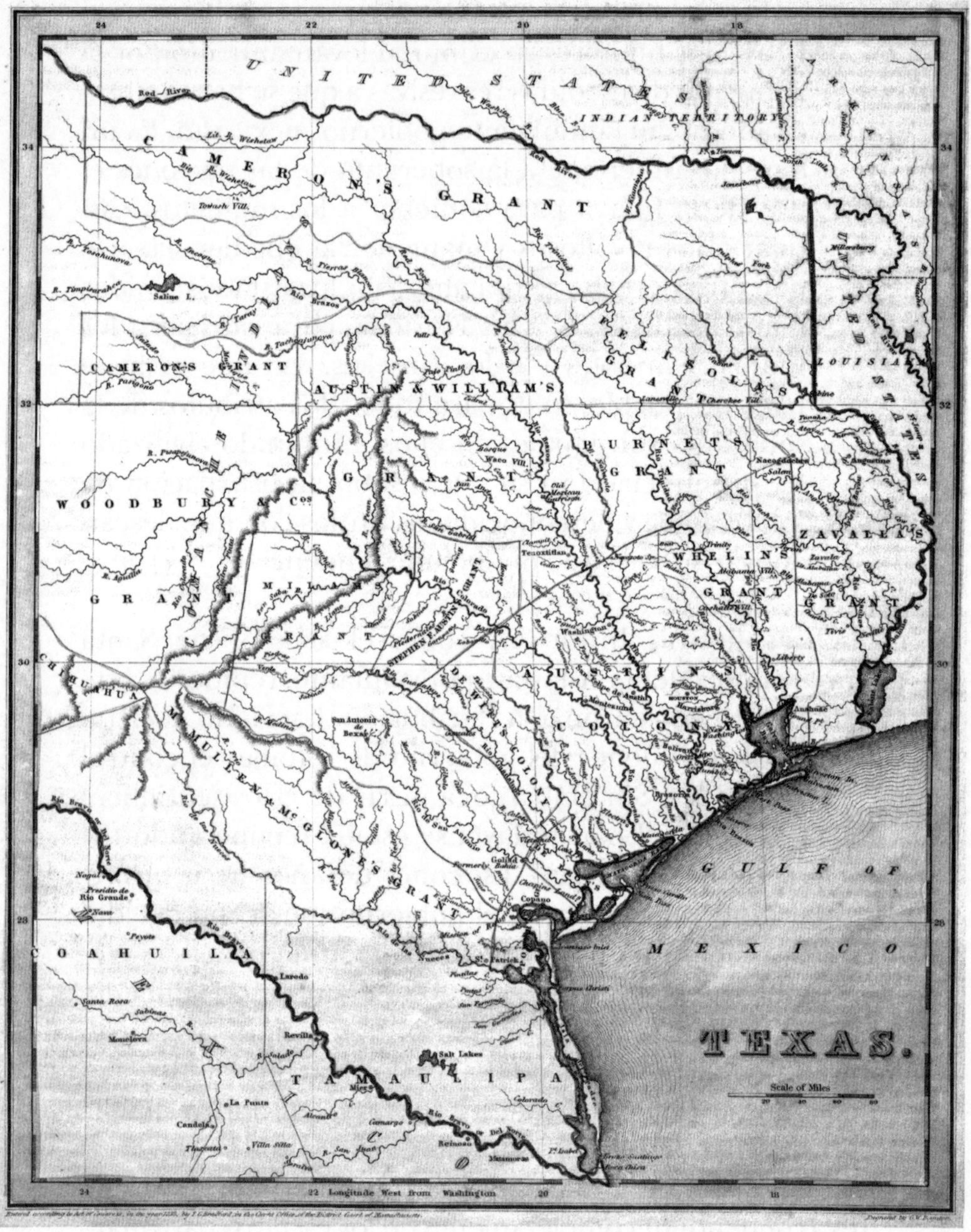

Mapa de la República de Texas, Thomas Gamaliel Bradford, 1838.

Rhode Island y Michigan protestaron directamente por las propuestas de anexión. Vermont, en particular, se opuso firmemente a la admisión de nuevos estados esclavistas, incluyendo un punto en su legislatura estatal de 1838 para elogiar los principios de la independencia mexicana, donde «todos los hombres nacen igualmente libres e independientes, y tienen ciertas características naturales, inherentes y derechos inalienables...» y criticar a los de Texas, que «demostró un total desprecio de estos principios [...] al incorporar indisolublemente a su sistema político la esclavitud, la esclavitud incondicional y perpetua, de una parte de la familia humana». Los desacuerdos políticos pospusieron la anexión de Texas durante nueve años, pero, así como hubo cierta oposición a la concesión de la condición de Estado de Texas, también hubo una buena parte del apoyo de las facciones a favor de la esclavitud. El presidente de los Estados Unidos, John Tyler —dueño de esclavos—, obrando para asegurar un segundo mandato en la Casa Blanca, apostó por una propuesta para anexar Texas en colaboración con los líderes texanos Samuel Houston y Anson Jones. En 1844, Tyler presentó el tratado, que había sido secreto durante su desarrollo para evitar la refutación política, pero sin el apoyo partidista fue rechazado por treinta y cinco a dieciséis votos. No fue sino hasta después de la elección presidencial del candidato demócrata James Polk —también un dueño de esclavos— que la propuesta se volvió a presentar como una resolución conjunta y se convirtió en una realidad.

El 1 de marzo de 1845, Texas formó oficialmente parte de la Unión Americana, y en los meses siguientes, el presidente James Polk ordenó al ejército de los Estados Unidos que asegurara Texas, colocando al general Zachary Taylor entre el río Nueces y el río Bravo para repeler cualquier acción en el caso de una respuesta militar de México. La administración Polk también realizó indagaciones sobre la posibilidad de iniciar relaciones diplomáticas, a lo que el ministro de relaciones exteriores mexicano Peña y Peña expresó la disposición de la nación de «resolver la presente disputa de manera pacífica, razonable y honorable». En respuesta, Polk envió al congresista John Slidell a reunirse con las autoridades mexicanas con instrucciones para comprar territorios en Texas, Nuevo México y California, pero las negociaciones se rompieron cuando se derrocó al gobierno mexicano... de nuevo. En rápida sucesión, las credenciales de Slidell se rechazaron, las fuerzas armadas mexicanas cruzaron el Río Grande y un encuentro con la infantería montada de los Estados Unidos condujo a un enfrentamiento militar.

Con las hostilidades abiertas desarrollándose en Texas, Polk se dirigió al Congreso el 11 de mayo de 1846 para dar cuenta del deterioro de la relación entre los Estados Unidos y México. En el discurso de Polk, lo que originalmente comenzó como un informe sobre el fracaso de la misión de John Slidell y los cambios políticos en México, a medida que avanzaba el discurso, se transformó en un llamado a la acción contra un gobierno agresivo que «debe su existencia a una revolución militar, por la cual las autoridades constitucionales subsistentes se habían subvertido...».

> [...] el Gobierno de México, aunque se comprometió solemnemente mediante actos oficiales en octubre pasado a recibir y acreditar a un enviado estadounidense, violó su fe comprometida y rechazó el ofrecimiento de un ajuste pacífico de nuestras dificultades. No solo fue rechazada la oferta, sino que la indignidad de su rechazo se vio reforzada por la manifiesta falta de fe al negarse a admitir al enviado que vino porque se habían comprometido a recibirlo…
>
> En mi mensaje al comienzo de la presente sesión les informé que, tras la seria apelación tanto del Congreso como de la Convención de Texas, había ordenado que una fuerza militar eficiente tomara una posición «entre las Nueces y las Del Norte». Esto se había hecho necesario para hacer frente a una

> amenaza de invasión de Texas por parte de las fuerzas mexicanas, para la cual se habían hecho extensos preparativos militares. La invasión se amenazó únicamente porque Texas había decidido, de acuerdo con una resolución solemne del Congreso de los Estados Unidos, anexarse a nuestra Unión, y bajo estas circunstancias era claramente nuestro deber extender nuestra protección sobre sus ciudadanos y su suelo...
>
> [...] Mientras tanto, hemos hecho todo lo posible por reconciliarnos. La copa de la tolerancia se había agotado incluso antes de la reciente información de la frontera del Norte. Pero ahora, después de reiteradas amenazas, México ha traspasado la frontera de Estados Unidos, ha invadido nuestro territorio y ha derramado sangre americana sobre suelo americano. Ella ha proclamado que han comenzado las hostilidades y que las dos naciones están ahora en guerra.
>
> Como la guerra existe, y no obstante todos nuestros esfuerzos por evitarla, existe por el acto de México mismo, estamos llamados por toda consideración de deber y patriotismo a reivindicar con decisión el honor, los derechos y los intereses de nuestro país.

Polk dejó claras sus intenciones: dado que tanto el ejército de Estados Unidos como el de México estaban envueltos en una batalla en suelo americano, era deber del Congreso proteger a sus ciudadanos y declarar la guerra. Lo interesante de este giro de los acontecimientos es que una llamada a las armas similar ocurrió unos días antes, el 23 de abril de 1846, cuando el presidente mexicano Mariano Paredes presentó informes de agresiones entre los Estados Unidos y México al gobierno mexicano. En su proclamación, Paredes detalló cómo las tropas estadounidenses habían ocupado territorio mexicano, colocado bloqueos militares en el Río Grande, desarmado a hombres en el pueblo de Laredo y amenazado con nuevas conquistas en los territorios fronterizos de Tamaulipas y Nuevo León.

Ambos presidentes afirmaron que sus naciones habían sido invadidas, lo que haría que Abraham Lincoln, en un discurso ante la Cámara de Representantes de los Estados Unidos, el 12 de enero de 1848, cuestionara si el presidente James Polk había enviado fuerzas armadas estadounidenses a ocupar el Río Grande como un acto de provocación. Detrás de la controversia se mostraba el tema de la frontera de Texas que, mientras estaba bajo el control del gobierno mexicano, históricamente se había ubicado a lo largo del río Nueces. El Río Bravo se había convertido en la frontera de Texas solo mediante un tratado secreto en Velasco, un acuerdo que Santa Anna había firmado bajo coacción y que las autoridades mexicanas nunca habían reconocido. Sin un acuerdo fronterizo oficial, tanto México como Estados Unidos podrían interpretar las maniobras de la otra nación

«El general Taylor nunca se rinde»: los mensajeros de Santa Anna solicitan a general Taylor la rendición, previo a la batalla de Buena Vista. N. Courrier (1847) [Library of Congress].

como un acto de guerra. Sin embargo, tal como estaba en 1846, con ninguno de los dos gobiernos dispuestos a buscar nuevas soluciones para resolver el conflicto, Polk advirtió que solo «el enjuiciamiento de la guerra con vigor» pondría fin a las hostilidades y le permitiría «reanudar las negociaciones cuando México estuviera preparada para recibir propuestas o para hacer sus propias propuestas». El 12 de mayo de 1846, el Congreso declaró la guerra.

EL LEGADO

Texas, Nuevo México, Arizona, Colorado, Nevada, Utah y California. Lo que alguna vez fueron territorios de México, se convirtieron en los premios de una guerra de dos años en el corazón de México. El presidente James Polk celebró la expansión a la costa del Pacífico en su cuarto mensaje anual al Congreso, el 5 de diciembre de 1848. Y entre las promesas de fuerza y riqueza sin precedentes, Polk felicitó a las «fuerzas valientes», provenientes de los estados del norte, sur, Oriente y Occidente, que se habían unido por una causa común y que habían cosechado «estas posesiones como indemnización por nuestras demandas justas contra México». Gran parte del informe del presidente Polk detalla la victoria estadounidense, los avances en la costa oeste y las cualidades de los nuevos recursos de la nación. Pero el mensaje también sirvió como un llamado al Congreso para que abandonara las crecientes divisiones políticas en el país y cumpliera con su «deber solemne» de aprovechar las «ricas y extensas posesiones territoriales» de la nación.

El punto central del llamamiento de Polk era el mismo que había retrasado la anexión de Texas durante nueve años y había sido una fuente de discordia a nivel nacional desde la fundación de Estados Unidos: la esclavitud. Después de décadas de lucha en el suroeste, muchos estadounidenses se habían liberado de las «cadenas» de un gobierno mexicano volátil, pero las verdaderas cadenas, de hombres y mujeres que trabajaron en los campos de Texas, continuaron siendo bastante fuertes. Más allá de Texas, las nuevas oportunidades de crecimiento también habían significado nuevas oportunidades para las plantaciones y la trata de esclavos, pero en el este la expansión del trabajo forzoso generó una fuerte oposición cuando llegó el momento de introducir gobiernos, desacelerando la anexión estatal en el proceso. Polk instó a la armonía y la unidad en cuanto a la «cuestión interna» de la nación, sugiriendo que una lucha interna por el control geográfico y político podría evitarse si la decisión final de instalar (o no) la esclavitud fuera tomada por los residentes de los futuros estados. El Congreso fue todo menos armonioso después de una guerra con México, pero una tregua eventual llegó en forma de un compromiso en 1850, y la Ley con Relación al Servicio en 1852, que facilitó la expansión de la esclavitud en los territorios de Nuevo México y Utah.

Otras incongruencias, en desacuerdo con la narrativa estadounidense de «libertad y justicia para todos», acompañaron la migración a la costa del Pacífico. En los primeros días de la guerra con México, John Frémont, defendiendo el avance estadounidense sobre la autoridad de la nación mexicana, marchó hacia el oeste para reclamar California, provocando la rebelión en la costa. Cuando California se convirtió oficialmente en estado cuatro años después, campañas similares en el nombre del progreso motivaron los pensamientos y acciones de los colonos occidentales en sus encuentros con los indios. Según el informe del gobierno de Benjamin Davis Wilson de 1852 *The Indians of Southern California*, el sentimiento popular en las comunidades californianas en torno al año 1850 era que: «[...] el destino les había otorgado a los americanos el desarrollo de California, que los aborígenes no eran una ventaja para el estado, y que dondequiera que interfirieren con el progreso, deberían dejarse de lado». En respuesta a estas creencias, el estado autorizó una serie de operaciones para despojar la tierra de los nativos americanos. Campañas adicionales provocaron redadas de esclavos, las masacres de Kern y Sutter, la guerra de Mariposa, y episodios violentos contra las poblaciones de indios americanos en California, Utah, Arizona, Colorado, Nevada y Texas.

Muchos de los lugares donde pasaron estos acontecimientos históricos ahora están enterrados debajo de las ciudades americanas. Algunos tienen placas históricas, monumentos conmemorativos, museos o puntos de referencia con visitas guiadas para recordarnos la historia que existe detrás de la marcha hacia la costa del océano Pacífico. Otros no son tan afortunados. Sobre todo, lo que ha sobrevivido son los nombres de los hombres que ayudaron a construir la red de carreteras y comunidades que ahora existen en el suroeste de Estados Unidos: Polk, Houston, Travis, Austin y Edwards. Y aparte de adornar los letreros de las calles, edificios, parques, ciudades y condados, aquellos nombres insinúan un legado histórico de independencia, perseverancia, valentía, unidad y sacrificio. Stephen Austin, como ciudadano mexicano o como revolucionario texano, sacrificó sus recursos, tiempo y salud para asegurar las condiciones para la autonomía estadounidense. William Travis luchó sin miedo contra los volátiles cambios del gobierno nacional que llegaron a costarle la muerte. Samuel Houston, en respuesta a las divisiones del país, trabajó para crear una república usando cualquier hombre que mantuviera unida la causa americana. Pero la historia no siempre es positiva, y la razón particular por la que el suroeste de Estados Unidos es tan importante es porque también cuenta una historia de revolución, esclavitud, división, imprudencia, provocación y conquista. Polk, Houston, Austin, Travis y Edwards están inexorablemente vinculados a esa historia, y sus roles en el avance más allá de la frontera de Louisiana pintan una imagen del «viejo oeste», no como un lugar sin ley, sino como un lugar donde las leyes podrían interponerse entre los americanos y los intereses americanos.

En la cultura americana es fácil imaginar la migración a través del Mississippi a las Montañas Rocosas, y más allá, como una lucha salvaje por la supervivencia donde los principios americanos triunfaron. También es fácil ver a las figuras históricas que avanzaron en la frontera estadounidense como un segundo grupo de padres fundadores cuyos nombres merecen conmemorarse. Pero al considerar el inmenso tamaño de la nación estadounidense y cómo llegó a pertenecer a su gente, es igualmente importante echar un vistazo a las llanuras doradas que se extienden entre las costas y ver los esqueletos que yacen debajo de ellas.

On The Way To New Diggings - Halt In A Rough Pass Of The Rocky Mountains. Un vistazo a las dificultades de atravesar las Montañas Rocosas por los mineros del siglo XIX. Grabado publicado en *Harpers Weekly* el 1 de mayo de 1875 [Library of Congress].

VI
FOLCLORE

Cuando yo vivía en California, mi familia tenía un viejo tocadiscos, y en mi juventud solía revisar nuestra colección de álbumes, buscando las grabaciones de «*tall tales*» o cuentos fantásticos que habían pertenecido a mi madre y mi padre de los años cincuenta y sesenta del pasado siglo. Lo que me encantó del folclore fue que, sin importar cuántas veces escuchara las historias, siempre me sorprendía lo que sucedía en cada episodio. Nunca me cansé de poner discos y escuchar las aventuras de los fantásticos norteamericanos que, en cualquier momento, podrían transformarse en una especie de superhéroes a la antigua. Con cada nuevo capítulo me impresionaba de cómo sus poderes cambiaban de manera impredecible, o incluso sin sentido, y era divertido imaginarme teniendo esos mismos tipos de habilidades mágicas cada vez que me encontraba en algún problema, aunque tengo que admitir que nunca podía decidir qué personaje quería ser. ¿Quería ser como los trabajadores fuertes que podían cavar una montaña más rápido que un taladro mecanizado, como John Henry? ¿O prefería a Davy Crockett, cuyas aventuras incluyeron peleas de bolas de nieve con comandos mexicanos y encuentros increíbles con peces gato de cuatro metros de largo, cocodrilos gigantes y ciervos con melocotoneros brotando de sus espaldas?

Página de título del *Almanaque de Davy Crockett (1836)*, ilustrado con el «método de Crockett para vadear el Mississippi» [Library of Congress].

Muchas de las historias fueron fascinantes por sus detalles creativos. Historias sobre inviernos tan fríos que la nieve se volvía azul, o cocinas de campamento que eran tan grandes que los cocineros tenían que atar dos jamones grandes a sus pies y patinar sobre un kilómetro de hierro fundido para engrasar la plancha de cocina, despertaron mi imaginación desde que tenía cinco años hasta que terminé mis estudios en la escuela primaria. Me encantaron especialmente los episodios más ridículos del folclore americano, como cuando el suministro de habichuelas en el campamento de Paul Bunyan cayó a un lago y todos los leñadores tuvieron que encender fogatas alrededor de la orilla para hervir el agua y hacer sopa, o cómo el héroe pionero Davy Crockett se defendió de una redada de indios americanos utilizando electricidad estática, disparando rayos con sus ojos. Por supuesto, estaba claro para mí, incluso entonces, que el conjunto de personajes de las historias que resonaron en nuestro tocadiscos eran simplemente inventos ficticios. Imagínense mi sorpresa, entonces, varios años después cuando los nombres de muchos de esos mismos protagonistas superpoderosos aparecieron en las historias sobre el viejo oeste.

Davy Crockett, Deadwood Dick, Johnny Appleseed, Wild Bill Hickok y Calamity Jane son solo algunas de las figuras folclóricas cuyas vidas se han convertido en una mezcla de fantasía y realidad, apareciendo como referencias históricas tradicionales, así como personajes extraordinarios en leyendas y en el cine. Es casi imposible entrar en detalles sobre el avance hacia la costa del Pacífico sin mencionar la presencia de Davy Crockett en El Álamo, o Calamity Jane en Deadwood, pero al mismo tiempo, también es tan difícil saber dónde termina la ficción y comienza la realidad. Al igual que un engaño o unas noticias de «fake news», las historias del folclore americano se centran en afirmaciones falsas o episodios históricos exagerados de América. Sin embargo, en lugar de utilizar estas falsedades en un intento de reproducir una apariencia convin-

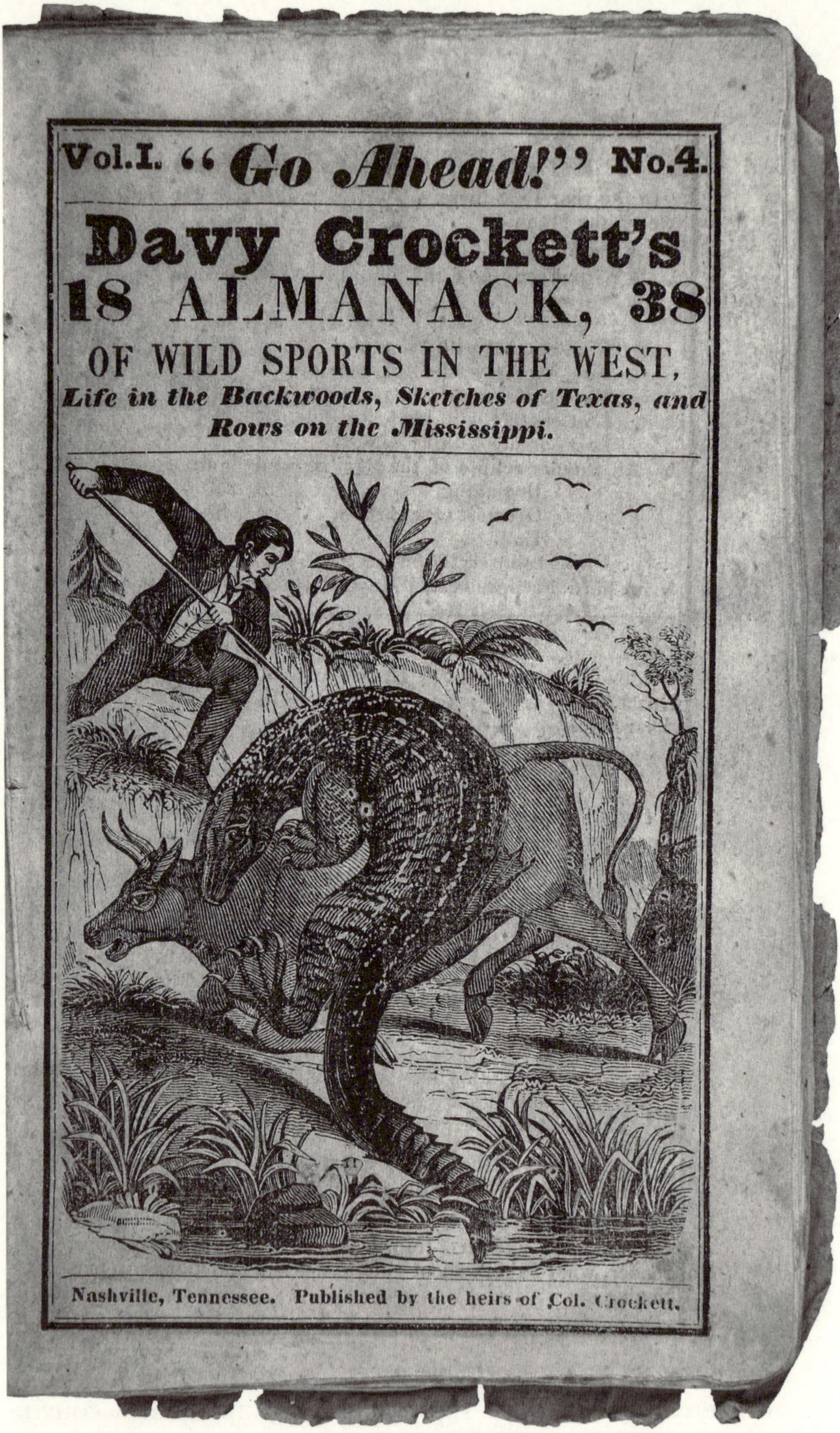
Vol. I. "Go Ahead!" No. 4.

Davy Crockett's

18 ALMANACK, 38

OF WILD SPORTS IN THE WEST,

Life in the Backwoods, Sketches of Texas, and Rows on the Mississippi.

Nashville, Tennessee. Published by the heirs of Col. Crockett.

cente de la realidad, el folclore emplea increíbles exageraciones de la verdad intencionadamente para tejer una historia cautivadora, con el objetivo final de presentar una historia particular sobre hombres y mujeres en la cultura estadounidense. El resultado de estas entretenidas ficciones es que, al mismo tiempo que ayudaron a magnificar la reputación de varias figuras históricas, los detalles de las historias han terminado, en muchos casos, reemplazando los verdaderos detalles de los hombres y mujeres que formaron el fondo del viejo oeste.

TRADICIÓN ORAL

No siempre es posible rastrear el folclore hasta sus raíces. Muchos de los «tall tales» más conocidos se compartieron, inicialmente, a través de la tradición oral y, a medida que los relatos de los héroes populares estadounidenses evolucionaron y se integraron firmemente en la cultura del país, sus autores y lugar de origen, con frecuencia se desvanecieron en el anonimato. Sería útil poder vincular la historia original a una ubicación geográfica específica o una comunidad en particular, y usar esos hechos para confirmar de alguna manera la existencia, o incluso la inexistencia, de los héroes populares cuyas reputaciones están incrustadas en la tradición oral. Pero sin registros escritos, o reliquias del pasado para establecer una conexión, las investigaciones sobre algunos de los personajes más famosos de Estados Unidos se enfrentan a obstáculos insuperables. En el caso del leñador Paul Bunyan, por ejemplo, cualquier recuerdo de los cambios que ayudaron a definir al protagonista, su personalidad, o los principales detalles de su historia se había perdido antes de la publicación de sus relatos. En consecuencia, la búsqueda de la procedencia de este personaje folclórico termina, finalmente, con

La novela de Roark Bradford, *John Henry* (1931), ilustrada por el artista de grabado en madera JJ Lankes, se inspira en el héroe popular afroamericano del mismo nombre. Su éxito hizo que se adaptara en una obra de Broadway y, más tarde, en un musical con Paul Robeson en el papel principal y Ruby Elzy como Julie Anne.

los principales autores que popularizaron al personaje a nivel nacional a principios del siglo XX.

Así pues, para muchas de las historias que se desarrollaron a través de la tradición oral, nuestras mayores pistas sobre sus orígenes no nos llevan mucho más allá de lo escrito. Naturalmente, en otras circunstancias, aprovecharía la oportunidad para comparar el tamaño y el poder de Paul Bunyan, quien creó el río Mississippi cuando su tanque de agua tenía una fuga, con el legendario leñador/forzudo/boxeador francocanadiense Joe Mufferaw, al que el artista folclórico canadiense «Stomping» Tom Connors describió como un hombre que «solía sudar mucho al cortar madera y... sudó tanto que las aguas del Mississippi son gotas de la cara del gran Joe». La dificultad a la que me enfrento es que no hay suficientes fuentes para llegar a la conclusión de si un personaje se inspiró realmente en el otro. Problemas similares encontramos en otras figuras históricas que tienen un cierto parecido en descripción, carácter o reputación a Paul Bunyan, como el leñador canadiense Fabian Fournier. La doble hilera de dientes de Fournier —y su muerte notoriamente violenta en un muelle-embarcadero— lo convirtieron en una leyenda de Bay City y una figura histórica excéntrica, pero encontrar pruebas contundentes que lo conecten con Paul Bunyan es una tarea difícil.

El mismo tipo de limitaciones también se aplican cuando la tradición oral se basa en las canciones populares, como en el caso de John Henry. Las primeras historias conocidas sobre el héroe popular se originan con la balada de *John Henry, Steel Driving Man,* una pieza musical perteneciente al género de las canciones laborales que surgió con la red de ferrocarriles que se extendió por el continente norteamericano en el siglo XIX. Los obreros de los ferrocarriles emplearon canciones de trabajo para coordinar la alineación de largas secciones de vías ferrocarril, utilizando el ritmo de la melodía para trabajar al unísono. La primera edición conocida de la balada de John

Henry es una versión compuesta por W. T. Blankenship alrededor de 1900, y relata el concurso de fuerza y velocidad entre John Henry y un taladro mecánico:

John Henry le dijo a su capitán:
«No eres más que un hombre común,
Antes que ese taladro de vapor me derribe,
Moriré con mi martillo en la mano».

John Henry dijo a los demás:
«Debes escuchar mi llamada,
Antes que ese taladro me derribe,
Sacudiré estas montañas hasta que caigan».

...John Henry estaba martilleando en el lado derecho,
El gran taladro de la izquierda,
Antes de que ese taladro pudiera derribarlo,
Martilleó un camino a su muerte tonta.

Portada del libreto de la adaptación teatral de *John Henry*.

Al comparar la edición de Blankenship de «John Henry» con las versiones de la balada que se publicaron después de 1900 —incluso hasta las del siglo XXI— rápidamente se hace evidente que la estructura central de la canción se ha mantenido intacta durante la mayor parte de su historia. Los motivos clave de la balada [...] el choque entre el trabajador común y el rápido avance de la tecnología, los intercambios desafiantes de Henry con el «capitán» de la tripulación del ferrocarril, la confianza apuntalada con su propia fuerza, así como la victoria agridulce de Henry..., son temas comunes que se repiten prácticamente en todas las variaciones. Sin embargo, a pesar de estas similitudes, los pequeños detalles que podrían revelar más pistas sobre la identidad de John Henry cambian con frecuencia.

Un excelente ejemplo de un detalle que cambia con cierta frecuencia es una de las estrofas que tratan de la muerte de John Henry. Una mujer, posiblemente su esposa, prometida o amante, corre hacia Henry cuando muere, y en la publicación de Blankenship el texto revela que su nombre es Pollie Ann. Si el nombre se mantuviese constante a lo largo de todas las variaciones, entonces algún registro público del censo, o posiblemente algún certificado de matrimonio/defunción, podría revelar un lugar de residencia, el nombre de los hijos o padres, la fecha de nacimiento, las relaciones sociales o cualquier otra información y así ayudar en la confirmación de la existencia del héroe popular americano. Pero una versión de 1909 de la balada, preparada por Leon R. Harris de Moline, Illinois, identifica a la mujer que corre hacia Henry no como Pollie Ann, sino como Lucy. Interpretaciones posteriores, como la de la cantante y compositora Odetta, indican que la «mujer» de Henry se llamaba Mary Magdalene, posiblemente añadiendo un toque de simbolismo a la canción, mientras que el músico de blues Leadbelly afirmó que el hombre tenía dos amantes: Mary Magdalene y Pollie Ann.

Un segundo detalle sin un consenso común se refiere al lugar exacto donde tuvo lugar la famosa competencia entre el hombre y la máquina. Una variación de la canción, compuesta por Onah Spencer de Cincinnati, Ohio, y publicada posteriormente por el investigador Guy Johnson en su libro de 1929 *John Henry: Tracking Down a Negro Legend*, incluía esta estrofa:

Algunos dicen que es de Georgia
Algunos dicen que es de Alabama
Pero está escrito en la roca del túnel Big Bend
Que es un hombre de Virginia Oriental
Que es un hombre de Virginia Oriental.

Entrada este del túnel Great Bend, de 6.880 pies (unos dos kilómetros) de largo [Library of Congress].

Como muchas de las primeras versiones de *John Henry*, la versión de Onah Spencer especifica el túnel Big Bend en Virginia Occidental como el principal candidato para la competencia (y el lugar de la muerte posterior) del legendario hombre «de acero». Cuando la canción hizo la transición a las grabaciones de vinilo, sin embargo, lugares de origen adicionales se abrieron paso en la letra. La interpretación del célebre cantante de folk Woodie Guthrie coloca al trabajador en el estado de Luisiana, mientras que otra versión, interpretada por Sonny Terry y Brownie McGhee, por un lado, sitúa el concurso en Big Bend, pero afirma por el otro que Henry era de Tennessee. Los cambios tienen sentido, ya que tanto el personal del ferrocarril como los músicos habrían adaptado la canción para darle a la letra un sabor local, o para asegurarse de que las palabras se adhirieran a un esquema de rima específico. Pero estos cambios plantean un problema, ya que los nuevos detalles desacreditan la autenticidad de los más antiguos. También plantea más preguntas. ¿Quién puede decir si la edición publicada en 1900 es una fiel interpretación de las canciones de la obra del siglo XIX? ¿Cómo podemos saber que la versión de Blankenship no había alterado esos mismos detalles cuando transcribió la letra de la melodía?

Uno de los investigadores que más hizo para investigar esta cuestión de si la balada contenía información fidedigna, es el sociólogo Guy Johnson. Su obra de 1929, *John Henry: Tracking Down a Negro Legend*, se esforzó por desentrañar las incongruencias entre las distintas versiones de la leyenda popular y encontrar el testimonio de estadounidenses que no solo estaban vivos durante la vida del héroe folclórico, sino que habían sido testigos de la contienda entre el hombre de la «conducción de acero» y el taladro a vapor. Para lograr esto, Johnson publicó anuncios solicitando los relatos de los residentes que podrían afirmar alguna relación directa o indirecta con John Henry, o haber sido testigos de los eventos ellos mismos, a pesar de que habían pasado varias décadas desde la carrera.

En sus investigaciones del túnel Big Bend en 1927, Johnson habló con representantes de la compañía ferroviaria de Chesapeake y Ohio, la organización que construyó el túnel. Desafortunadamente, había poco que aprender, ya que los registros de la compañía que podrían haber señalado a un John Henry se habían quemado en un incendio. Como consecuencia, una de las mayores fuentes de información de Johnson provino de los residentes del área, en particular de Neal Miller, un hombre que supuestamente había estado presente en la construcción del túnel cuando era adolescente y que proporcionó a Johnson un relato de testigo ocular del concurso. Haciéndose eco de algunos de los hechos centrales que ocurrieron en la balada, Miller afirmó que John Henry era una persona real, pero esta corroboración en la investigación de Johnson fue todo menos concluyente. El ingeniero jefe del ferrocarril C&O, por ejemplo, negó que se hubiera utilizado un taladro a vapor en la construcción del túnel. Otro residente local que había trabajado en la zona, Sam Wallace, expresó una opinión similar, y de la misma manera que Neal Miller aseguró que su versión era cierta, Wallace igualmente afirmó que nunca había conocido a un hombre llamado John Henry durante sus frecuentes visitas a el sitio de construcción. Además, Wallace agregó que la primera vez que escuchó hablar de John Henry no fue hasta alrededor de 1925, y que probablemente «esto de John Henry» fue «solo una historia que alguien inventó».

El testimonio de fuentes fuera de Virginia Occidental llevó a Johnson a acercarse a Glendora Cummings, C. C. Spencer y F. P. Parker, contactos que afirmaron que los hechos de la balada habían tenido lugar en el condado de Shelby (Alabama). De los tres testigos, Spencer proporcionó la información más concisa, indicando en cartas, que la fecha exacta del concurso fue el 20 de septiembre de 1882, que el nombre completo de Henry era John Henry Dabner, que el obrero era de Mississippi pero que había trabajado en el túnel de la montaña «Cruzee» bajo los contratistas «Shae» y «Dabner», y que durante el concurso había trabajado junto a un hombre llamado Rubin Johnson. Los otros reportes, de F. P. Parker y Glendora Cummings, fueron menos concretos y diferían ligeramente de Spencer en su testimonio. Parker identificó el túnel como el de la montaña «Cursey», mientras que Cummings colocó el concurso en Oak Mountain. Además, Cummings indicó que los hechos ocurrieron en el año 1887 y que el nombre de los contratistas en realidad había sido «Shay» y «Dabney». Sin embargo, aunque los tres relatos no coinciden exactamente, los tres contactos de Johnson confirmaron que John Henry había superado un taladro en un concurso en el mismo condado de Alabama.

Desafortunadamente, el problema con el testimonio que coloca a Henry en Alabama es que el túnel «Cursey» o «Cruzee» en realidad no existe. Hay un túnel Coosa, y de hecho está ubicado en el condado de Shelby, pero debido a que tendría que aventurarme en el ámbito de las conjeturas para demostrar que ambos lugares son uno y lo mismo, la conexión entre John Henry y Alabama sigue difusa. Virginia Occidental plantea un problema similar por su falta de testimonio coherente, y si bien es cierto que algunas de las primeras baladas escritas históricamente hacen referencia al túnel Big Bend, la confiabilidad de estas referencias se vuelven inexactas en comparación con las canciones populares de un segundo hombre «de acero»: John Hardy.

El 20 de enero de 1894, el *Wheeling Daily Register* de Virginia Occidental informó sobre el ahorcamiento público de John Hardy, un afroamericano que había sido arrestado y declarado culpable el octubre anterior por el crimen de Thomas Drews. Según el diario, se produjo una disputa cuando Hardy se encontró en el lado perdedor de un triángulo amoroso y, más tarde, en el lado perdedor de un juego de dados, en el que Thomas Drews fue el beneficiario en ambas ocasiones. Si bien el periódico limitó su investigación a la detención y posterior ejecución del criminal, en el libro *Folk Songs of the South*, editado en 1925 por John Harrington Cox, aparecieron detalles más intrincados sobre la vida de

John Hardy. Entre la información que incluía el libro se encontraba una carta del gobernador de Virginia occidental, WA McCorkle, quien explicaba cómo Hardy, antes de su crimen pasional, había sido trabajador del ferrocarril, «y era famoso al comienzo de la construcción del Ferrocarril C. & O.» El libro también sugirió que Hardy había sido un empleado de la Compañía Langhorn y los contratistas de Virginia C. R. Mason and & Co., y que Hardy —desde su ejecución— se había transformado en una leyenda popular entre los equipos de construcción en Virginia occidental.

La contribución más importante de *Folk Songs of the South,* las encontramos en varias versiones de la balada folk que la infamia de Hardy había inspirado, transcritas por E. C. Smith, John Adkins y Lee Wooddell, todos residentes de Virginia occidental. Lo notable de la letra es que, entre las referencias al juego y la disputa de John Hardy con Thomas Drews, hay varias líneas que establecen una clara conexión entre Hardy y el túnel Big Bend:

John Hardy tenía solo tres días,
Sentado en la rodilla de su mamá
Cuando la miró fijamente y dijo:
El túnel de Big Bend en C. & O. Road
Está destinado a ser mi muerte
El túnel de Big Bend en C. & O. Road
Está destinado a ser mi muerte.

La razón por la que estas palabras se destacan no es simplemente por la similitud entre los diferentes contribuyentes, sino porque esta sección de la canción es idéntica a una estrofa que se puede encontrar en muchas de las baladas de John Henry. Las grabaciones de principios del siglo XX de artistas como el músico de blues Leadbelly o el dúo de folk estadounidense Joe Evans y Arthur McClain, por ejemplo, usan las mismas líneas, solo que John Henry interpreta el papel del protagonista de la canción en lugar de Hardy. La explicación obvia es que o John Henry tomó prestada parte de su leyenda de John Hardy, o Hardy le quitó algunas de las suyas a Henry. Por supuesto, para confundir aún más la situación, siempre existe la posibilidad de que Hardy y Henry fueran la misma persona, solo que John Henry se despojó de la personalidad violenta de Hardy para convertirse en el hombre «de acero» demasiado confiado que cavó a través de una montaña.

Cualquiera que sea el caso, ya sea que trabajara en Virginia occidental... o Alabama... o en un túnel en las montañas de algún lugar desconocido en los Estados Unidos... John Henry está vinculado a más de un lugar, más de un tiempo, y más de una persona. La conclusión más racional es que el legendario John Henry no era solo un hombre, sino varias personas, un personaje compuesto a base de recuerdos, cuyos detalles han cambiado durante más de un siglo. Y si bien la noción de que Henry fue una amalgama de años de tradición oral crea un obstáculo importante en la búsqueda de lo que pudo haber sido su identidad en la vida real, cuando se trata de figuras legendarias que han tenido un impacto en la cultura estadounidense, parece ser el caso de que protagonistas de múltiples personalidades y la historia folclórica vayan de la mano.

Título de propiedad de la compañía Big Bend Tunnel & Mining Co.

A NEW SCOUT

"Put it thar, P

Un nuevo explorador en el viejo sendero, ilustración de Will Crawford publicada por Keppler & Schwarzmann, *Puck*, 5 de junio de 1912. La ilustración muestra a un joven *boy scout* junto a Davy Crockett, Buffalo Bill, Texas Jack (Omohundro), Kit Carson, California Joe y Dan'l Boone [Library of Congress].

El coronel Crockett grabado por C. Stuart a partir del retrato original de JG Chapman, 1839 [Library of Congress].

ALTER EGO

Si bien los detalles legendarios de la personalidad de John Henry se desarrollaron en algún momento después de su muerte, existen esos héroes populares norteamericanos, como Davy Crockett o Calamity Jane, cuyas identidades e historias personales se volvieron leyenda durante su vida. El principal problema era que gran parte de las historias sobre estos personajes eran exageradas o, la mayoría de las veces, completamente inventadas. Algunas de estas figuras abrazaron estas realidades alternativas, usándolas como una forma de promocionarse, mientras que otras tenían un alter ego que se les imponía, les gustara o no. En el caso de Davy Crockett, se publicaron una serie de detalles ficticios sobre su vida, sin su consentimiento, en un libro escrito de forma anónima por Matthew St. Clair Clark en 1833, titulado *Sketches and Excentricities of Colonel David Crockett, of West Tennessee.* El libro, en lugar de representar a Crockett por lo que era, un hombre de «lengua plateada» que provenía de un origen modesto, o celebrar sus contribuciones como un político que había servido tres mandatos en el Congreso, presentó a Davy Crockett como un tipo de sensacional y místico espectáculo que llevó una vida de divertidas aventuras...

> Nadie... podría haber predicho que [Crockett] iba a cabalgar sobre un rayo, recibir una comisión para calmar los temores del mundo escurriendo la cola de un cometa, o realizar otros diversos actos maravillosos, para los cuales ha recibido el crédito debido, y eso le servirá para darle una reputación tan duradera como la del héroe de Orleans. Pero David siempre fue un niño peculiar, y muchas y sabias fueron las profecías hechas de su futura grandeza. Cada especie de adivinación estaba agotada para averiguar en qué departamento particular debía figurar; pero esto estuvo para siempre envuelto en misterio.

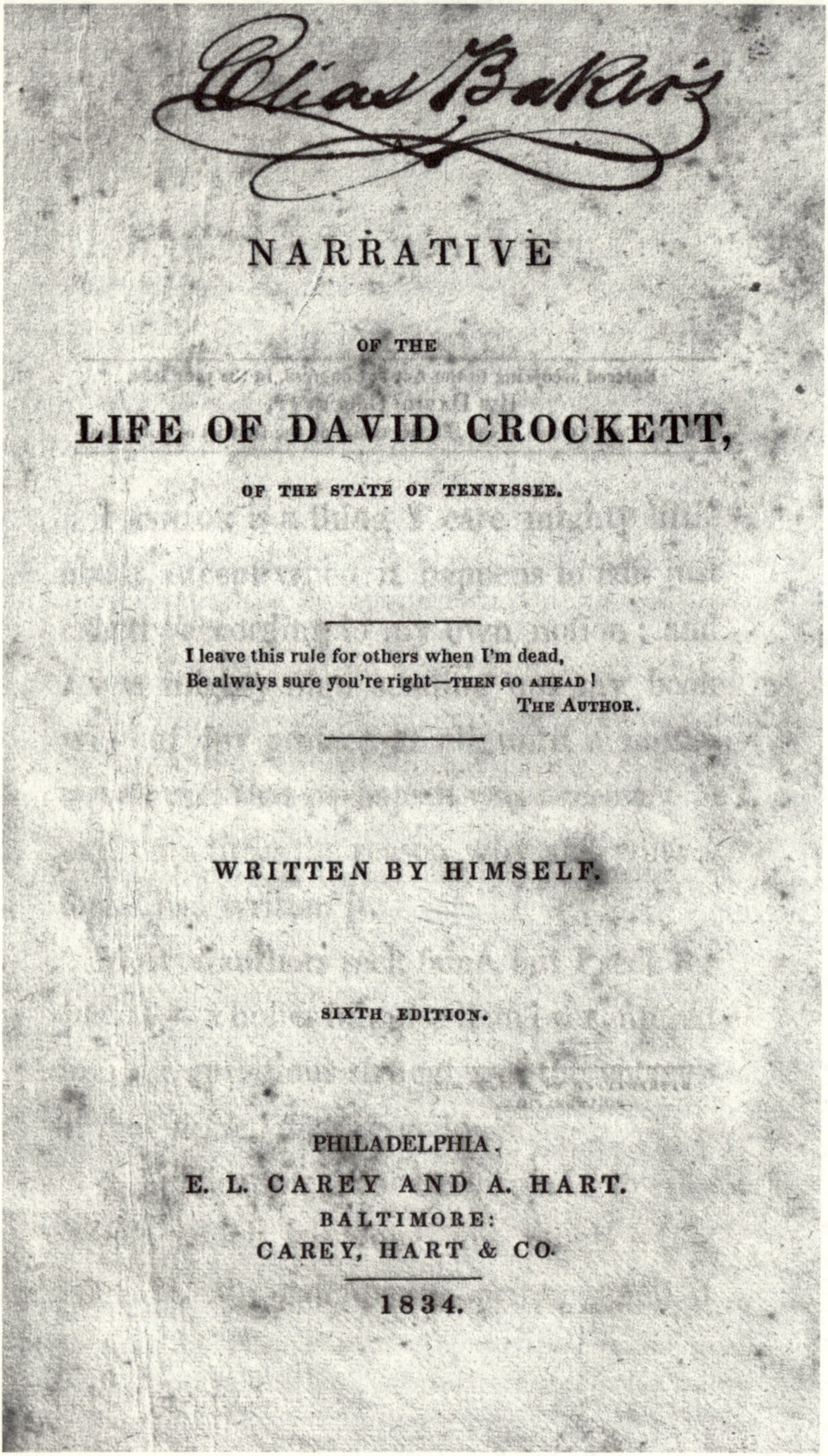

Elias Baker's

NARRATIVE

OF THE

LIFE OF DAVID CROCKETT,

OF THE STATE OF TENNESSEE.

I leave this rule for others when I'm dead,
Be always sure you're right—THEN GO AHEAD!
THE AUTHOR.

WRITTEN BY HIMSELF.

SIXTH EDITION.

PHILADELPHIA.
E. L. CAREY AND A. HART.
BALTIMORE:
CAREY, HART & CO.

1834.

Esta biografía imaginaria describía a Crockett como un hombre salvaje que se autodenominaba mitad caballo, mitad caimán y un toque de tortuga mordedora, que podía abrazar a un oso, luchar contra una pantera y «comerse a cualquier hombre» que se opusiera al presidente Andrew Jackson. Además de pintar una imagen extravagante de la personalidad de Crockett, el libro también hizo todo lo posible para destacar el nivel bajo de educación del hombre, incluido un episodio —que en el mismo texto se indicó que era falso— que describía cómo Crockett había entrado una vez en un restaurante y [...] porque nunca había cenado en un establecimiento así antes [...] se sirvió una porción de pollo que un cliente anterior había dejado sin terminar.

Aunque esas historias podrían haber sido bastante entretenidas para un lector en el siglo XIX, Davy Crockett no debió mostrarse muy contento con el texto, ya que un año después publicó su propia autobiografía, titulada *A Narrative of the Life of David Crockett, of the State of Tennessee*, como respuesta. En el prefacio de la historia de su vida, Crockett explica el razonamiento detrás de la publicación del texto, comentando cómo «se ha hecho una publicación del mundo, que me ha hecho una gran injusticia; y los errores caprichosos que contiene ya hace demasiado tiempo que han sido sancionados por mi silencio». Naturalmente, la historia de la vida de Crockett no contiene ninguna referencia a habilidades sobrenaturales o profecías místicas, pero el texto pasa muchas de sus páginas haciendo referencia a sus talentos como cazador y su habilidad innata para sobrevivir en la naturaleza salvaje de América, contando innumerables episodios de expediciones para rastrear osos. También relata los detalles de su educación, no tanto para debatir si Davy Crockett era un ignorante o no, sino para proporcionar anécdotas de un joven sinvergüenza que, como la figura literaria norteamericana «Huckleberry Finn», prefirió pasar sus días en el bosque en lugar de ir al colegio. En otras palabras, la autobiografía de Davy Crockett servía para proporcionar una serie de detalles conmovedores, entretenidos y, de alguna manera, extraordinarios sobre su vida para poder disipar la imagen del hombre salvaje, legendario y grosero que la biografía falsa de 1833 había inventado.

Sin embargo, a pesar de que la autobiografía de Crockett pudo haber reducido, hasta cierto punto, su reputación fantástica, las acciones del hombre durante los siguientes dos años hicieron cualquier cosa menos alentar su fama por valentía y rudeza. En un momento que definió su vida, Davy Crockett se unió a los voluntarios para defender Texas de un avance militar mexicano en la Revolución Texana, encontrándose en El Álamo junto con William Travis y el pionero americano James Bowie, en 1836. El 23 de febrero, las fuerzas armadas de Santa Anna lanzaron un ataque contra la fortaleza en un plan para reconquistar Texas y poner fin a la revuelta estadounidense. Lamentablemente, los voluntarios en El Álamo no tenían esperanzas de victoria contra miles de soldados mexicanos y, aunque las fuerzas de la fortaleza pudieron resistir al ejército de Santa Anna durante trece días, el 6 de marzo los defensores norteamericanos cayeron durante el descompensado asalto.

Las descripciones de los testigos de la ejecución de Davy Crockett —que, según el relato, se llevó a cabo con espadas o con un pelotón de fusilamiento— aparecieron en el *New York Enquirer*, el *Morning Courier* y el *Democratic Free Press* en los meses posteriores a la batalla. No pasó mucho tiempo antes de que aparecieran publicaciones adicionales detallando la secuencia de los hechos que habían llevado a la captura de Crockett y su posterior ejecución. Lo que es curioso de estas diversas publicaciones es que una gran selección de ellas se jactaba de haber sido «escritas» por Crockett. *Colonel Crockett's Exploits and Adventures in Texas* de 1836, por ejemplo, fue uno de los primeros de una serie de textos «compuestos» por Davy Crockett que se publicaron después de su muerte, seguido por el almanaque, *Davy*

Crockett's Almanack, de Wild Sports in the West y Life in the Backwoods, que también publicaba historias —con periodicidad anual— sobre Crockett desde un punto de vista en primera persona. Y aunque este tipo de recurso literario es ciertamente adecuado para las obras de ficción, el hecho de que tanto el almanaque como «Colonel Crockett's Exploits» usara la identidad de una figura tan conocida indica que su intención era sugerir que los cuentos fantásticos habían provenido del propio Crockett.

Otra característica notable de las diversas publicaciones póstumas es la manera en que cada una cambió la lengua vernácula de Crockett, utilizando un tono diferente, o variando el grado de exageración esgrimida en sus historias. A menudo, Davy Crockett sería retratado como un zorro astuto, usando su ingenio a su favor. El primer capítulo de *Colonel Crockett's Exploits and Adventures in Texas,* por ejemplo, hace que Crockett intercambie una piel de mapache por un poco de ron para complacer a algunos votantes potenciales en una taberna. Según la historia, al quedarse sin ron, Crockett notó que el camarero había colocado descuidadamente la piel del mapache en un lugar donde pudiera recuperarse fácilmente. Tentado por la posibilidad del alcohol gratis, el legendario Davy Crockett procedió a quitarle la piel antes de cambiarla de nuevo por más ron. La anécdota termina con Crockett alardeando de cómo «antes de que terminara el día», se las había arreglado para «conseguir diez litros por la misma piel idéntica».

Otros textos, con la esperanza de sacar provecho de la fama de Davy Crockett, describían a nuestro héroe como un pionero de los bosques salvajes, o se aventuraban rápidamente en lo fantástico o lo absurdo. Durante años, *Davy Crockett's Almanack, of Wild Sports in the West y Life in the Backwoods* publicó cuentos sobre la juventud de Crockett, sus enfrentamientos con las tropas mexicanas y los indios, así como sus salvajes encuentros con osos, panteras, cocodrilos y otros animales peligrosos. La edición de 1836 del almanaque, por ejemplo, detalló cómo Crockett luchó y atrapó un peligroso bagre de cuatro metros de largo cuando era niño, usando solo sus manos y su cuchillo. La publicación de 1846 incluyó un relato de Crockett en que se cubrió con un lubricante a base de tabaco y se dedicó a recolectar puñados de serpientes de cascabel para librar a Texas de serpientes venenosas en un estilo similar a san Patricio. Sin embargo, la edición de 1846 detalló, posiblemente la leyenda impresa de Crockett más extravagante:

> Verás, Ben Hardin y yo estábamos sentados y hablando de política tan fuerte como un trueno. Cuando de repente escuché un rugido lejano, algo así como la voz del viejo Niágara, cuando sopla el viento. «Oigan, viene una tormenta», dice el Capitán, «No, es un buque de vapor», dice Ben. «¡Bah! es sólo el eco de nuestras voces», digo yo. Pero el ruido se hizo más grande, y el agua comenzó a retorcerse como una ponchera agitada, y el bote comenzó a balancearse, con un destino tan eterno que incluso yo no pude mantenerlos quietos; luego vino un rugido que habría hecho sonar al viejo Niágara como un gatito; los árboles salieron de raíz y bailaron como indios; las casas se derrumbaron y la gente gritó todo tipo de espanto y proclamaciones-de-la-muerte, y algunos parecían estar subiendo al cielo ante todo; pero esto parecía ser el comienzo, y Ben y yo pensamos, «es hora de irse»; los botes empezaron a jugar a aplastarse unos con otros... pero afortunadamente un rayo suelto pasó, así que justo cuando llegó, lo agarré por la bifurcación y salté sobre él; Ben lo siguió y se aferró a mi cabello; Lo engrasé un poco con una botella de aceite de serpiente de cascabel, y la forma en que lo rayamos y dejamos atrás el tornado fue asombrosa para toda la naturaleza.

Este, y los cuentos fantásticos de manera similar, presentaron al lector a un Davy Crockett alternativo: uno que es travieso, astuto, inculto o súper poderoso... y generalmente rodeado de criaturas fantásticas, así como personajes extravagantes y peligrosos, como Sally Ann Thunder, luchadora de caimanes. Desde entonces, a través de interpretaciones más modernas del Walt Disney Company, Davy Crockett se ha convertido en sinónimo del hombre que, según «The Ballad of Davy Crockett» (George Brun / Thomas Blackburn, 1955), «mató a un oso cuando solo tenía tres años.»

La caricatura embellecida contemporánea (presentada en medios impresos y visuales) está muy lejos del Davy Crockett que, de niño, se escondió en el bosque para no ir a la escuela, o del político de Tennessee que luchó con vehemencia contra la especulación de tierras en 1829, y que luego se opuso a la eliminación de los indios nativos de sus tierras al oeste del río Mississippi. El verdadero Davy Crockett se había negado a «no llevar la correa de ningún hombre» y decidió aventurarse en Texas en defensa del oeste americano en lugar de interpretar un papel en la historia de otro hombre. Crockett protestó por los relatos que convirtieron su vida en una obra de ficción, pero debido a que murió luchando contra los miles de soldados mexicanos que marcharon sobre El Álamo, Davy Crockett nunca tuvo la oportunidad de determinar cómo sería retratado. Calamity Jane, por otro lado, era un asunto diferente.

* * *

Calamity Jane, exploradora del general Crook. Fotografía de H.R. Locke c. 1895 [Library of Congress].

CALAMITY JANE

Al igual que Davy Crockett, los cuentos que relatan las aventuras de Calamity Jane comenzaron a aparecer impresos durante su vida. Ya en 1877, Jane protagonizó publicaciones como el folleto de Horatio Maguire, *The Black Hills and American Wonderland*, y más tarde como personaje de la serie «Deadwood Dick» de Edward Wheeler. La interpretación de Wheeler de Calamity Jane fue particularmente sorprendente ya que, desde la primera publicación de «Deadwood Dick, el príncipe de la carretera» en octubre de 1877, Jane actuó como una vaquera tosca que se apresuró a sacar su arma:

> «¡Vamos, ladrón de corazón negro!» gritó Calamity Jane, empujando con fuerza el cañón de uno de sus revólveres plateados bajo la prominente nariz del jugador. «¡Vamos! Haz un movimiento si buscas diversión. Lo saludaremos, lo mejor que sepamos, y tampoco le cobraremos nada. ¡Vea! Tengo un par de manos completas de seis... ¿No tiene ningún as escondido en la manga?»

A lo largo de veinte años, las aventuras literarias de Jane pusieron al personaje cara a cara con tahúres, enanos asesinos, y extraños enmascarados y misteriosos. Su camino le llevó a persecuciones de caballos, peleas en bares, tiroteos y trampas de arenas movedizas, y aunque las historias de Deadwood Dick nunca alcanzaron el mismo nivel de fantasía que algunos de los otros héroes del folclore americano, la narración no se parecía realmente a la vida real de Calamity Jane.

Lo curioso de la verdadera Calamity Jane es que, hacia finales del siglo XIX, comenzó a defender su identidad mítica, aprovechando su celebridad generalizada para inventar su propio conjunto de logros. Muchas de las afirmaciones sobre el intrépido pasado de Calamity Jane aparecieron en su autobiografía, *Life and Adventures of Calamity Jane by Herself*, que se publicó en 1896 para promover una gira por un museo de diez centavos con la firma Kohl & Middleton. La publicación relató sus experiencias como scout en los estados de Arizona y Wyoming, y a pesar de que el texto solo logró llenar siete páginas, hay importantes pasajes que ayudaron a establecer el personaje que Jane esperaba presentar al público americano. En uno de esos pasajes, por ejemplo, reveló cómo exactamente cambió su nombre original, Martha Canary, a Calamity Jane:

> [...] Regresé a Fort Sanders, Wyoming, permanecí allí hasta la primavera de 1872, cuando se nos ordenó ir al conflicto de Muscle Shell o «Nursey Pursey» En esa guerra estaban involucrados los generales Custer, Miles, Terry y Crook. Esta campaña duró hasta el otoño de 1873.
>
> Fue durante esta campaña que me bautizaron Calamity Jane. Fue en Goose Creek, Wyoming [...] El capitán Egan estaba al mando del Post. Se nos ordenó salir para reprimir una insurrección de los indios, y estuvimos fuera durante varios días, tuvimos numerosas escaramuzas durante las cuales seis de los soldados murieron y varios resultaron gravemente heridos. Cuando regresamos al puesto fuimos emboscados a una milla y media de nuestro destino. Cuando dispararon, el Capitán Egan recibió un disparo. Yo iba adelante y al escuchar los disparos me volví en mi silla y vi al Capitán tambaleándose en su montura como si estuviera a punto de caer. Giré mi caballo y galopé hacia atrás con toda prisa a su lado y llegué a tiempo para cogerlo mientras caía. Lo subí a mi caballo frente a mí y logré llevarlo a salvo. El Capitán Egan, al recuperarse, dijo entre risas: «Te nombro Calamity Jane, la heroína de las llanuras». Llevo ese nombre hasta el momento.

Dado que el siglo XIX tiene innumerables ejemplos de escaramuzas entre las tribus indias americanas y el ejército de los Estados Unidos, los actos heroicos de Calamity Jane no parecen irracionales. Sin embargo, esos actos heroicos comienzan a desmoronarse en comparación con los relatos históricos de figuras como el capitán Jack Crawford, que sirvió a las órdenes de los generales Wesley Merrit y George Crook. En la edición del 19 de abril de 1904 del periódico de Montana *Anaconda Standard*, por ejemplo, Crawford comentó sobre sus experiencias pasadas con Calamity Jane, indicando que: «Ella nunca vio el servicio [militar] en ninguna capacidad ni bajo el mando del general Crook ni del general Miles. Ella nunca vio un linchamiento y nunca estuvo en una pelea india. Ella era simplemente un personaje notorio, disoluto y diabólico, pero poseía una veta generosa que la hizo popular».

Además de negar su papel en el ejército de los Estados Unidos, en más de una ocasión el capitán Jack Crawford también señaló que el Capitán Egan nunca había sido herido, y luego rescatado, de la forma en que Calamity Jane había descrito. Sin embargo, lo que desacredita de manera concluyente la historia del origen de Calamity Jane es el hecho de que los detalles que proporciona no coinciden con los datos históricos. Menciona, por ejemplo, que trabajó como exploradora con George Armstrong Custer en el estado de Wyoming a principios de la década de 1870, y que el famoso general participó en el conflicto indio de «Nursey Pursey», o la guerra de Nez Perce, en el mismo estado en 1873. El problema es que, en 1871 y 1872, Custer estaba destinado en Elizabethtown, en el estado de Kentucky. A partir de ahí, a Custer y a la Séptima Caballería se les ordenó estacionarse en Fort Abraham Lincoln en Dakota del Norte en la primavera de 1873 (no Wyoming), lo que significa que ella no podría haber servido bajo las órdenes de Custer en ese momento. Pero lo que es más importante, los acontecimientos de la Guerra de Nez Perce no tuvieron lugar en 1872 o 1873 (como des-

Calamity Jane (Martha Jane Burke) (1852-1903) junto a la tumba de Buffalo Bill en 1900 [Everett].

cribe Calamity Jane), sino en 1877, y principalmente alrededor de Montana, después de que Custer muriera en la batalla de Little Bighorn. Una posible explicación de las diversas discrepancias es que general Custer era famoso a nivel nacional, y el hecho de que Jane usara su nombre en su autobiografía fue un intento de asociarse con personajes históricos del viejo oeste. Otras personalidades del período que se autopromocionaban, como William Frederick Cody, también conocido como Buffalo Bill, hicieron afirmaciones inexactas similares para realzar sus narrativas, por lo que Calamity Jane no habría sido ni la primera ni la única persona en hacer esto. Pero independientemente de sus motivos, las elucubraciones solo sirven para crear problemas importantes en la línea de tiempo de su leyenda.

De los detalles adicionales dentro de la autobiografía de Calamity Jane, sus referencias a «Wild Bill» Hickock son de cierta importancia. James Butler Hickok, comúnmente conocido como Wild Bill, ganó una notable reputación como pistolero y jugador de póquer en la última mitad del siglo XIX, haciendo una de sus primeras apariciones literarias en un artículo escrito por George Ward Nichols, titulado «Wild Bill» Según ese artículo, que *Harper's New Monthly Magazine* publicó en febrero de 1867, una disputa relacionada con las deudas de juego y las mujeres hizo que Hickok (de una manera que recuerda a John Hardy) peleara y matara a punta de pistola a un hombre llamado Davis Tutt. Si bien el artículo en sí fue criticado por su descripción de «Wild Bill» como un aventurero notable, el artículo es importante porque representó correctamente a Hickok como un pistolero distinguido que no rehuía el tipo de duelos que se convirtieron en un acontecimiento distintivo en el viejo oeste.

El tiroteo mencionado en el artículo de *Harper's* fue solo uno de los varios tiroteos en los que Wild Bill Hickok se enredó a lo largo de su vida. En dos ocasiones distintas en 1869, por ejemplo, como sheriff en Hays City, Wild Bill disparó a hombres que lo habían retado públicamente;

primero Bill Mulvey y, más tarde, Samuel Strawhun, despachándolos a ambos con tiros en la cabeza. Un año más tarde, Wild Bill estuvo involucrado en una «pelea de bar» mortal que condujo al tiroteo de Jeremiah Lonergan de la Séptima Caballería de Estados Unidos. El hecho que le valió a Hickok su fama eterna, sin embargo, no fue un duelo o algún artículo de revista basado en su pasado violento, más bien, fue el asesinato de Hickok en 1876, a manos de Jack McCall, mientras jugaba al póquer en Deadwood (Dakota del Sur), lo que se convirtió en el momento decisivo de su vida... y Calamity Jane se aseguró de incluirlo en sus memorias.

En su autobiografía, Calamity Jane comenta su amistad con Wild Bill, su llegada a Deadwood, los desalentadores hechos que rodearon el día de la muerte de Hickok y su persecución del notorio «desesperado» Jack McCall, quien le disparó a Hickok en la nuca, después de perder varias rondas de póquer el día anterior. Y al igual que con otras secciones del texto, saber si el episodio es completamente cierto o no se convierte en una tarea difícil, ya que la versión de Jane presenta lo que parecen ser granos de verdad combinados con inexactitudes que se pueden explicar de una forma racional. En la cuarta página del texto, por ejemplo, Calamity Jane indica que el nombre legal de Wild Bill era William, lo cual es un error importante ya que su nombre real era James, pero también es cierto que Wild Bill solía usar el nombre «William» (el nombre de su difunto hermano) desde la Guerra Civil norteamericana hasta su muerte.

La duda sobre si Calamity Jane conocía a Wild Bill de verdad, y su papel en la captura de Jack McCall, se ve agravada por el hecho de que hay fuentes que corroboran y contradicen los detalles de la autobiografía. Según el periódico de Deadwood, *The Black Hills Weekly Pioneer*, por ejemplo, tanto Wild Bill como Calamity Jane habían llegado a Deadwood en el verano de 1876, como describe Jane. Además, en referencia al asesinato de Wild Bill el

2 de agosto, el informe semisensacional del periódico coloca específicamente a Jane con el cuerpo de Hickok, acunando «su cabeza en sus brazos sollozando» antes de gritar, «el villano, la rata sucia», y corriendo en busca del asesino. Pero ese mismo artículo también difiere del relato de Jane de cómo se acorraló a Jack McCall. Según Jane, ella aseguró su arresto después de enfrentarse a él en una carnicería con un cuchillo de carnicero, mientras el periódico afirmó más bien que McCall fue capturado cuando se cayó de su caballo en un intento de escapar de Deadwood. Si consideramos la idea de que no toda la autobiografía de Calamity Jane es una obra de ficción, uno tiene que preguntarse si este último detalle sobre la carnicería y el cuchillo de carnicero sucedió realmente, pero se omitió del periódico, o si fue una invención que pretendía emular el tipo de publicaciones de «Deadwood Dick» en los que Jane combate a un villano que había puesto en peligro a un amigo o ser querido.

Cualquiera que sea la respuesta, las referencias autobiográficas a hombres como Wild Bill o el general Custer tienen un propósito muy importante en la autobiografía de Jane, ya que forjan un fuerte vínculo entre Calamity Jane y las celebridades y pistoleros por excelencia de la época. Ese vínculo solo se ha fortalecido con el tiempo, con Wild Bill convirtiéndose en una figura mucho más grande en el mito de Calamity Jane a medida que han salido a la luz historias adicionales sobre su pasado. El más importante de estos relatos apareció en 1941, cuando Jean McCormick, de sesenta y ocho años, afirmó que era hija de Wild Bill Hickok y Calamity Jane en la edición del 8 de mayo de «We the People» (1941) en el canal de televisión estadounidense CBS. Para proporcionar pruebas, McCormick siguió esta declaración publicando un álbum de cartas, combinado con un certificado de matrimonio, que revelaba que las dos figuras históricas se habían casado en secreto. A pesar de que la versión que presentó McCormick ha sido analizada y desacreditada por historiadores como Clarence Paine, la noción de que Jane y Hickok tenían una relación cercana o romántica es un tema perpetuo en los relatos de sus vidas, en películas como el clásico *Calamity Jane* de 1953 protagonizado por Doris Day, hasta la serie de televisión *Deadwood* en que tienen una relación románticamente ambigua

Como todos estos relatos, las publicaciones de «Deadwood Dick», el álbum de cartas de McCormick, la autobiografía... no pinta una imagen confiable de Calamity Jane, y una de las pocas formas de entender mejor su identidad es a través de los artículos de los periódicos que informaban sobre sus actividades a finales del siglo XIX. Por ejemplo, la reimpresión de un artículo titulado «A Real Calamity Jane» tomado del *Deadwood Times*, y que apareció en el *Sioux City Journal* el 12 de octubre (1895) escribió:

Martha Jane Burke, conocida popularmente como Calamity Jane, a caballo, con un elaborado traje «occidental», frente a tipis y tiendas de campaña en la Exposición Panamericana en Búfalo, Nueva York, 1901 [Library of Congress].

> Siempre ha sido conocida por su amabilidad, generosidad y manera alegre y cordial. A ella no le importaba si una persona era rica o pobre, blanca o negra, o cuáles eran sus circunstancias, Calamity Jane era igual para todos. Su bolso siempre estuvo abierto para ayudar a un tipo hambriento, y fue una de las primeras en ofrecer su ayuda en casos de enfermedad, accidentes o cualquier angustia.

Un artículo posterior, titulado «Jane on the Warpath» de la edición del 25 de noviembre (1902) del *Billings Weekly Gazette* presentó un lado diferente a Jane ...

> Sin ninguna razón aparente, salvo la sugerida por una mente más o menos desordenada por una indulgencia demasiado libre en su bebida favorita, Jane se armó con un hacha e invadió la tienda de Yegen Bros e intentó poner fin a la existencia de una de las jóvenes empleadas en el departamento de productos secos. Avanzó hacia ella con el hacha en alto y declaró que la cortaría en pedazos en ese mismo momento. Puede haber sido solo una de las bromas pesadas de Jane, pero la víctima no lo apreció... Uno de los empleados varones se apresuró al rescate y, después de desarmar al beligerante Calamity, la ayudó a salir de la tienda. No se presentó ninguna denuncia y Jane escapó del arresto.
>
> Esta mañana visitó otra tienda en el lado sur y nuevamente se volvió ruidosa. Por esto fue arrestada y puesta en la cárcel de la ciudad.

Artículos posteriores de 1903 pintan una imagen más sombría de la vida de Jane. El *Belle Fourche Bee,* en el artículo «Talk of the Town», del 15 de enero, detalla cómo Jane «está cansada de viajar y desea ubicarse en algún lugar, donde pueda llevar una vida tranquila... Solo busca la oportunidad de trabajar, para que pueda mantenerse a sí misma y a su hija de manera adecuada». Mientras tanto, la publicación del Great Falls Daily Tribune, «Calamity Jane como ella era y como es», informó cómo se había vuelto «vieja, pobre y miserable... El país la ha superado y su ocupación se ha acabado». Estos diferentes artículos, asumiendo que se puede confiar en ellos, ofrecen una visión de una mujer que podría ser bondadosa y desinteresada, pero cuyo comportamiento imprudente y vida nómada no le trajeron felicidad. A diferencia de los otros héroes populares del viejo oeste que brillaron como fuego en la flor de su vida antes de morir joven, Calamity Jane se desvaneció lentamente como una reliquia del pasado, muriendo en la pobreza el 1 de agosto de 1903.

Como recogió el artículo de 1903 del *Great Falls Daily Tribune*, «no es la Calamity Jane de hoy... lo que quieres recordar[...] Es la Calamity Jane de los viejos tiempos, el luchador indio, el explorador, el cartero, el golpeador de vacas, el hombre entre los hombres, que se mantiene heroico». Y como ocurre con Jane, lo mismo se puede decir de héroes populares como Davy Crockett, Wild Bill, John Henry o Paul Bunyan, cuyas extraordinarias personalidades y acciones son lo que nos atrae de ellos en primer lugar. Fascinados por las tragedias y las comedias de sus vidas, no queremos que sus aventuras terminen. En cambio, continuamos alimentando sus historias ficticias, haciéndolas cada vez tan grandes que no podemos ver quiénes eran en realidad. De muchos de los héroes populares más destacables de Estados Unidos, solo podemos vislumbrar pequeños destellos de sus verdaderas vidas, pero lo que vemos encarna inequívocamente el espíritu del oeste americano, tanto lo real como lo increíblemente fantástico.

VII
BEER

Mientras escribo esto, tengo junto a mí un vaso alto y frío de cerveza oscura. Importada desde San Francisco, la cerveza en sí es casi negra, pero donde brilla la luz (en el fondo del vaso) puedo ver un tono de color ámbar o caramelo con un rojo tipo rubí. Por lo general, esta marca de cerveza tiene un aroma fragante que nunca puedo ubicar, pero por alguna razón siempre me recuerda a los dulces de mi infancia y las galletas de jengibre. También noto un toque de pan de jengibre azucarado en el sabor de la cerveza, pero el punto dulce no es abrumador, lo que da como resultado una cerveza agradable y suave. Es una cerveza que probé por primera vez cuando era estudiante universitario en Davis, California, y con los años no solo se ha convertido en una fuente personal de nostalgia, sino también en un placer que saboreo durante las fiestas navideñas. Cuando me mudé a España hace casi dos décadas, siempre que el frío de noviembre me obligaba a levantarme el cuello y buscar refugio en el bar más cercano, era este tipo de cerveza el que esperaba encontrar. Por supuesto, cuando fui a buscarlo al poco de mi llegada, me decepcioné profundamente.

Cuando llegué por primera vez a Córdoba, España, el fuerte calor de agosto y septiembre me hizo apreciar profundamente las cervezas ligeras y refrescantes que se servían en todos los bares y restaurantes. A decir verdad,

MISS AMERICAN
A
American
PILSENER STYLE
BEER

eran fáciles de beber, siempre se servían heladas y eran absolutamente necesarias para combatir el opresivo sol de la tarde. Sin embargo, cuando el verano se convirtió en otoño y la Navidad se acercaba, esperaba que una cerveza especial y más oscura apareciese en mis sitios favoritos. Pero no importaba cuánto tiempo pasara, porque esas cervezas que me habían ayudado a sobrevivir las primeras semanas de mi aventura española eran las únicas disponibles. Para mí, la falta de variedad en España era inexplicable cuando tenía muy claro que los españoles eran grandes amantes de la cerveza. En los Estados Unidos, al menos en mi experiencia, no era raro ver diferentes tipos de cervezas de todo el país (e incluso de diferentes partes del mundo), con estilos que van desde las «porters» y «stouts» pesadas y oscuras que sabían a chocolate amargo, a los mismos tipos de estilos rubios y claros que servían en casi todos los restaurantes y bares de España. No podía imaginar por qué un país tan cervecero solo serviría una variedad de cerveza... Pero, de nuevo, eso es natural, considerando lo arraigada que está la cerveza en la cultura y la historia estadounidenses.

La cerveza y su elaboración han formado parte de la experiencia americana desde los tiempos de las colonias originales de América del Norte. La exitosa expedición Mayflower de 1620 (para dar un ejemplo) logró cruzar el océano Atlántico, pero tuvo que detenerse antes de su destino predeterminado —en Virginia— cuando los suministros de cerveza comenzaron a agotarse. Después de esta parada inesperada en Plymouth, Massachusetts, el cronista del barco, William Bradford, registró que los pasajeros «fueron arrojados a tierra y obligados a beber agua, para que los marineros pudieran tomar más cerveza». Ocho años más tarde, una vez que las colonias británicas se establecieron firmemente en la costa Este, la importación de decenas de miles de litros de cerveza inglesa se convirtió en un artículo de rutina en el inventario del Gobernador y Compañía de la Bahía de Massachusetts, apareciendo en registros como

«Necessaries Conceived for Our Voyage for New England» del 26 de febrero de 1628. Documentos como el diario de Francis Higginson titulado *New England Plantation*, o cartas de colonos como John Winthrop (septiembre de 1644) también detallan el cultivo de cebada —uno de los principales ingredientes de la cerveza— como uno de los primeros acontecimientos en las colonias americanas. Incluso hay registros judiciales del Tribunal del Condado de Suffolk que hacen referencia a casos —como el del 29 de julio de 1679— en los que los procedimientos legales trataron de resolver disputas sobre contratos de elaboración y la calidad de la cerveza.

La cerveza también se abrió camino en la vida de algunas de las figuras más importantes de la historia temprana de los Estados Unidos. El revolucionario y político de Boston, Samuel Adams, por ejemplo, era hijo de un maltero, una profesión dedicada a la preparación de cebada para la producción de mosto de cerveza. Como promotor de la industria cervecera estadounidense, Adams anunció en el *Boston Evening Post* (1751) que ofrecía: «Cerveza fuerte o malta para quienes se inclinan a prepararla ellos mismos; para ser vendido por Samuel Adams, a un precio muy razonable». Es más, boicoteó públicamente la importación de cerveza británica, abogando por un momento en el que «los caballeros de la ciudad se esforzarán por poner de moda nuestra propia October Beer [cerveza fuerte] de nuevo, para que ya no estemos en deuda con los extranjeros para conseguir un licor creíble, que puede fabricarse con éxito en este país».

Compartiendo el sentimiento de Adams, el padre fundador Thomas Jefferson comenzó a elaborar cerveza en su finca de Monticello con gran interés a partir de 1813, y le escribió a su vecino William Meriwether (17 de septiembre) para comentar que: «Hace algún tiempo, le presté el libro de cerveza London & Country y Combrun sobre el mismo tema que estamos comenzando este día, bajo las instrucciones del capitán Millar, el negocio de la elaboración de licores de malta, y si estos libros ya no le son útiles, le agradeceré los devuelva, ya que tal vez podamos sacar alguna información de ellos». Según los registros de Monticello, al principio de sus labores Jefferson compró su malta a William Meriwether, pero pronto comenzó a tostar la suya propia, hecha de trigo y maíz, mientras también cultivaba sus propias vides de lúpulo, otro ingrediente importante en la producción de cerveza. Parecería que en algún momento esta cerveza causó impresión, ya que en abril de 1821 James Barbour presionó a Thomas Jefferson para que le enviara su receta de cerveza. Jefferson, sin embargo, solo escribió en respuesta que en realidad no tenía «ninguna receta para elaborar cerveza» y dudaba de que «las operaciones de malteado y elaboración de cerveza pudieran realizarse con éxito a partir de una receta».

En muchos sentidos, Jefferson tenía razón de que la existencia de una receta no era garantía de una cerveza deliciosa, especialmente si consideramos las diversas dificultades que podría enfrentar un cervecero en su día. Los conceptos modernos de buena cerveza dan una gran importancia al agua limpia, el lúpulo fresco, la levadura bien conservada y la cebada malteada con una calidad buena. Estos ingredientes principales, en combinación con prácticas sanitarias de elaboración de cerveza y equipos de acero inoxidable, ayudan a crear las cervezas refrescantes y sabrosas que están disponibles en cualquier bar, cervecería o supermercado. Pero a principios del siglo XIX, los procesos para tostar la cebada o conservar la frescura de las flores de lúpulo habrían sido bastante difíciles de controlar sin el beneficio de la maquinaria moderna. Aislar una sola cepa de levadura también habría sido complejo para los hogares comunes, y personalmente dudo que los cerveceros que usaban equipos de madera desde hace doscientos años hubieran sido conscientes de la importancia de las condiciones sanitarias de elaboración de la cerveza.

Otro obstáculo, y posiblemente el más importante para la producción de cerveza, habría sido localizar cantidades suficientes de los ingredientes básicos necesarios para la elaboración. No todo el mundo tenía acceso a la cebada malteada todo el tiempo, por lo que hay casos en los que los cerveceros —especialmente aquellos que optaron por elaborar cerveza en casa— se vieron obligados a sustituir los principales ingredientes (utilizados para crear mosto azucarado) con sustancias alternativas que estaban más fácilmente disponibles y generalmente procedentes del continente americano. Landon Carter, por ejemplo, publicó una receta de cerveza familiar en el *Virginia Gazette* el 14 de febrero de 1775 que usaba tallos de maíz «exuberantes». Cuando se pican, se machacan y se hierven, los tallos de maíz se liberan, «el zumo que todo sembrador casi sabe que tiene la cualidad de ser dulce casi como cualquier otra cosa». Las calabazas eran otro ingrediente común en los hogares estadounidenses y no solo se formaron parte de muchas recetas tradicionales, sino también aparecieron en referencias contemporáneas a la elaboración de cerveza. Una canción colonial temprana de 1630, por ejemplo, detallaba cómo:

En lugar de potajes, budines, natillas y pasteles,
Nuestras calabazas y chirivías son suministros comunes;
Tenemos calabazas por la mañana y calabazas al mediodía,
¡Si no fuera por las calabazas, moriríamos!
Si no hay cebada para convertir en malta,
Debemos estar contentos y pensar que no es culpa de nadie;
Porque hacemos licor para endulzar nuestros labios,
De calabazas, chirivías y virutas de nogal...

La tendencia de usar calabaza continuó hasta bien entrado el siglo XVIII, como lo demuestra una receta de 1771, publicada por la American Philosophical Society en Filadelfia, que proporcionó instrucciones sobre cómo preparar y exprimir calabazas para crear un zumo. De acuerdo con las instrucciones de hace doscientos cincuenta años, una vez que se eliminó la pulpa fibrosa, el zumo de calabaza (en combinación con el lúpulo) podría fermentarse posteriormente como una cerveza.

Recetas históricas de libros de cocina como *American Cookery* de Amelia Simmons (1796), *The Virginia Housewife* de Mary Randolph (1824) y *Directions for Cookery* de Eliza Leslie (1837) también hacen referencia al abeto, los caquis y los sasafrases como aditivos de cerveza comunes. Pero entre todos los ingredientes que sustituyeron a la malta de cebada en las primeras cervezas americanas, el más extraño que encontré (con diferencia) tiene que ser la melaza. La melaza era una de las sustancias más comunes que podía proporcionar los suficientes azúcares fermentables, el material básico necesario para producir alcohol. Pero, tras probar el jarabe dulce en mis propios experimentos de elaboración de cerveza, puedo dar fe de que la melaza no produce el mismo perfil de sabor familiar que la cebada malteada. En cambio, la melaza a menudo produce una bebida ligera y parecida a la sidra que no está a la altura de las expectativas de un bebedor de cerveza en el siglo XXI. Sin embargo, a pesar de su sabor, la melaza aparece en muchas de las diferentes cervezas de abeto, jengibre, caqui y sasafrás de la época. También fue el ingrediente principal en una de las recetas de cerveza más históricas del siglo XVIII, preparado por nada menos que George Washington.

Washington tenía solo veinticinco años cuando escribió la receta de la «*small beer*» en su cuaderno personal. Según la propiedad de Washington en Mount Vernon, el virginiano registró breves pautas para hacer la bebida alcohólica ligera mientras era mero coronel de la milicia de Virginia, proporcionando los siguientes detalles:

> Coja un tamiz grande lleno de salvado. Lúpulo a su gusto - Hervir esto 3 horas. Luego cuele 30 galones en un enfriador. Ponga 3 galones de melaza mientras la cerveza está hirviendo o, más bien, extraiga

> la melaza en el enfriador y cuele la cerveza mientras hierve caliente. Deje reposar hasta que esté un poco más caliente que la temperatura de sangre y luego ponga un litro de levadura. Si el clima es muy frío, cúbralo con una manta y déjelo trabajar en el enfriador las 24 horas, luego colóquelo en el barril, deje el tapón abierto hasta que casi termine de funcionar, embotelle en la misma semana en que se preparó.

Debido al bajo contenido de alcohol del brebaje y la calidad inferior general del sabor a melaza, el historiador colaborador de Mount Vernon, Edward Lengel considera que la «small beer» o cerveza ligera probablemente habría sido una bebida preparada para sirvientes, esclavos o niños. Para su propio consumo, George Washington confió en cerveceros como John Mercer del condado de Frederick (Virginia), los fabricantes de cerveza ingleses Benjamin Kenton y Thomas Dale y, cuando Washington se convirtió en presidente de los Estados Unidos, Robert Hare Junior (Filadelfia), para proporcionar las cervezas oscuras que solía disfrutar. Es decir, para hombres como Samuel Adams, Thomas Jefferson y George Washington las mejores cervezas solían ser las elaboradas con malta.

YEUNGLING, BUDWEISER, PABST, MILLER, & COORS

La industria de la cerveza creció gradualmente en las décadas posteriores a las *cervezas sin receta* de Thomas Jefferson, pero su lugar en la cultura americana no se afianzó realmente hasta que oleadas de inmigrantes alemanes llegaron a las costas de los Estados Unidos a mediados del siglo XIX, trayendo consigo uno de los productos más exitosos en la historia cervecera: lager.

Las cervezas rubias, tipo «lager» —como las que se originaron en Baviera y Viena— aparecieron por primera vez cuando los cerveceros Josef Groll, Gabriel Sedlmayr y Anton Dreher combinaron diferentes prácticas cerveceras europeas en las décadas de 1830 y 1840. El color dorado típico, que es tan característico de las lagers y las cervezas rubias, había sido un desarrollo bastante reciente en la industria de la cerveza, que se produjo solo después de una serie de cambios en las técnicas de tostado de malta en Inglaterra el siglo anterior. El tueste más claro produjo malta de cebada con un color amarillo pálido o brillante, que a su vez produjo un mosto de color claro. Una vez que el mosto se produjo, filtrado, hervido (con lúpulo) y enfriado, los cerveceros combinaron la infusión con la cepa de levadura de fermentación lenta Saccharomyces pastorianus, dando como resultado una bebida dorada, refrescante, clara y de sabor ligero que desde entonces se ha convertido en el estilo de cerveza más vendida a escala global.

El protagonismo de ser la primera cervecera en comercializar lager en los Estados Unidos a menudo oscila entre John Adam Lemp, John Wagner y Charles Wolf. Del mismo modo, el mérito de popularizar el estilo de la cerveza también es compartido por un puñado de empresarios del siglo XIX, todos los que emigraron a los Estados Unidos desde varios lugares de Alemania, y que construyeron sus cervecerías entre las décadas de 1840 y 1870. Gracias a los esfuerzos de empresarios como David Yeungling, Jacob Best, Frederick Pabst, Frederick Miller, Adolph Coors, Jacob Schueler, Eberhard Anheuser y Adolphus Busch, los estilos de cerveza alemanes se convirtieron en «bestseller» en Filadelfia, Wisconsin, Colorado y Missouri… Y en cada una de sus respectivas cervecerías, las «lager» ligeras y doradas se convirtieron en las cervezas insignia a fines del siglo XIX. Sin embargo, mientras que los estilos de cerveza Pilsner y Bohemia eran indudablemente de origen centroeuropeo, la lager experimentó una transformación a su llegada a Estados Unidos. La cebada que estaba disponi-

Anuncio de la cerveza lager H. & J. Publicado en Boston por A. Trochsler & Co. en la década de los setenta de 1800 [Library of Congress].

ble en Estados Unidos no era la misma que la variedad que existía en Europa (la primera tenía un contenido de proteína mucho más alto), y para lograr resultados comparables, los cerveceros tuvieron que recurrir a agregar ingredientes adicionales para aligerar el sabor. Al igual que los colonos que usaban «calabaza y chirivías y chips de nogal» cuando no había suficiente cebada disponible, la solución consistió en combinar la malta con productos de proximidad que además eran abundantes —específicamente maíz y arroz— lo que llevó a la creación de una nueva subcategoría dentro del estilo de cerveza: lager americana.

Sin embargo, antes de que esta nueva especie de cerveza pudiera convertirse en el estilo de cerveza oficial del país, tuvieron que ocurrir otros cambios en la industria cervecera estadounidense. Por lo general, con la cerveza sin filtrar, las fluctuaciones drásticas en la temperatura pueden hacer que las células de levadura reaccionen de manera exagerada, produciendo sabores desagradables en el producto terminado, así como un cambio en la carbonatación general de la cerveza. Esto puede ser especialmente problemático en el verano, lo que da como resultado barriles de cerveza que liberan una fuente explosiva de espuma no bebible. En el siglo XIX, esto significaba que las condiciones climáticas a menudo determinaban si la vida útil de cualquier cerveza era de meses, semanas o solo unos pocos días. El grupo de envasado Anheuser-Busch, conocido históricamente como Anheuser & Co., afirma que, para resolver este problema, Adolphus Busch (famoso por Budweiser) implementó la pasteurización para eliminar la levadura de la cerveza después de que fermentara. De esta manera, Anheuser & Co. se convirtió en la primera cervecería americana en entregar cerveza pasteurizada, lo que les ayudó a reducir el riesgo de barriles de cerveza explosivos y una pérdida general de calidad en sus productos. Adicionalmente, para aumentar la distribución de sus productos (mientras trabajaba simultáneamente para contrarrestar su caducidad), ya en 1876 la empresa aprovechó tanto la extensa red ferroviaria de los Estados Unidos como los desarrollos en vagones refrigerados / fábricas de hielo. Como lo había hecho la industria de la carne de ternera en los años anteriores, Anheuser & Co. innovó, lo que les permitió entregar sus cervezas a todo el país y, finalmente, colocar a la empresa germano-americana, y la lager, a la vanguardia de la industria cervecera.

Petición al Congreso para modificar la Ley Volstead [Everett].

PROHIBICIÓN

En los siglos XVII y XVIII, la elaboración de cerveza podría haber sido un desafío para aquellos cerveceros americanos que no tenían acceso a los ingredientes adecuados, y el siglo XIX puede haber presentado dificultades adicionales que dictaron cómo la industria cervecera debería producir en masa un producto de calidad, pero el siglo XX trajo un obstáculo completamente nuevo que casi eliminó por completo la cultura cervecera en los Estados Unidos. Había pasado más de un siglo desde que los revolucionarios Samuel Adams, Paul Revere, John Hancock y otros miembros de los «Hijos de la Libertad» celebraron reuniones políticas en establecimientos como el Green Dragon Inn. Estados Unidos estaba cambiando y, a medida que las fronteras de la nueva nación se expandían hacia el oeste, la taberna colonial tradicional se transformó en el icónico «saloon», grandes salones para beber donde sirven cerveza y licores, y que figuran de manera tan prominente en las representaciones populares del viejo oeste. Esa expansión, sin embargo, también estuvo acompañada de la creación de grupos de «templanza», como la Anti-Saloon League o el Women's Christian Temperance Movement, que desalentaron el consumo de alcohol e incluso trabajaron para prohibir su fabricación en general.

A principios del siglo XX, esos grupos comenzaron a influir en la opinión pública con mayor efectividad. De hecho, los sentimientos contra el alcohol eran tan fuertes en algunas comunidades que los activistas políticos llegaron a destrozar tabernas. Esto es más evidente en el libro de 1908 de Carry Nation, *The Use and Need of the Life of Carry A. Nation*, en el que relata los pasos que tomó para subvertir y desfigurar un salón en el estado de Kansas:

> Corrí detrás de la barra, rompí el espejo y todas las botellas de debajo; cogí la caja registradora, la tiré al suelo; luego rompí los grifos de la heladera, abrí la puerta y corté los tubos de goma que conducían la cerveza [...] tiré la máquina tragamonedas, partiéndola y saqué de ella un trozo de hierro afilado con el que abrí los tapones de la cerveza barriles, y abrí los grifos de los barriles, y luego la cerveza voló en todas direcciones y yo estaba completamente saturado. Entró un policía y me arrestó muy afablemente.

Además de causar (ocasionalmente) daños a la propiedad de establecimientos tipo salón, el movimiento de templanza también trabajó activamente para sabotear políticamente la industria del alcohol. Específicamente, los esfuerzos combinados de activistas y miembros del Congreso movilizaron propuestas para lo que se convirtió en la Decimoctava Enmienda de la Constitución de los Estados Unidos.

La campaña política para ratificar la Decimoctava Enmienda, que pedía la prohibición de la venta, transporte y fabricación de alcohol, comenzó a cobrar fuerza en las legislaturas estatales a partir de 1917. Mientras tanto, se tomaron medidas adicionales para debilitar la producción de cerveza en una escala nacional. Con Estados Unidos involucrado en la Primera Guerra Mundial, el gobierno federal desfavoreció a la industria de la destilación y la elaboración de cerveza, cortando la distribución de alcohol entre las fuerzas armadas de Estados Unidos al mismo tiempo que el administrador de alimentos Herbert Hoover redujo la disponibilidad de granos para la producción de cerveza en un treinta por ciento. En medio de estos cambios, la industria cervecera encontró poco apoyo político. La rama ejecutiva del gobierno, por ejemplo, se puso del lado del movimiento de templanza cuando el presidente Theodore Roosevelt escribió una carta a Clarence True Wilson, jefe de la Junta de Templanza, Prohibición y Moral Pública de la Iglesia Metodista el 12 de diciembre de 1917:

> [...]al estallar la guerra defendí la prohibición del uso de todos los granos duros, de todos los granos que se pueden usar en productos alimenticios, para la elaboración de licor alcohólico. Estoy seguro de que esto habría eliminado gran parte del mal de la intemperancia que ahora obstaculiza seriamente nuestros preparativos para la guerra. Cuando debamos alimentar a nuestro ejército y ayudar a los ejércitos de nuestros aliados, no se debería permitir que un celemín de grano se convierta en licor embriagador. En este momento, no se debe permitir que los hombres del ejército ni los que realicen un trabajo vital para el ejército en relación con los ferrocarriles, las fábricas, las minas y los astilleros derrochen fuerza y salud en la bebida. Las mismas razones que hacen necesario prohibir la venta de licor a soldados uniformados, o dentro de un número determinado de millas de un campamento militar, y detener su uso en los acorazados, se aplican a la extensión de una protección similar para todos los ciudadanos involucrados en el trabajo de ferrocarriles, fábricas, minas y astilleros.

Aunque la carta de Theodore Roosevelt era privada, otros políticos aprovecharon el apoyo a la templanza en tiempos de guerra para enemistarse abiertamente con las cervecerías, especialmente si sus propietarios eran alemanes. El 4 de enero de 1918, el *Stevens Point Journal* citó al ex vicegobernador de Wisconsin, John Strange, quien expresó: «Tenemos enemigos alemanes al otro lado del agua. También tenemos enemigos alemanes en este país. Y los peores de todos nuestros enemigos alemanes, los más traicioneros, los más amenazadores, son Pabst, Schlitz, Blatz y Miller». En una continuación de esta tendencia antialemán, las conferencias del Comité Overman de 1918 —autorizadas por el Senado de los Estados Unidos para investigar el riesgo de deslealtad alemana y bolchevique

Entrega de cerveza en Cleveland, Ohio, el 6 de abril de 1933, un día antes de que fuera legal vender «cerveza 3.2» [Everett].

en los Estados Unidos— solo empeoraron la causa de la industria cervecera, alegando que las cervecerías alemanas habían estado involucradas en una conspiración de crear propaganda proalemana, y que participó, generalmente, en actividades «antipatrióticas».

El Congreso ratificó la Decimoctava Enmienda en 1919, y en 1920 siguió la ley Volstead, que prohibía el alcohol en todo el país. Lo que comenzó fueron trece años en los que las cervecerías de Estados Unidos tuvieron que recurrir a producir cualquier cosa que no fuese cerveza. Schlitz, Blatz, Pabst y Anheuser-Busch, los principales productores antes a la prohibición, comenzaron elaborando bebidas de malta con menos del uno por ciento de alcohol. Algunos también lograron producir otros productos: extracto de malta en jarabe, refrescos, fórmula infantil, huevos congelados, cerámica, queso, helados..., mientras esperaban que derogasen la ley de la prohibición. Si bien la sociedad no retrocedió de inmediato, el contrabando desenfrenado, la necesidad del gobierno por recaudar el impuesto sobre el alcohol y el hecho de que la ley no castigara el consumo de alcohol, hizo que las leyes de prohibición se revocasen.

SUPERVIVIENTES

Después de la derogación de la Ley Volstead y la Decimoctava Enmienda, Anheuser-Busch, habiendo logrado sobrevivir a los años de prohibición y mantener su equipo de elaboración de cerveza, conmemoró el momento entregando una caja de Budweiser al presidente Franklin D. Roosevelt (portada por un enganche de caballos Clydesdale, nada menos). Solo quedaba un puñado de cerveceros: Coors, Miller, Pabst, Anheuser-Busch y Yeungling, entre otros, y como consecuencia de la competencia reducida, los estadounidenses de costa a costa disfrutaron de lager y solo lager ligera y refrescante. Bueno, casi.

En la costa oeste de los Estados Unidos, de todas las cervecerías que surgieron en San Francisco después de la Fiebre del oro de California de 1849, una sola cervecería —que producía su propio y único estilo de cerveza— se mantuvo después de la prohibición: Anchor Brewing. Aprendí sobre la historia de Anchor de la mano de mi gran amigo João Alameida quien, además de ser un cervecero en Almanac Beer Company, también es el experto más notable que conozco sobre la historia de la industria cervecera en California (especialmente en lo que respecta a Anchor Brewing Company). La razón principal por la que mi íntimo amigo es un académico del tema es muy simple: durante años, João trabajó en la fábrica de cerveza Anchor, primero como gerente de taberna y luego como uno de sus maestros cerveceros.

En nuestras conversaciones sobre el origen y el impacto de la empresa en la industria cervecera, João me explicó que la historia de Anchor se remonta a 1896, cuando el cervecero alemán Ernst F. Baruth y su yerno, Otto Schinkel, Jr., compraron el salón convertido en cervecería y billar «Golden City Brewery» de su paisano cervecero alemán Gottlieb Brekle. Un nuevo propietario significaba un nuevo nombre, y desde ese momento Anchor Brewing Company comenzó a producir su versión de un estilo de cerveza que, durante las siguientes décadas, se convirtió en un icono en San Francisco.

La cerveza que elaboraba Anchor era una lager fermentada caliente, elaborada sin maíz ni arroz, fermentada abiertamente y expuesta de forma semirregular a los elementos. Según João, la decisión de hacer la cerveza de esta manera no se debió tanto a una preferencia, sino a una consecuencia de los problemas técnicos que surgieron de los primeros días de la fiebre del oro: «Los cerveceros en California no necesariamente tenían hielo para preparar las lagers familiares a las que pueden haber estado acostumbrados, especialmente con la mayoría de los inmigrantes que eran alemanes en ese momento». En otras palabras, a diferencia de las cervezas rubias fermentadas en frío en ciudades como St. Louis y Filadelfia, lo que salió de los fermentadores de San Francisco no fue lager en el sentido tradicional, sino «steam beer» o cerveza de vapor.

Aunque se sabe mucho sobre la historia de la industria de la cerveza en San Francisco, el origen del nombre «steam» aún no está del todo claro. En nuestra entrevista, João me explicó que era posible que el término fuera una referencia al proceso de elaboración de la cerveza. Sin maquinaria y refrigerantes modernos, el mosto dulce a menudo se enfriaba durante la noche en cubas poco profundas que, cuando se exponían al aire fresco del mar de la bahía de San Francisco, producían vapor. También proporcionó otras teorías, una era que la cerveza recibió su nombre de la invención del motor de vapor, y otra que el vapor se refería

Un refrescante vaso de cerveza [Everett].

a la niebla de cerveza que salía de un barril cuando se abrió por primera vez, después de un viaje lleno de baches a través de la ciudad, en carros tirados por caballos. Ya sea que el nombre esté realmente inspirado o no en alguna de estas experiencias, lo que es evidente sobre la cerveza es que, incluso en un momento en que la industria se estaba enfocando en la innovación y los avances tecnológicos, Anchor optó por técnicas anticuadas, eligiendo no seguir los pasos de cervecerías de renombre como Pabst o Anheuser-Busch.

Lo que Anchor tenía en común con otras fábricas de cerveza en los Estados Unidos, sin embargo, era que la compañía vio una buena cantidad de problemas. Entre 1896 y 1933, Anchor presenció terremotos históricos e incendios devastadores, perdió inesperadamente a sus fundadores y se vio obligado a adaptarse bajo la prohibitiva Decimoctava Enmienda. Sin embargo, a pesar de estos desastres, ninguno logró forzar el cierre de la fábrica de cerveza (aunque se desconoce exactamente cómo Anchor logró sobrevivir a la prohibición debido a una sospechosa ausencia de datos históricos). De hecho, después de 1933 Anchor Brewing se encontraba en una posición bastante favorable, ya que era la única fábrica de cerveza que continuaba produciendo cerveza al vapor en San Francisco y, en el panorama general de los Estados Unidos, era la única fábrica de cerveza que elaboraba un producto cuyo método y el sabor se parecía a los estilos tradicionales del pasado. En nuestra charla, João me explicó que, debido al producto estrella de la compañía, Anchor se convirtió en un ejemplar extraño en la industria cervecera americana:

> La prohibición acabó con la mayoría de los estilos de cerveza con los que llegaron los inmigrantes a Estados Unidos. Si bien Estados Unidos pudo haber tenido cervezas como stouts, porters, bitters... la prohibición anuló la mayoría de ellas, excepto por una cervecería que elabora una cerveza de vapor tradicional de la bahía de San Francisco.

Sin embargo, aunque Anchor Brewing Co. llenó un nicho y proporcionó una cerveza local y excéntrica, su supervivencia después de la prohibición no garantizó el éxito de la empresa. Las lagers comercializadas y producidas en masa dominaron el mercado de la cerveza en la década de 1950 y, en 1965, la compañía estaba a punto de cerrar. Es en este momento cuando la histórica Anchor Brewery recibió una serie de inversiones del futuro propietario Fritz Maytag, y fue este cambio lo que puso a Anchor Brewing Company en el camino para hacer historia de la cerveza en los EE. UU. Nuevamente.

Entre 1972 y 1975, algunos años después de que Fritz Maytag asumiera la dirección de Anchor Brewing Co., la cervecería lanzó cuatro cervezas cuyos estilos de cerveza no se habían producido en los Estados Unidos durante más de cincuenta años. La primera que lanzó Anchor fue una *porter*, el mismo tipo de cerveza oscura que George Washington disfrutaba como presidente de la nación. Luego, una tras otra, Anchor produjo: 1) Liberty Ale, una «India Pale Ale» con sabor a lúpulo americano; 2) Old Foghorn, una «Barley Wine» de malta y alto contenido alcohólico; y 3) «Our Special Ale», que João lo explica de esta manera…

> Desde 1975 hasta 1982, en realidad la cerveza era [...] y pocos se acuerdan y menos saben, pero habiéndolo elaborado y trabajado dentro de las paredes de la fábrica [...] en realidad era de color más pálido y más como una cerveza «Liberty Ale» con un sabor de lúpulo más intenso. Fue alrededor de 1983 que pasó de ese tipo de base a una cerveza con especias más oscuras, como la conocemos hoy. La receta siempre ha cambiado desde 1975 y siempre se ha mantenido en secreto [...] y no, no os contaré la receta. Siempre se cita como una cerveza con especias, de varios colores tostados, por lo general, y le permitió a Fritz experimentar con diferentes especias, diferentes lúpulos y diferentes maltas.

De las diferentes cervezas que Anchor Brewing produjo en la década de 1970, es esta, «Our Special Ale», la que creo que mejor representa el espíritu de la elaboración de cerveza americana. Es una cerveza que siempre está cambiando, con sabores que se remontan a los días en que los cerveceros usaban las frutas y especias que florecían en la indómita naturaleza americana, y se elaboraban utilizando las prácticas alemanas e inglesas que ayudaron a construir la industria cervecera en la época anterior de la prohibición.

«Our Special Ale» ha sido mi cerveza favorita desde que la probé por primera vez en la Universidad de California, Davis. Fue la cerveza que abrí cuando comencé este capítulo, y allá por 2003 fue esta cerveza, en particular, la que busqué en las calles de Córdoba. Pero a pesar de que «Our Special Ale» es importante para mí a nivel personal, es solo una pequeña gota de historia en un vasto mar de cerveza. Más importante es el conjunto de cervezas que Anchor Brewing reintrodujo en los Estados Unidos, ya que lograron no solo producir un efecto profundo en los futuros cerveceros, como Jim Koch de Samuel Adams Boston Lager, sino que también ayudaron a cambiar la industria cervecera estadounidense en general. Tras el resurgimiento de Anchor, un movimiento, cuyo enfoque principal giraba en torno a la creación de cervezas «artesanales», generó un conjunto completamente nuevo de cerveceras desde la costa oeste de California hasta Massachusetts, que incluyen: New Albion Brewing (1976), Boulder Beer (1979), Sierra Nevada (1981), Real Ale (1982), Columbia River Brewery, Chesapeake Bay Brewing, Kemper Brewing, Bohannon Brewing, Kessler Brewing, Snake River Brewing, Riley-Lyon y Boston Beer Company (1984). Siguieron muchas más, todas dedicadas a la producción de cervezas que, para citar a mi buen amigo João, empujan «los límites de lo que puede ser la cerveza, devolviendo la cerveza a sus raíces y sus inicios».

Vaquero bebiendo cerveza en Alpine, Texas, 1939 [Library of Congress].

CRAFT / CRAFTY

En el siglo XXI, el fenómeno de la cerveza artesanal se ha diversificado por completo en la cultura cervecera de los Estados Unidos. Mientras que Anchor Brewing produjo la primera cerveza tipo «India Pale Ale» moderna en 1975, ahora hay varias subcategorías de este estilo de cerveza disponibles en bares, cervecerías y supermercados de todo el país, incluidos las variedades: West Coast IPA, New England IPA, English IPA, Session IPA, é IPA envejecidas en barril. En Almanac Beer Company, João Alameida elabora con frecuencia algunas de estas subcategorías de IPA, aunque admitió en nuestra charla que hay variedades que él prefiere y otras de las que tiende a mantenerse alejado.

Aparte de entrar en grandes detalles sobre sus preferencias personales, João también me comentó cómo la industria busca continuamente variedades de cerveza nuevas o innovadoras, como diferentes tipos de estilos «port» o «stout»...

> Hay un gran movimiento en las «stout» tipo pastel, que tienden a tener una gran cantidad de lactosa y, a veces, ingredientes curiosos como golosinas o nubes de azúcar o barras de chocolate o cereales simplemente como un truco, pero también como cervezas súper dulces que saben a masa para pasteles [...] Solo verás un empuje continuo en recetas y desarrollos de estilo. Algunos de ellos, siendo un antiguo (como yo), simplemente te enfadan o te hacen rascarte la cabeza con confusión [...] pero al final del día es lo que vende y te ayuda mantener a flote, y si ganas dinero en el camino, eso también está bien.
>
> Esa es la otra cosa que es interesante acerca de lo que es la cerveza artesanal hoy en día, obviamente se trata de sobrevivir, y siempre lo ha sido hasta cierto punto. Con todas estas tendencias extrañas, los cer-

> veceros solo queremos beber lagers limpias, pale ales y cervezas más ligeras que sean bonitas y hayan fermentado limpiamente [...] pero todos hacemos estos estilos nuevos para poder mantener las luces encendidas y ganar dinero.

Es posible que a João no siempre le gusten las tendencias cerveceras más recientes, a la vez es un firme defensor de la cerveza artesanal y entiende que como cualquier industria que compite con empresas multinacionales, pandemias y una economía inestable, los productores de cerveza artesanal deben adaptarse para sobrevivir. Pero la cerveza «craft» o artesanal tiene sus problemas, y en los últimos años incluso sobrevivir se ha vuelto difícil. En nuestra entrevista, João señaló que, a pesar de que las variedades más extravagantes de cervezas son el sello distintivo de muchos productores artesanales, cada vez es más difícil saber si una cerveza en particular es realmente un producto artesanal.

La confusión con respecto al significado contemporáneo de «craft» o artesanal se debe principalmente al hecho de que, habiendo experimentado un crecimiento del trece por ciento de la industria artesanal en 2011, el crecimiento del doce por ciento en 2012 y un crecimiento del dieciocho por ciento en 2014, las empresas cerveceras multinacionales empezaron a imitar los estilos artesanales y adquirir cervecerías pequeñas e independientes. Desde 2010, por ejemplo, Anheuser-Busch InBev ha comprado Elysian Brewing Company, en Seattle (Washington), Goose Island Beer Company de Chicago y una variedad de cervecerías que anteriormente eran independientes. La artesanal Anchor Brewing ahora pertenece a la cervecería industrial japonesa Sapporo y, como indicó João, «algunos de los grandes ahora tienen nuevos propietarios. El grupo Budweiser era de propiedad propia, pero ahora es una empresa más de AB InBev. Las cosas siempre están cambiando».

Las adquisiciones multinacionales se han convertido en algo tan común que la Asociación de Cerveceros, el grupo comercial de cervecerías artesanales de Boulder Colorado, presentó el «Sello de cervecero artesanal independiente». El objetivo principal de la iniciativa era crear una marca de certificación para ayudar a separar las cervecerías independientes de las que ya se han adquirido, y de esta manera revelar la propiedad de las empresas multinacionales que, según la Asociación de Cerveceros, «parecen estar deliberadamente intentando difuminar las líneas entre sus cervezas *crafty* o engañosas y las verdaderas cervezas artesanales de los pequeños e independientes cerveceros de hoy».

Por supuesto, no hay garantía de que los sellos o la propiedad independiente aseguren el futuro de los productos artesanales. Pero incluso si lo hicieran, si consideramos la combinación de incertidumbre, crecimiento sin precedentes, competencia intensa, exageración y disimulo que acechan a la industria artesanal, siegue existiendo la pregunta de si esas cervezas «innovadoras» que dependen de trucos llamativos representan la cultura cervecera estadounidense. Las cervezas «extremas» y los ingredientes sensacionales pueden ser excelentes para la comercialización a corto plazo, pero ¿se convertirán a largo plazo las «stout» de golosinas y las cervezas insoportablemente amargas en algo más que simples curiosidades?

Para mí, la mayor medida de lo que significa y seguirá significando la cerveza para los Estados Unidos se define por lo que entra en los hogares americanos. En mi casa, las cervezas que más aprecio provienen de la elaboración de Anchor, pero si realmente quiero algo artesanal, la hago yo mismo. En Estados Unidos, la práctica ilegal de fermentar cerveza en casa fue legalizada nuevamente en 1978 por el presidente Jimmy Carter. Desde entonces, una amplia comunidad de americanos ha elaborado sus propias cervezas en casa, experimentando con diferentes maltas, levaduras y lúpulos a medida que estuvieron disponibles. La primera cerveza casera que tomé fue, de hecho, elaborada por nada más y nada menos que el propio João Alameida cuando todavía éramos estudiantes del departamento de arte de la Universidad de California, a pesar de tener que filtrar pequeños trozos de lúpulo con un colador, la experiencia no fue terrible. Recordando esta vivencia, nos reímos y su pequeña hija, Amelia (Mia) Rosa, nos mira muy atenta y mientras agita sus pequeñas manos se ríe con nosotros. Mis experimentos personales en la elaboración de cerveza artesanal comenzaron poco después, aunque en lugar de leer sobre la ciencia y el método, preferí recrear los primeros hogares coloniales cuyo conocimiento sobre el misterio de la fermentación era limitado en el mejor de los casos. Esa cerveza, elaborada con los ingredientes y el equipo incorrectos, tampoco fue terrible y me animó a seguir trabajando en mi aventura. Desde entonces, tanto João Alameida como yo hemos mejorado considerablemente nuestras habilidades como cerveceros, y con cada botella que preparo, siento un gran sentido de patriotismo «ya que yo también estoy ayudando a avanzar en la historia de la cultura cervecera de los Estados Unidos». Y como ningún capítulo sobre la elaboración de cerveza estaría completo sin una receta verdaderamente americana, he decidido incluir una cuya importancia histórica no se puede negar.

RECETA. CERVEZA DE MIEL DE LA CASA BLANCA

Al igual que Thomas Jefferson y George Washington antes que él, el presidente de Estados Unidos, Barack Obama, disfrutaba de la cerveza. La receta, publicada en 2012, fue elaborada por Sam Kass, ex chef de la Casa Blanca y director ejecutivo de la campaña «Let's Move» de la primera dama Michelle Obama para ayudar a combatir la obesidad infantil. Si bien la idea del presidente preparando una olla de mosto caliente es ciertamente divertida, fue el propio Sam Kass quien elaboró una cerveza ámbar —y también otro del tipo «porter»— utilizando miel preparado por la Casa Blanca. Me he tomado la libertad de simplificar la receta para los cerveceros aficionados.

Ingredientes fermentables

3,2 kilos de extracto líquido de malta o (alternativamente) 2,7 kilos de extracto seco de malta • 450 gramos de malta «Amber» o tostada (entre un color de 60 o 125 EBC) • 300 gramos de malta «Biscuit» • 450 gramos de miel (hervir durante 5 minutos o menos) • 6 gramos de azúcar o dextrosa por litro de cerveza terminada.

Lúpulo

40 gramos de lúpulo East Kent Golding (hervir durante 60 minutos) • 40 gramos de lúpulo Fuggles or East Kent Golding (hervir 1 minuto).

Levadura

«Wlp007» Dry English Ale (1 tubo) o un paquete de Safale S-04 (11,5 gramos), fermentar entre 16 y 20 grados durante 14 días.

Utensilios

Una olla grande, de un tamaño de doce litros o más • Un contenedor para la fermentación con «airlock» y espita, de un tamaño de 25 litros o más • Botellas limpias y chapas para embotellar • Un segundo contenedor de 25 litros, con espita, para embotellar.

THE WHITE HOUSE

HONEY ALE

BREWED WITH WHITE HOUSE HONEY

WASHINGTON, DC SEPTEMBER 1, 2012

INGREDIENTS

2 (3.3 lb) cans light malt extract

1 lb light dried malt extract

12 oz crushed amber crystal malt

8 oz Biscuit Malt

1 lb White House Honey

1 ½ oz Kent Goldings Hop Pellets

1 ½ oz Fuggles Hop pellets

2 tsp gypsum

1 pkg Windsor dry ale yeast

¾ cup corn sugar for priming

Llene una olla de doce litros (o más) con seis litros de agua y caliéntelos a una temperatura de 66-67° C. Cuando el agua haya alcanzado la temperatura correcta, deje reposar los granos en una bolsa de malla fina. Retire los granos después de treinta minutos. Añada el extracto de malta y seguidamente hierva el mosto dulce.

Cuando el mosto esté hirviendo, añada los primeros 40 gramos de lúpulo Kent Goldings y deje que el mosto hierva durante sesenta minutos. Cuando queden cinco minutos (o menos) para terminar la cocción, añada la miel, y en el último minuto eche los últimos 40 gramos de lúpulo Fuggles.

Cuando el mosto haya terminado de hervir, añada ocho litros de agua fría en el contenedor de fermentación y, luego, el mosto caliente en él. Llene el fermentador con más agua para alcanzar un total de 19 litros. No es necesario filtrar la mezcla. Añada la levadura cuando la temperatura del mosto esté entre 16-23° C. Llene el «air-lock» del recipiente de fermentación con agua o una solución alcohólica.

Deje que el mosto fermente entre 16-23° C durante unas dos semanas. Para embotellar, transfiera la cerveza terminada al recipiente de embotellado (sin agitar la cerveza), calcule los litros finales y disuelva el azúcar o la dextrosa, mezclando cuidadosamente la cerveza terminada con una cuchara grande y limpia. Con la espita, pase la mezcla a las botellas y ciérrelas con tapones. Deje reposar entre dos y tres semanas a 16-23° C.

Disfrute de la cerveza terminada, naturalmente carbonatada, en un vaso alto, y mientras lo hace, brinde la amistad y por João Alameida.

*   *   *

La Declaración de Independencia de los Estados Unidos ilustrada. Diseñado por R. Thayer, e impreso por L. Prang & Co., Boston, 1861 [Library of Congress].

VIII
BLACK & WHITE

La bandera americana, el juramento de lealtad, el águila calva, la Estatua de la Libertad, el Monte Rushmore, la campana de la libertad, el retrato de George Washington... Puedo recordar fácilmente todos los símbolos patrios que decoraban las aulas de mi infancia.

Cuando era pequeño, nuestros profesores hicieron un gran esfuerzo para asegurarse de que nosotros, los estudiantes, entendiéramos la importancia de esas imágenes, aunque en general, las más impactantes para mí eran aquellas cuyos significados no eran difíciles de entender. Fue fácil comprender, por ejemplo, por qué el águila calva —un pájaro que era deslumbrante, enorme y feroz, y uno que yo había visto volar sobre los pinos de California— se convirtió en un símbolo emblemático de los Estados Unidos. El símbolo patriótico más memorable de mi juventud, sin embargo, resultó ser uno que tenía en casa. Como todos los niños americanos, el símbolo que más vi fue uno que mi madre normalmente encontraba esparcido por mi habitación, metido en mis bolsillos, cubriendo los estantes de mi biblioteca o mezclado con las cajas de juguetes y crayones: el penique de cobre.

El «penique» fue la primera moneda americana en presentar el rostro de un presidente de los Estados Unidos, algo que no se puso en práctica hasta 1909. Y de la misma manera que supe que el rostro de George Washington

Un centavo de 1909 con la efigie de Abraham Lincoln.

adornaba el billete de un dólar, también llegué a comprender que el perfil de Abraham Lincoln era la imagen central de la moneda de un centavo. Era una cara con la que estaba muy familiarizado, porque en la década de 1980, no se podía comprar mucho con un centavo —o incluso con un puñado de centavos—, por lo que tendían a amontonarse en mis bolsillos, convirtiéndose en la moneda más abundante de entre mis pequeñas posesiones. Y aunque no sabía absolutamente nada sobre quién era presidente actual en ese momento, podía decirle a cualquiera que quisiera escuchar que la moneda de un centavo representaba a Abraham Lincoln, el decimosexto presidente de la nación y el hombre que había liberado a los esclavos en la Guerra Civil estadounidense. Sin embargo, hay que admitir que no es como si realmente entendiera (a esa edad) lo que significaba el legado de Abraham Lincoln en el panorama general de la historia del país.

No importa cuán familiar sea la cara del centavo, ningún niño de seis, siete, ocho o nueve años será consciente de la importancia del logro de Abraham Lincoln. Incluso cuando era mayor, nunca sentí que comprendiera completamente la gravedad de una guerra que dividía al país y determinaba el futuro de millones de sus ciudadanos. Hasta donde yo sabía, Lincoln había sido presidente de una nación que, entre 1861 y 1865, se había dividido en norte y sur. Recuerdo haber leído el inspirador discurso de Lincoln en Gettysburg, el 19 de noviembre de 1863, en el que declaró que: «Ochenta y siete años hace que, nuestros padres crearon en este continente una nueva nación, concebida bajo el signo de la libertad y consagrada al principio de que todos los hombres nacen iguales.» Y también recuerdo cómo nuestro profesor de historia explicó que los estados del sur, que habían luchado para mantener la esclavitud, perdieron contra los ejércitos del norte, lo que dio resultado a lo que Lincoln había esperado que fuera una época nueva y el renacimiento de un gobierno duradero «del pueblo, por el pueblo y para el pueblo». Pero mi comprensión no fue mucho más allá de la idea de que había buenos y malos, y Lincoln, junto con los buenos, había ganado.

Y lo entiendo. La esclavitud no es una materia fácil de enseñar. Pero al mismo tiempo, ¿cómo podemos esperar que los estadounidenses comprendan su propia cultura si el núcleo de la Guerra Civil Americana, uno de los episodios más importantes en la historia de la nación, no se aparta de una narrativa sobre dos lados: el norte noble y el villano sur? Sin lugar a duda, Abraham Lincoln está a la vanguardia de este momento histórico y merece ser el rostro que todo niño norteamericano pueda reconocer y sin dudarlo un momento. Pero comprender cómo Lincoln cambió la nación es imposible, sin conocer un *tercer* lado de la Guerra Civil... el de los esclavos.

Los esclavos, ya fueran traídos de África o nacidos en suelo americano, fueron el foco de un conflicto conformado por millones de hombres y mujeres que, durante cuatro años, estuvieron atrapados entre dos ejércitos que lucharon brutalmente por el futuro de la nación. Pero debido a que su papel en la sociedad norteamericana era el de proporcionar mano de obra (y poco más), frecuentemente sus voces se pierden en conversaciones sobre la historia de la Guerra Civil. Lo que ofrece su perspectiva es un vistazo de una experiencia americana que a menudo se ignora; una experiencia que existió tanto antes, durante y después de la Guerra Civil y que proporciona una comprensión más clara de cómo Abraham Lincoln influyó en el desarrollo de los Estados Unidos, y cómo esa influencia sigue siendo relevante hoy.

* * *

UNA MANCHA ESPANTOSA

La esclavitud siempre ha sido incompatible con los principios americanos establecidos por la Declaración de Independencia de los Estados Unidos. Redactado en 1776, el documento histórico reafirma la creencia de que «los hombres son creados iguales», estableciendo firmemente que todos los americanos «son dotados por su Creador de ciertos derechos inalienables». Más que una declaración política no recurrente, el llamado común de «la vida, la libertad y la búsqueda de la felicidad» aparece con frecuencia en los escritos de los padres fundadores de la nación, y es algo que llegó a influir sus opiniones sobre el uso de la esclavitud en la historia temprana de los Estados Unidos. En una carta a William Short el 8 de septiembre de 1783, Thomas Jefferson, uno de los principales autores de la Declaración de Independencia, reconoció que la existencia continuada del trabajo forzoso en los Estados Unidos era «una mancha espantosa [...] lo sentimos y deploramos moral y políticamente, y buscamos, sin desesperación total, algún medio redentor que todavía no se ha previsto específicamente. Me alegra creer que la convicción de la necesidad de eliminar este mal gana terreno con el tiempo». George Washington, igualmente, expresó a Robert Morris el 12 de abril de 1786, que «solo puedo decir que no hay un hombre vivo que desee más sinceramente que yo, que se adopte un plan para su abolición». Sin embargo, a pesar de su oposición a la trata de esclavos, ambos lograron tolerar la práctica al poseer cientos de esclavos en sus respectivas propiedades. En lugar de desmontar un sistema que había existido en las colonias de América del Norte desde 1619, hombres como Jefferson o Washington confiaban en que el país cambiaría de dirección con el tiempo. Y es cierto que, con el tiempo, estados como Vermont, Pensilvania y Massachusetts invocaron reformas para limitar o eliminar la «mancha espantosa». Pero, a pesar de que el movimiento abolicionista ganó apoyo gradualmente, muchos estados se negaron a ceder la esclavitud.

A partir de esta rivalidad entre abolicionistas y esclavistas se publicaron las primeras narraciones históricas que detallan las realidades de la vida esclava. Estos relatos generalmente se escribieron desde una perspectiva en primera persona, basándose en las vidas de esclavos que habían logrado escapar a estados «libres», y eran textos destinados a subrayar las diferencias fundamentales entre los privilegios que podría tener una familia americana blanca y las dificultades sufridas por hombres y mujeres afrodescendientes. Una de las primeras narraciones americanas sobre esclavos, una autobiografía de 1825, *Life of William Grimes, the Runaway Slave*, por ejemplo, reveló que, a pesar de ser hijo de un hombre blanco, la ley dictaba que su vida discurriera en esclavitud:

Venta de esclavos en Charleston, Carolina del Sur, publicada en 1856 [Library of Congress].

Estampida de esclavos de Hampton a Fortress Monroe, publicado en *Harper's Weekly* en 1861 [Library of Congress].

> Nací en el año 1784, en J---, Condado de King George, Virginia; en una tierra que se jacta de su libertad y bajo un gobierno cuyo lema es Libertad e Igualdad. Todavía nací esclavo. Mi padre, ---, era uno de los plantadores más ricos de Virginia. Tuvo cuatro hijos; dos por su esposa, uno, yo mismo, por un esclavo del doctor Steward, y otro por su propia sirvienta. En todos los Estados esclavistas, los niños siguen la condición de su madre; de modo que, aunque en realidad era hijo de ---, era legalmente bastardo y esclavo, y era propiedad del doctor Steward.

William Grimes lamentó que, incluso antes del nacimiento, se determinó que los hombres y mujeres afrodescendientes servirían a su país no como ciudadanos, sino como una mercancía. Otro exesclavo, Frederick Douglass, compartió este sentimiento en su autobiografía, *Narrative of the Life of Frederick Douglass* (1845), y no solo detalló las leyes que establecían cómo los hijos de mujeres esclavas también a su vez se convertían en esclavos, sino que profundizó en detalle sobre las dificultades de las plantaciones donde el esclavista era a la vez amo y padre de sus trabajadores. Según Douglass, tal situación empeoraba las desgracias de esos niños mestizos, ya que, al ser una fuente de infidelidad y vergüenza para la dueña del hogar, los niños «mulatos» recibirían un castigo más severo si la dueña sospechaba que estaban recibiendo un trato favorable. Douglass comentó como, en estos casos...

> El amo se ve obligado con frecuencia a vender esta clase de esclavos por deferencia a los sentimientos de su esposa blanca; y, por cruel que la acción pueda parecerle a cualquiera, que un hombre venda a sus propios hijos a traficantes de carne humana, a menudo es el dictado de la humanidad que lo haga; porque, a menos que haga esto, no solo debe azotarlos él mismo, sino que debe quedarse quieto y ver a un hijo blanco atar a su hermano, de tez pocos tonos más oscuros que él, y golpear su espalda desnuda con el látigo sangriento; y si balbucea una palabra de desaprobación, se atribuye a la parcialidad de sus padres, y solo empeora las cosas, tanto para él como para el esclavo a quien protegería y defendería.

En lo que respecta a las relaciones familiares, los esclavos no disfrutaron de las mismas experiencias que tuvieron muchas familias americanas contemporáneas. Según su *Narrative*, Frederick Douglass nunca llegó a conocer a su verdadero padre, pero durante su juventud había oído rumores entre los esclavos de que era el hijo de su amo. En cuanto a su madre, Douglass la había visto cuatro o cinco veces en su vida, siendo propiedad de otro esclavista, y comentó que «la muerte pronto acabó con lo poco que podíamos tener mientras ella vivía, y con ello sus penurias y sufrimiento. Murió cuando yo tenía unos siete años [...] No se me permitió estar presente durante su enfermedad, su muerte o su entierro». De manera similar, otro autor, Booker T. Washington, reveló que no sabía casi nada de su ascendencia. En su autobiografía *Up from Slavery* (1900), recordó que, en algún momento de su juventud, su madre mantenía contacto con un medio hermano y una media hermana, pero que él nunca había conocido a su padre, explicando que «en los días de la esclavitud no mucho se prestó atención a la historia y los registros familiares, es decir, los registros familiares negros». Hizo hincapié en que a los esclavos no se les permitía tener lazos familiares, y eran tratados más a menudo como ganado que como personas. Washington hizo varias comparaciones al respecto, explicando, por ejemplo, que la compra de su madre había recibido poca importancia, generando «tanta atención como la compra de un nuevo caballo o vaca», y que en su plantación «los niños recibían su comida igual como los animales ignorantes obtienen los suyos».

Tratado como propiedad y sin la oportunidad de experimentar la vida que tantos niños daban por sentada, Booker T. Washington se hizo cada vez más consciente de la disparidad de privilegios entre los que trabajaban en la plantación y los que vivían en la «casa grande». Cuando era niño, el colmo de sus esperanzas y ambiciones había sido, un día (si alguna vez logró escapar de la vida en la plantación) comer el mismo tipo de manjares que otros niños comían, mientras que, de adolescente, por ese tiempo un hombre libre, simplemente esperaba recibir una educación. Frederick Douglass igualmente envidiaba los privilegios básicos que otros tenían, ya que no tenía zapatos, calcetines, chaqueta ni pantalones para combatir el frío del invierno, usaba un saco como manta durante las noches, dormía en el suelo y sufría constantemente de hambre. Sin embargo, según su *Narrative,* su mayor fuente de sufrimiento era la sensación de miedo constante. Temía a la violencia por parte del supervisor de la plantación, y aunque logró evitar los peores castigos durante su tiempo como esclavo, Douglass describió gráficamente los latigazos que había presenciado cuando era niño, y el impacto traumático que la experiencia había dejado en él...

> A menudo me han despertado al amanecer los gritos desgarradores de una tía mía, a quien solían atar a una viga y azotar su espalda desnuda hasta que quedó literalmente cubierta de sangre. Ninguna palabra, ni lágrimas, ni oraciones, de su víctima sangrienta, pareció ablandar su corazón de hierro de su propósito sangriento. Cuanto más fuerte gritaba, más fuerte azotaba él; y donde la sangre corría más rápido, allí azotaba más tiempo. La azotaría para hacerla gritar y la azotaría para hacerla callar; y hasta que, vencido por la fatiga, no dejaría de usar la herramienta de piel de vaca coagulada en sangre. Recuerdo la primera vez que presencié esta horrible exposición. Yo era todo un niño, pero lo recuerdo bien. Nunca lo olvidaré mientras recuerde algo. Fue el primero de una larga serie de tales atropellos, de los que estaba condenado a ser testigo y participante. La experiencia me golpeó con una fuerza terrible. Era la puerta manchada de sangre, la entrada al infierno de la esclavitud, por la que estaba a punto de pasar. Fue un espectáculo terrible. Ojalá pudiera comprometer por escrito los sentimientos con los que lo contemplé.

Aunque descripciones vívidas, como la de Frederick Douglass, claramente sirvieron a una agenda abolicionista y corrían el riesgo de ser descartadas como propaganda, los relatos de violencia física fueron posteriormente respaldados por pruebas más contundentes: la fotografía. Una foto en particular, tomada durante la Guerra Civil y comúnmente conocida como «Whipped Peter» (o Peter azotado), se publicó en *Harper's Weekly* y en periódicos de varios estados «libres» entre junio y julio de 1863. En un artículo titulado «Picture of a Slave» del periódico de Boston *The Liberator*, la foto iba acompañada del testimonio del cirujano del primer regimiento de Luisiana, quien, al ver la fotografía de «Whipped Peter», se la pasó a su hermano con la confirmación que había visto cientos de casos similares, «así que no son nuevos para mí; pero puede que sea nuevo para ti. Si conoce a alguien que hable sobre la forma humana en que se trata a los esclavos, enséñeles esta imagen. Es un sermón en sí misma». Dichos materiales ayudaron a persuadir a los americanos de que los hombres y mujeres esclavizados se trataban con crueldad y, ante todo, como bienes fungibles, en lugar de personas.

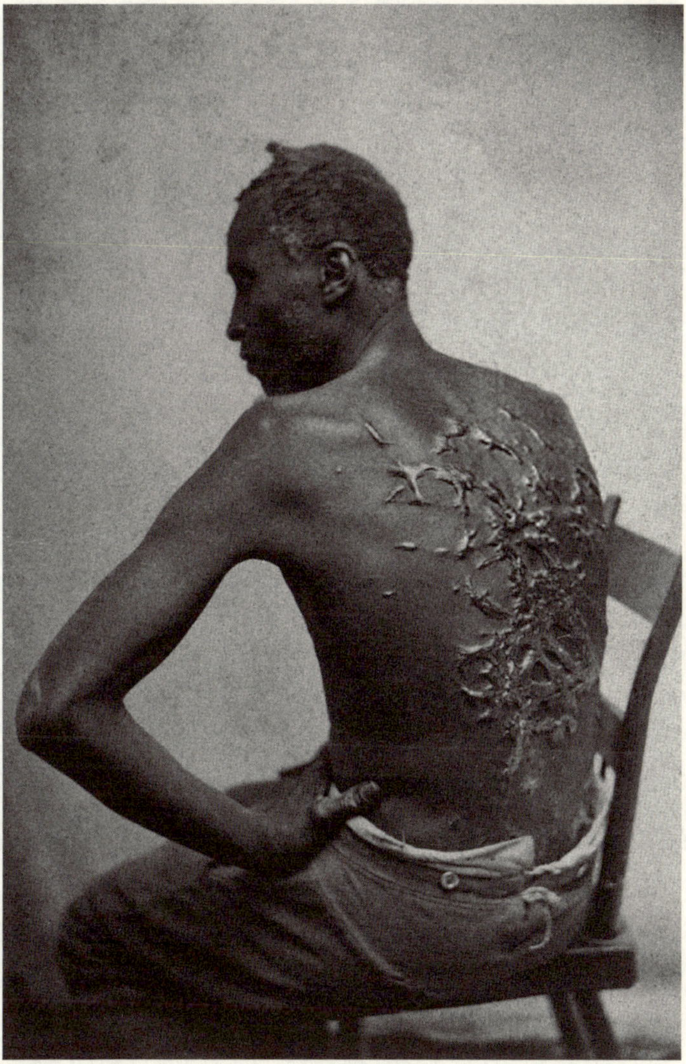

Esclavos blancos y negros de Nueva Orleans. Postal de MH Kimball publicada en 1863. En la parte posterior reza: Las ganancias netas de la venta de estas fotografías se destinarán a la educación de personas de color en el Departamento del Golfo, ahora bajo el mando del General de División Banks [Library of Congress].

SERVICIO

Los primeros legisladores de Estados Unidos no lograron prohibir la esclavitud en una tierra fundada sobre las nociones de libertad e igualdad, pero hay (al menos) alguna evidencia en la Constitución que sugiere que se hizo un gran esfuerzo para limitar la influencia de los estados esclavistas. Los esclavos, al ser propiedad de otros, no tenían derechos de ningún tipo, pero los estados del sur esperaban que formaran parte del censo estatal. El beneficio de esto fue que, al tener una población más grande, los estados esclavistas tendrían un mayor grado de representación en la Cámara de Representantes. Los delegados del norte, sin embargo, solo querían contar a los ciudadanos libres, y sentían que usar a hombres y mujeres esclavizados como una herramienta para ganar poder político era un abuso. Con el fin de evitar un conflicto directo, se estableció el «compromiso de las tres quintas partes», una sección de la Constitución que aseguraba que, a pesar de que los estados esclavistas tenían una influencia considerable en la política americana, solo podrían contar una porción de tres quintos de su población esclava para el censo.

Otras partes de la Constitución de los Estados Unidos favorecían claramente a la política esclavista. La «cláusula de la trata de esclavos», por ejemplo, prohibía cualquier impedimento a «la migración o importación de las personas que cualquiera de los Estados que ahora existen considere apropiado admitir» antes de 1808, mientras que la «cláusula de esclavos fugitivos» requería que los esclavos fugitivos fueran devueltos a sus dueños. Ese apoyo no terminó con la creación de la Constitución tampoco. La Ley de Naturalización de 1790, por ejemplo, negó a los inmigrantes negros el derecho a convertirse en ciudadanos naturalizados, y la Ley de Milicias del 8 de mayo no permitió que los negros libres sirvieran en el ejército de los Estados Unidos. Adicionalmente, la Ley de esclavos fugitivos de 1850 aumentó la penalización para los funcionarios estatales que no cooperaron en la recuperación de esclavos fugitivos, y la Ley de Kansas-Nebraska de 1853 abrió oportunidades para introducir la esclavitud en el oeste americano.

Sin embargo, a pesar de estas leyes, la expansión de la esclavitud no se desarrolló sin confrontación. El surgimiento de grupos políticos abolicionistas, entre ellos, el Partido Republicano, las legislaturas estatales del norte destinadas a bloquear la creación de nuevos territorios esclavistas, un intento (fallido) de provocar una revuelta masiva de esclavos, y la victoria presidencial del candidato republicano Abraham Lincoln en noviembre de 1860... todos estos acontecimientos intensificaron la lucha por el control político. Temiendo la intervención abolicionista a través de la presidencia de Abraham Lincoln y previendo un giro político que podría paralizar o eliminar una industria agrícola que —hasta ese momento en la historia de Estados Unidos— había dependido del trabajo esclavo, el 20 de diciembre de 1860, los estados de Carolina del Sur, Mississippi Florida, Alabama, Georgia, Luisiana y Texas se separaron de la Unión Americana. Después de que comenzaron las hostilidades en Fort Sumter el 12 de abril de 1861, se separaron también los estados de Virginia, Arkansas, Tennessee y Carolina del Norte – uniéndose a lo que se convirtió en los Estados Confederados de América.

La guerra contra los estados del norte no facilitó la vida de los esclavos. En 1937, Tines Kendricks, un exesclavo de Georgia y uno de los más de dos mil trescientos exesclavos entrevistados durante la Gran Depresión por el «Federal Writers' Project» de la «Works Progress Administration», explicó:

> Verá, exigieron a todos los dueños de esclavos que enviaran tantos negros al ejército para trabajar cavando trincheras y levantando los parapetos y reparando los ferrocarriles que los yanquis habían des-

> truido. Se requería que cada amo enviara un negro por cada diez que tuviera. Si tenías cien negros, tenías que enviar diez de ellos al ejército. Yo era uno de ellos... Ese fue el peor momento que este negro de aquí jamás vio… y la forma en que esos hombres blancos nos conducían a los negros, fue algo horrible. El látigo, iba desde antes del día hasta mucho después de la noche. Los negros, montones de ellos, simplemente cayeron en seco y se rindieron y esos hombres blancos les pusieron el látigo en la espalda sin cesar. Así era exactamente con esos negros como yo, que trabajaban en el ejército.

El exesclavo Jacob Stroyer, en su publicación de 1898, *My Experience in the Civil War,* proporcionó un relato parecido. Según el texto, seis mil a ocho mil esclavos se reunieron de diferentes plantaciones en cada estado esclavista para ayudar a los estados del sur a luchar contra el ejército del norte durante la Guerra Civil. En el caso de Stroyer, él fue uno de quince esclavos de la plantación cuya responsabilidad era ir a la guerra cada año, y aunque no lo colocaron en el ejército como soldado, se esperaba que los esclavos contribuyeran construyendo fortificaciones y trabajando en barcos de guerra.

La experiencia de guerra de Stroyer fue similar a la de miles de otras. Trabajando en Sullivan's Island y Fort Sumter entre 1861 y 1864, vivió en condiciones insoportables y fue testigo tanto de asesinatos como palizas, mientras esperaba el momento en el que «el camino y el tiempo de Dios, cómo y cuándo esto, como cualquier otro acto incorrecto, sería visitado con su justicia infalible». Sin embargo, a pesar de su esperanza y expectativa de que algún día llegaría la justicia, Stroyer corría peligro a diario. A medida que las fuerzas de la Unión dañaban las fortificaciones confederadas, se esperaba que los esclavos hicieran reparaciones y prepararan barreras improvisadas contra el bombardeo con cestas llenas de arena. Stroyer escribió:

> Los negros estuvieron principalmente expuestos al bombardeo. La única vez que los pocos soldados confederados estuvieron expuestos al peligro fue mientras colocaban los caballos de Frisia en el parapeto por la noche [...] Si mis lectores hubieran estado en Fort Sumter en el verano de 1864, habrían escuchado al centinela gritar, cada cinco minutos: «¡Cuidado! ¡Mortero!» Entonces habrían visto a los negros corriendo por el patio del fuerte en un estado confuso, buscando lugares a salvo del misil que seguramente traía la muerte a uno o más de ellos. Otros cinco minutos, y nuevamente el grito del centinela, «Cuidado», significa un caparazón de loro, que es mucho más mortal que el mortero porque llega tan rápido que uno no tiene la oportunidad de buscar un lugar seguro. Al momento siguiente, nosotros los supervivientes, esperando que fuera nuestro turno, recogerían, aquí y allá, partes de los cuerpos cortados de nuestros compañeros negros; muchos de esos cuerpos tan mutilados que no se los reconocía [...] Y mientras que la destrucción de la vida fue disminuida por la arena, fue completamente compensada por la mano de aquel bruto, el supervisor. Solo Dios sabe cuántos negros mató en Fort Sumter bajo la sombra de la noche. A cada uno que alcanzaba, mientras obligaba a los esclavos a volver a la posición de trabajo después de haber sido esparcidos por los proyectiles, golpeaba en la cabeza con el trozo de hierro que llevaba en la mano y, mientras su víctima caía, él gritaba a algún otro negro, «Pon a ese tipo en su caja», refiriéndose a su ataúd.

Stroyer nunca supo si los oficiales superiores de Fort Sumter sabían que los hombres, como el supervisor, habían estado matando a los esclavos o si simplemente no les importaba. Independientemente de esa duda, contra su voluntad, los esclavos en el frente arriesgaron la vida para ayudar y proteger a los hombres que los habían esclavizado.

Algunos esclavos lograron escapar del sur durante la guerra. De los exesclavos entrevistados por la «Works Progress Administration» en 1937, Boston Blackwell, explicó que después de servir en Georgia y Arkansas, se escondió en el bosque con otro esclavo y viajó durante dos días y dos noches —sufriendo frío y hambre— antes de encontrar su camino hacia el campamento «yanqui» de los ejércitos del norte. Según el relato de Blackwell, una vez que llegó a las fuerzas armadas de la Unión, sus «problemas habían terminado» porque «si podías llegar al campamento de los yanquis, eras libre». Muchos de los que continuaron en las plantaciones del sur, sin embargo, no recibieron el avance del ejército yanqui de la misma manera. Andrew Moss, un exesclavo de Georgia, señaló que tanto la Unión como los ejércitos confederados se habían alimentado de las plantaciones, llevando cualquier alimento disponible en los graneros, sótanos y ahumaderos, hasta el punto de que esclavos, como su abuela, tuvieron que «ir al ahumadero, y raspar la tierra donde había caído la carne y llévala a la casa para sazonar». Ike Derricote, otro esclavo georgiano, explicó que a medida que avanzaban los yanquis, traían viruela e instalaron casas de enfermos. Sin embargo, los relatos más sorprendentes de las entrevistas de la «Works Progress Administration» son los de esclavos que ni denunciaron a sus dueños por los años de subyugación ni criticaron el papel del sur en la guerra.

El exesclavo de Mississippi, Charlie Davenport, detalló cómo el miedo al avance del norte hizo que muchos de los propietarios de las plantaciones quemaran la cosecha de algodón del año para que el enemigo «no pudiera llevarlo». Davenport recordó su angustia por tener que quemar algo que había costado tanto esfuerzo producir, y al considerar el resultado de la guerra, depreció el valor de la libertad porque «las personas que eran libres estaban en la miseria primero de una manera y luego de otra». Mack Brantley, esclavizado en Alabama, explicó que cuando llegaron los yanquis, incendiaron las casas de la plantación antes de golpear a los esclavistas para averiguar dónde habían escondido la fortuna familiar. En su relato, Brantley afirmó que «toda persona de color del lugar sabía dónde estaba enterrada el tesoro. Algunos lo plantaron. No lo contaban». Una esclava de Carolina del Sur, Rivana Boynton, relató cómo —cuando llegaron los ejércitos del norte— la «señora» de la plantación les dijo a los esclavos que tenían que suplicar por la vida de los dueños, declarar que los habían tratado bien y que les habían dado carne para comer. En lugar de revelar la verdad de las condiciones en la plantación, los esclavos suplicaron por la vida de su dueño, salvando efectivamente a la mujer.

Algunos esclavos dieron razones por la lealtad y el apego que mostraban hacia sus amos y sus plantaciones. En su entrevista con la WPA, un esclavo de Carolina del Norte, Andrew Boone, explicó que la razón principal por la que había cooperado con los «rebeldes» e hizo lo que le dijeron, fue por miedo. Sus dueños le habían dicho que los soldados del norte los tratarían peor de lo que normalmente eran tratados, que les harían agujeros en los hombros y harían que tiraran de carros, o incluso los matarían. Fue solo cuando Boone finalmente llegó a ver los yanquis que se dio cuenta de que los tratarían «bien». Sin embargo, la explicación más reveladora de por qué algunos esclavos defendieron a sus antiguos amos pertenece a Frederick Douglass, de su autobiografía de 1845...

> [...] los esclavos, cuando se les pregunta sobre su condición y el carácter de sus amos, casi universalmente dicen que están contentos y que sus amos son amables. Se sabe que los propietarios de esclavos enviaron espías entre sus esclavos para averiguar sus opiniones y sentimientos con respecto a su condición. La frecuencia de esto ha tenido el efecto de establecer entre los esclavos la máxima, que una lengua quieta hace sabia la cabeza. Suprimen la verdad en lugar de asumir las consecuencias de decirla, y

> al hacerlo demuestran que forman parte de la familia humana. Si tienen algo que decir de sus amos, generalmente es a favor de sus amos, especialmente cuando hablan con un hombre inexperto. Con frecuencia me han preguntado, cuando era esclavo, si tenía un amo amable, y no recuerdo haber dado nunca una respuesta negativa; ni yo, al seguir este camino, me consideré diciendo lo que era absolutamente falso; porque siempre medí la bondad de mi amo por la norma de bondad establecida entre los esclavistas que nos rodeaban. Además, los esclavos son como otras personas y se empapan de prejuicios bastante comunes a los demás. Piensan que los suyos son mejores que los de los demás. Muchos, bajo la influencia de este prejuicio, piensan que sus propios amos son mejores que los amos de otros esclavos; y esto también, en algunos casos, cuando ocurre lo contrario. De hecho, no es raro que los esclavos incluso se peleen y se discuten entre ellos por la bondad relativa de sus amos, cada uno luchando por la bondad superior de los suyos sobre la de los demás. Al mismo tiempo, execran mutuamente a sus amos cuando se los ve por separado.

Douglass continuó con su explicación, indicando que como —esclavo— había presenciado disputas sobre quién era un mejor amo que, luego, se convertían en peleas. El ganador de esos enfrentamientos consideraría que habían demostrado su punto. Según Douglass, no era que ser un esclavo fuera bueno, sino que los esclavos estaban condicionados a creer que tener un amo que era malo o pobre era mucho más vergonzoso.

LIBERTAD

Los esfuerzos combinados de los generales Ulysses S. Grant y William Sherman hicieron posible una victoria norteña. A través de brutales campañas militares, Grant desgastó al general del sur Robert Lee y al ejército confederado, mientras que Sherman lideró las fuerzas de la Unión en una «marcha hacia el mar» desde Atlanta a Savannah (Georgia), reclamando las fábricas de municiones, suministros y fundiciones, y privando al Ejército confederado de valiosos recursos. Pero a pesar de que estos hombres cambiaron el curso de la guerra, el nombre que los esclavos realmente celebraron fue el de Abraham Lincoln. Aparte de ser el líder de aquellos territorios que trabajaban para subvertir la esclavitud, sus acciones como presidente de la Unión llevaron a la emisión de la orden ejecutiva más influyente sobre la esclavitud en la historia de los Estados Unidos —poniendo en marcha una legislación que finalmente ofreció libertad a los esclavos.

La Proclamación de Emancipación, introducida durante la Guerra Civil y justificada como acción estratégica destinada a salvar la Unión, entró en vigor el 1 de enero de 1863, y afirmó que...

> [...] todas las personas mantenidas como esclavas dentro de cualquier Estado, o parte designada de un Estado, el pueblo cuyo pueblo se rebelará contra los Estados Unidos será entonces, de ahí en adelante, y para siempre libre; y el gobierno ejecutivo de los Estados Unidos, incluida la autoridad militar y naval del mismo, reconocerá y mantendrá la libertad de dichas personas, y no realizará ningún acto o actos para reprimir a dichas personas, o cualquiera de ellas, en cualquier esfuerzo que puedan realizar por su libertad real.

Libertad para los esclavos. Publicado en Nueva York por Currier & Ives entre 1863 y 1870 [Library of Congress].

Tras su introducción, las decenas de miles de esclavos que habían logrado escapar de los estados del sur quedaron inmediatamente libres por ley. Los hombres negros, a quienes no se les había permitido servir en el ejército, ahora tenían la oportunidad de ayudar a liberar a aquellos que permanecían cautivos en la Confederación. Y a medida que las fuerzas de la Unión atravesaron los territorios «rebeldes», miles más que alguna vez habían realizado trabajos forzados, también quedaron libres. Y aunque la Proclamación principalmente solo garantizó la libertad para los esclavos de los estados del Sur, las victorias de la Unión ayudaron a obtener suficiente apoyo para la ratificación de la Decimotercera Enmienda, que se aprobó el 31 de enero de 1865, y puso fin a la esclavitud legal en los Estados Unidos.

Los testimonios de exesclavos revelan el profundo impacto emocional que tuvo en ellos la Proclamación. Booker T. Washington, en su autobiografía de 1900, recordó el día en que con el resto de los esclavos, se le convocó a la «casa del amo» y escuchó a lo que presumía ser un oficial de los Estados Unidos explicar que todos los trabajadores, en ese momento, eran libres y podrían ir a donde quisieran. Siendo niño, no entendió del todo el largo discurso que le había dado, pero recordó que su madre «se inclinó y besó a sus hijos, mientras lágrimas de alegría corrían por sus mejillas. Nos explicó lo que significaba todo, que este era el día por el que había estado orando durante tanto tiempo, temiendo que nunca viviría para verlo». Green Cumby, esclavizado en Texas y entrevistado por la WPA, exclamó: «Escuché sobre la libertad y sentí que era el paraíso aquí en la tierra». Frederick Douglass, pronunciando una oración en memoria de Abraham Lincoln el 14 de abril de 1876, comentó...

> Nunca olvidaré esa noche memorable, cuando en una ciudad lejana esperé y miré en una reunión pública, con otros tres mil no menos ansiosos que yo,

> por la palabra de liberación que hemos escuchado leer hoy. Tampoco olvidaré jamás el arrebato de alegría y agradecimiento que rasgó el aire cuando el relámpago nos trajo la proclamación de la emancipación. En esa hora feliz olvidamos toda demora, y olvidamos toda tardanza, olvidamos que el presidente había sobornado a los rebeldes para que depongan las armas con la promesa de retener el relámpago que golpearía con destrucción al sistema esclavista; y desde entonces estuvimos dispuestos a permitirle al presidente toda la libertad de tiempo, fraseología y todos los recursos honorables que la habilidad política pudiera requerir para lograr una gran y benéfica medida de libertad y progreso.

Al describir al hombre detrás de la Proclamación de Emancipación, Douglass subrayó su opinión de que Lincoln había sido «preeminentemente el presidente del hombre blanco, enteramente dedicado al bienestar de los hombres blancos», que en ocasiones había «afligido, aturdido y desconcertado enormemente» a los hombres y mujeres que esperaban el fin de la esclavitud. Pero también lo identificó como un «gran y buen hombre» que había salvado el país para sus ciudadanos y librado a los esclavos «de una servidumbre, según Jefferson, en que una hora de la cual era peor que las épocas de la opresión en la que se levantaron sus padres en rebeliones para oponerse...»

La importancia de Lincoln, la Proclamación de Emancipación y la Decimotercera Enmienda no es simplemente que Estados Unidos, como consecuencia de una encarnizada Guerra Civil entre el norte y el sur, declaró ilegal la trata de esclavos. Es que, durante cientos de años, a millones de hombres y mujeres se les había negado su humanidad, y Abraham Lincoln se aseguró de que esta práctica —que contradecía los ideales americanos fundamentales de igualdad— no pudiera perdurar indefinidamente. Lincoln, a través de la Proclamación de Emancipación y la Decimotercera Enmienda, incluyó de golpe a innumerables hombres y mujeres negros en la sociedad, obligando al pueblo norteamericano a redefinir la noción de quién podría ser estadounidense.

Sin embargo, es importante tener en cuenta que Estados Unidos no experimentó un cambio revolucionario después de que el Sur se rindiera, porque la cuestión de quién podría ser estadounidense continuó, sin resolverse, más allá del final de la Guerra Civil, cuando entró en vigor la Ley de Derechos Civiles de 1866, invalidando las leyes que mantenían a los antiguos esclavos dependientes de sus antiguos dueños. Continuó en el período de la Reconstrucción, cuando Booker T. Washington expresó su consternación por una nueva sociedad cuya fundación se sentía «falsa», mientras deseaba algún plan, "que habría hecho la posesión de una cierta cantidad de educación o propiedad, o ambos, una prueba para el ejercicio de la franquicia, y una forma provista por la cual esta prueba debe aplicarse de manera honesta y directa a las razas blanca y negra».

La cuestión de quién podría ser estadounidense siguió sin resolverse cuando surgió el Ku Klux Klan, el grupo supremacista que —en los incidentes de la Guerra Kirk-Holden en 1870— asesinó a cientos de los habitantes de Carolina del Norte, y utilizó tácticas de terror para reprimir el voto de los afroamericanos y los republicanos blancos. Continuó sin resolverse cuando la activista Ida Wells, dando un discurso en Chicago, en enero de 1900, sobre la «Lynch Law in America», o «la ley no escrita de linchamientos», lamentó que «por ciertos delitos o presuntos delitos a ningún negro se le permite un juicio [...] y hoy, bajo este reinado de la "ley no escrita", ningún hombre de color, sin importar su reputación, está a salvo de un linchamiento si una mujer blanca, sin importar su posición o motivo, se preocupa por acusarlo de insulto o agresión».

Continuó sin resolverse en el siglo XX cuando a los negros se les negó el acceso a tiendas y restaurantes, o a las mismas escuelas, baños o incluso fuentes de agua potable que los estadounidenses blancos. Continuó mientras los negros se enfrentaban a la escasez de empleo y vivienda, y a los linchamientos en las comunidades donde seguían siendo un riesgo. Continuó cuando el activista Dr. Martin Luther King habló desde los escalones del Lincoln Memorial en la marcha de 1963 en Washington por el Empleo y la Libertad, y declaró...

Los exesclavos Bill y Ellen Thomas en Hondo,
22 de mayo de 1937 [Library of Congress].

> Hace cien años, un gran americano, en cuya sombra simbólica estamos, firmó la Proclamación de Emancipación. Este decreto trascendental vino como un gran faro de esperanza para millones de esclavos negros que se habían quemado en las llamas de una injusticia fulminante. Llegó como un alegre amanecer para poner fin a la larga noche de cautiverio. Pero cien años después, debemos enfrentar el trágico hecho de que el negro todavía no es libre. Cien años después, la vida del negro sigue tristemente paralizada por las esposas de la segregación y las cadenas de la discriminación.

Ha pasado más de medio siglo desde que el Dr. Martin Luther King marchó contra la segregación y la discriminación institucionalizada, una marcha que terminó, varios años después, con su asesinato.

En Estados Unidos no le damos suficiente importancia a estas realidades oscuras, sino que optamos por celebrar y conmemorar a Lincoln, la Proclamación de Emancipación, la Decimotercera Enmienda y hacer referencia al triunfo de nuestra nación sobre la esclavitud conformando símbolos que representan lo lejos que hemos llegado. Sin embargo, no importa cuántos recordatorios de cobre de la influencia histórica de Lincoln haya; un gran número de americanos todavía siente la sombra de un Estados Unidos que despojó a innumerables hombres y mujeres de su humanidad. Los símbolos no cambian el hecho de que el camino hacia la igualdad no ha terminado y que el pueblo norteamericano todavía le debe a Abraham Lincoln una respuesta a la pregunta que le hizo a la nación en 1863 y una vez más en 1865. Mi esperanza es que la nación llegue al punto en que, inequívocamente, la respuesta a esa pregunta —quién puede ser americano— sea simplemente: cualquier persona.

«*We sure liberated hell out this*» anotó en su diario un soldado estadounidense en Saint-Lô, Francia. La ciudad quedó prácticamente destruida durante batalla del 7 al 19 de julio de 1944 [Everett].

Soldados estadounidenses recorren la «Siegfried Line» en un carro «*dozer*» cerca de Roetgen, Alemania, el 28 de setiembre de 1944. Roetgen fue la primera ciudad alemana que tomaron las tropas estadounidenses durante la Segunda Guerra Mundial [Everett].

IX
WORLD WAR WOMEN

Como estadounidense, es difícil hablar sobre la Segunda Guerra Mundial sin hacer que mi fascinación por su historia suene a cliché. Pero el quid de la cuestión es que para millones de mis compatriotas (incluido yo mismo), el papel que tuvo Estados Unidos para poner fin a las hostilidades en todo el mundo es una fuente importante de orgullo nacional. En la historia de la Segunda Guerra Mundial, nosotros los estadounidenses nos vemos como protagonistas de una lucha entre el fascismo y la democracia, la tiranía y la libertad, el bien y el mal. A pesar de tener conciencia de las terribles realidades de la guerra, estamos orgullosos de nuestro servicio, nuestro sacrificio, y del papel que desempeñamos tanto en la caída de la Alemania nazi, como en la liberación de decenas de miles de prisioneros, y en la interrupción de los movimientos peligrosos, militares, nacionalistas y xenófobos en Europa y Japón. Ese sentimiento solo se magnifica por el hecho de que muchos familiares nuestros fueron soldados en esa guerra, y aterrizaron en Normandía, presenciaron el bombardeo de Pearl Harbor, o se enfrentaron cualquiera de los peligros que amenazaban a las fuerzas armadas estadounidenses por aire, mar o tierra.

Mi abuelo estuvo en la Segunda Guerra Mundial. Y aunque nunca tuve la oportunidad de preguntarle sobre sus experiencias, a lo largo de los años aprendí cómo él sir-

Un hombre menudo instala cables de control dentro del angosto fuselaje de un «Valiant» mientras una mujer trabaja de pie en el exterior. Planta de fabricación Vultee Aircraft Downey, California, 1942-43 [Everett].

vió en el ejército como médico con la segunda ola de soldados americanos, trabajando tanto en hospitales como en el frente, en Alemania y Francia, durante dos años. Al ser médico militar, era su deber no solo tratar a los miembros del ejército de los Estados Unidos, sino también a los soldados enemigos que habían sido heridos y capturados, incluso si eso significaba cuidar a los prisioneros hostiles de la guerra que no estaban dispuestos a rendirse, una eventualidad que supuestamente le llevó a pedirle a mi abuela que le enviara una navaja para la defensa propia. Pero por mucho que me gustaría honrar a mi abuelo por sus acciones durante la guerra, o incluir los testimonios de los millones que sobrevivieron a ese evento histórico, están aquellos americanos cuya influencia en la guerra a menudo se descuida.

Habitualmente, las figuras que solemos celebrar más son los hombres que dieron su vida para defender a Estados Unidos o aquellos que lograron enfrentarse a hostilidades letales y sobrevivir. Pero la historia de nuestro país no es solo sobre soldados o generales. Nuestro éxito como nación durante la Segunda Guerra Mundial se debió a las contribuciones de todos los ciudadanos norteamericanos, y entre los contribuyentes más importantes se encuentran los millones de mujeres que se unieron a la fuerza laboral de la nación para apoyar el esfuerzo de guerra, y aquellos que se ofreció como voluntario en el extranjero para ayudar a las fuerzas armadas en su momento de necesidad.

Entre 1941 y 1945, las mujeres asumieron importantes responsabilidades, trabajando en fábricas o sirviendo como pilotos, conductores, científicos, oficiales de inteligencia, enfermeras y operativos encubiertos. Se convirtieron en una parte fundamental del esfuerzo bélico, cruzando fronteras hacia lo que anteriormente habían sido las industrias «masculinizadas» de Estados Unidos. Tanto en suelo doméstico como en el extranjero, las mujeres asumieron los mismos riesgos y enfrentaron los mismos peligros que muchos trabajadores y soldados de nuestro

«¡También es mi guerra!», póster de reclutamiento para el Cuerpo Auxiliar del Ejército, 1943 [Everett].

ejército, mostrando una resistencia y valentía que era comparable a la de sus maridos, hermanos, primos, hijos y vecinos. Las mujeres eran heroínas, y considerando que una de las mujeres que contribuyó a la causa americana proviene de mi propia casa, ¿con quién mejor para comenzar el capítulo que con una de las mujeres más fuertes que he conocido? ¿Quién mejor que mi propia abuela?

EN CASA

Mi abuela, Audrey Lindell, tenía veintitrés años cuando Estados Unidos entró en la Segunda Guerra Mundial. Al declarar la guerra a Japón el 8 de diciembre, y luego a Alemania el 11 de diciembre de 1941, la nación se encontró en la precaria posición de tener que preparar una fuerza militar para la invasión internacional y al mismo tiempo reorientar la economía de los Estados Unidos hacia la producción de guerra. Un gran desafío consistió en enfrentar a tres adversarios militares cuyos ejércitos ya estaban equipados y en guerra, y hacer avances para subvertir sus maniobras en dos frentes distantes. Una cantidad considerable de hombres jóvenes abandonaron la fuerza laboral nacional para luchar en la contienda y, como consecuencia, los puestos de trabajo desatendidos dependían de las mujeres para impulsar la industria norteamericana en tiempos de guerra.

En una entrevista, mi abuela detalló cómo había sido maestra antes de la guerra. Al mudarse a Omaha (Nebraska) en los años cuarenta, sin embargo, la situación cambió, y el dinero escaseaba mientras mi abuelo terminaba la carrera de medicina. Gracias a algunos amigos de la familia, mi abuela se enteró de las ofertas de trabajo que existían para las mujeres en la recién inaugurada planta de aviones bombarderos Glenn L. Martin, que comenzó

Una chica le da un buen apretón a una tuerca durante su formación como mecánica en una planta de Baltimore [Everett].

la producción en junio de 1942. Sabiendo leer y escribir, fue asignada a trabajar como inspectora de instalación de carburadores, ayudando en la fabricación de aviones bombarderos B-26 Marauder por veinticinco centavos al día.

Como tenía poco conocimiento previo de carburadores, ella, en combinación con las otras mujeres que se unieron a la fuerza laboral de la planta de bombarderos en 1942, se encontró en la situación de tener que improvisar y aprender cómo funcionaba el dispositivo de otros trabajadores en la línea de montaje. En su entrevista, explicó como:

> Había un tipo allí, un joven agricultor, estaba trabajando y nos contó a varias chicas básicamente cómo funcionaba un motor. Entonces recibimos nuestra instrucción en plan granjero, porque él sabía cómo funcionaba un tractor. Así, tuvimos una idea básica [...] La mayoría de la gente, por supuesto, tenía algo de formación, pero todos hicimos nuestro trabajo y todo fue inspeccionado y al final esos aviones despegaron.

La importancia de su trabajo no pasó desapercibida. Las vidas de los pilotos y soldados estadounidenses dependían de ella y de los demás trabajadores de la planta para ensamblar adecuadamente aviones como los B-26 Marauders y los Boeing B-29 Superfortresses, modelos ambos que salieron de Nebraska durante la guerra. El propio bombardero B-26 se desplegó tanto en la campaña europea como en la del Pacífico, y se destacó en enfrentamientos como la Batalla de Midway, en la que dos B-26 lanzaron ataques con torpedos contra la Armada japonesa. El B-29, igualmente, jugó un papel importante en la guerra, ya que fue el modelo de bombardero que arrojó las primeras bombas atómicas sobre Hiroshima y Nagasaki, que provocaron la rendición de Japón en 1945.

Trabajadora de Defensa remachando, como parte de su entrenamiento para convertirse en mecánica, en la Base Aérea Naval, en Corpus Christi, Texas, agosto de 1942 [Everett].

Mi abuela trabajó en la planta durante los primeros años de la guerra y, aunque nunca se enfrentó a soldados enemigos ni a bombardeos, su trabajo no estuvo exento de riesgos. En su entrevista, mi abuela explicó cómo, el 22 de septiembre de 1943, se vio obligada a evacuar la planta de bombarderos...

> Estábamos trabajando un día, y [...] ellos habían estado trabajando en una pared, haciendo reformas, cuando hubo una explosión horrible y un temblor, y pensé: «¡Dios mío, la pared!» Bueno, no era la pared. El joven que era el jefe de nuestra sección corrió hasta el final del departamento. Había escalones que subían al siguiente nivel, y él subió esos escalones a la mitad del camino y consiguió asomar su cabeza por encima de la parte superior, antes de bajar de nuevo al instante. Ahuyentando a todo el mundo. No se detuvo a contarnos lo que había sucedido. Estuvimos guardando algunos registros antes de irnos, lo cual fue una estupidez, porque lo que había sucedido era que un avión se había estrellado allí.
>
> [...] El caso es que solían poner en marcha un avión y cargarlo con munición para ir al polígono de tiro para comprobarlo. Bueno, habían arrancado el avión, y se dirigían al campo de tiro, pero apenas se elevaron por encima de la planta cuando dieron con una terrible corriente descendente, creo recordar, nunca lo supieron con certeza. Ese día había dos personas más en el avión... Bueno, dieron con una corriente descendente y se estrellaron contra el edificio... Oh, Dios, el fuego, y el choque, y luego las municiones estallaron. Y entonces hubo múltiples explosiones como bombas. No creo que tuvieran las bombas grandes allí, seguramente no, pero tenían armas, había armas en el avión y las municiones más pequeñas disparaban en todas direcciones. Nosotros salimos, pero murieron cuatro hombres.

«¡Podemos Hacerlo!», el mítico afiche de la Segunda Guerra Mundial que impulsa la moral de las mujeres estadounidenses que contribuían a los esfuerzos de guerra. Fue creado por J. Howard Miller para la Westinghouse Company en 1942 [Everett].

Los accidentes de esta magnitud fueron casos aislados, pero eso no cambia el hecho de que, dos días después del accidente, mi abuela estaba de vuelta en el trabajo, rodeada de municiones, bombas y maquinaria pesada, con las otras mujeres que —hasta unos meses antes— no habían sido especialistas en la fabricación de máquinas de guerra. También se debe tener cuenta que, en muchos de los sectores dónde trabajaron mujeres, las lesiones y muertes industriales aumentaron drásticamente desde el año 1941 hasta el final de la guerra.

Antes de que Estados Unidos se uniera a la guerra, en 1940, la Oficina de Estadísticas Laborales estimó que 1 890 000 trabajadores en los Estados Unidos habían muerto o recibido heridas a causa de incidentes en el lugar de trabajo. En 1943, el número de trabajadores que habían quedado discapacitados por lesiones aumentó en un veintisiete por ciento, llegando a 2 414 000, una cifra registrada en el Boletín No. 802 de la Oficina de Estadísticas Laborales de Estados Unidos. Entre las industrias más asociadas con la producción de guerra, la fabricación de barcos, municiones pesadas, piezas de aviones y armas tuvieron las tasas de accidentes más altas, y aunque el porcentaje de incidentes que ocurrieron en la producción de municiones fue históricamente bajo en comparación con sectores como las fundiciones, donde las mujeres asumieron principalmente labores administrativas, los accidentes en la fabricación de suministros militares fueron, sin embargo, extremadamente peligrosos. Un buen ejemplo tuvo lugar en el estado de Nebraska el 26 de mayo de 1945, en el que la planta de municiones de Grand Island explosionó, arrasando uno de los edificios dedicados a la carcasa de TNT y matando a nueve de los trabajadores de la planta, entre las que había dos trabajadoras: Lola Britten y Betty Ledford.

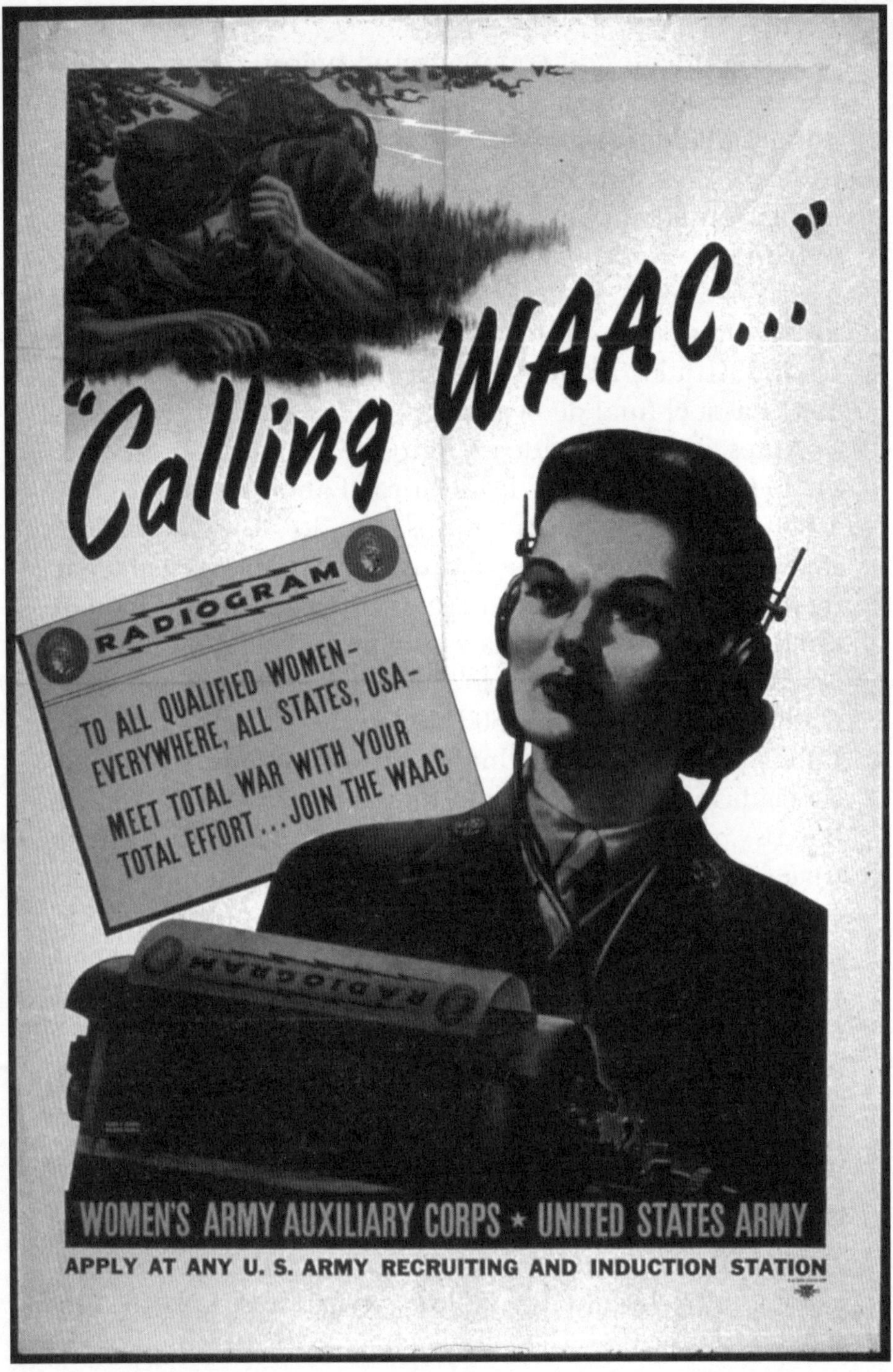

Cartel de reclutamiento del Cuerpo Auxiliar Femenino del Ejército. La WAAC se formó en 1942 a instancias de la Primera Dama, Eleanor Roosevelt [Everett].

En el ámbito doméstico, algunas mujeres, debido a la naturaleza de su trabajo, no se arriesgaron demasiado durante el transcurso de la guerra. Edith Walter, entrevistada por el Proyecto de Historia de Veteranos de la Biblioteca del Congreso de los Estados Unidos, en marzo de 2008, comenzó a trabajar para la Oficina de Servicios Estratégicos después de graduarse en la Universidad en 1942. Había estudiado francés y español como alumna universitaria, y la OSS le dio a Edith la tarea de leer periódicos de España y Francia, y registrar movimientos de trenes. De una forma parecida, Yvonne Annette Bridges (febrero de 2003) evitó los peligros de la fabricación al pasar la guerra trabajando como conductora en el grupo de motores para empleados civiles, ocasionalmente transportando prisioneros de guerra. Pero este no fue el caso de todas las mujeres.

Las mujeres con mayor riesgo eran aquellas cuyo puesto estaba en la fábrica en lugar de en la administración. Flora Fieldman (mayo de 2007), por ejemplo, era un soldador que trabajaba en un astillero, una de las industrias de guerra con los porcentajes más altos de accidentes, y preparaba barcos PT y portaaviones pequeños. Dorothy Jeannette Mobley (mayo de 2002) contribuyó a la guerra trabajando en soldadura y chapa en las alas de los aviones B24 y B17. Sin embargo, de las mujeres entrevistadas para el Proyecto de Historia de los Veteranos, Helen Lucas Ruttinger (agosto de 2003) proporcionó los detalles más descriptivos sobre la peligrosidad de sus experiencias. Después de graduarse de la escuela secundaria en 1944, Helen fue contratada en la Planta de Municiones en De Soto (Kansas), donde ella y cientos de otras mujeres trabajaban fabricando balas de ametralladora. En un principio, su trabajo diario consistía en utilizar grandes prensas para formar las balas —que eran de éter y altamente inflamables—, pero luego la cambiaron a la línea de «pólvora negra». Según su entrevista con Gary Swanson de Leawood, Kansas, ella rápidamente se dio cuenta que el cambio en sus responsabilidades fue drásticamente más peligroso:

«*The sky's the limit! Keep buying war bonds*», con este lema el cartel anima a la compra de Bonos de Guerra para financiar la producción. Creado por Courtney Allen en 1944 [Library of Congress].

H. Ruttinger: Bueno, poníamos la pólvora en los rodillos, eran grandes rodillos, y teníamos que aprender a caminar hacia adentro y hacia atrás al revés y usar cosas tipo traje espacial y con los cascos y todo. Era un trabajo muy, muy peligroso porque era nitroglicerina pura [...] Teníamos tres turnos diferentes durante todo el día y todos teníamos que rotar, ya sabes, desde los turnos de la mañana hasta los turnos de noche cada pocas semanas. Entonces, fue una especie de desafío en nuestras vidas, especialmente ajustarnos desde una parte de nuestra ciudad o, ya sabes, desde una parte de nuestras horas día y noche, y, por supuesto, acostumbrarnos a uno y luego tener que retroceder también fue algo... fue un pequeño desafío.

En su entrevista, Helen contó que el fuego era un causante importante de peligro y que en la planta los protocolos de seguridad eran estrictos hasta el punto en que cualquier trabajador sorprendido fumando en las instalaciones perdía su trabajo. Helen, consciente de la inflamabilidad del material que ayudó a fabricar, logró evitar heridas, pero en su paso por la industria bélica también había sido testigo de cómo algunos de sus compañeros no habían tenido tanta suerte. Los incendios estallaron independientemente de las regulaciones de la planta de municiones, y los casos que Helen había visto eran «tan intensos que simplemente te quitan todo el trasero, ya sabes, quiero decir, tu ropa y todo».

Sin embargo, a pesar de los peligros de la fabricación en tiempos de guerra, mujeres como Audrey Lindell, Dorothy Jeannette Mobley, Flora Fieldman y Helen Ruttinger se unieron a la fuerza laboral sabiendo que «tenían que hacer todo lo posible por ello... la actitud allí era ánimo, ánimo, ánimo. Si podías moverte y trabajar, debías hacerlo por nuestras tropas, y lo hicimos». Entendieron que, por primera vez en la historia de Estados Unidos, se alentaba a las mujeres a trabajar codo con codo con los hombres en industrias donde el error podía significar la muerte o la discapacidad. Muchas se unieron a este episodio en la historia de Estados Unidos sin capacitación y con el deber de mantener por sí solas a sus familias, pero, aun así, millones de mujeres contribuyeron diligentemente al esfuerzo bélico para asegurar el éxito de la nación contra enemigos extranjeros, ya sea que la paga fuera justa o si existían perspectivas de oportunidades laborales después de la guerra... O no.

Las hermanas Carey, de Boulder, Montana, llegaron para cuidar a los infantes de marina y marineros heridos en el frente del Pacífico. Hospital naval con vistas a Pearl Harbor. De izquierda a derecha: Agnes Carey, Josephine Carey, y Lillian Carey [U.S. Navy Bureau of Medicine and Surgery].

EN EL EXTRANJERO

Muchas de las mujeres norteamericanas que residían fuera de los Estados Unidos se vieron envueltas en la guerra, sirviendo a la causa estadounidense en suelo extranjero inmediatamente después del bombardeo de Pearl Harbor el 7 de diciembre de 1941. En las Filipinas —la misma mañana que la Base Naval de los Estados Unidos en Hawái sufrió un ataque que destruyó el USS Arizona y volcó el USS Oklahoma, devastó veintiún barcos estadounidenses y dañó o destruyó más de trescientos aviones— una formación de aviones japoneses también bombardeó el Camp John Hay ubicado en el norte de Luzón. En medio del bombardeo, enfermeras militares como Mildred Manning se encontraron corriendo al hospital para tratar a los soldados heridos, antes de evacuar en retirada cuando la situación se volvió demasiado peligrosa. Según una entrevista del Ejército de los EE. UU. del 23 de noviembre de 2012, Manning escapó en el último barco que salió de la isla en medio de disparos. Al llegar a su destino, se refugió en un hospital localizado en un túnel —construido varias décadas antes— y sobrevivió durante un tiempo con los suministros que habían sobrado de la Primera Guerra Mundial. Pero unos pocos días después de evacuar el Camp John Hay, las fuerzas armadas estadounidenses en las Filipinas se rindieron ante la campaña japonesa y ella se convirtió en prisionero en Santo Tomás. En Manila, Manning recordó que, como prisionero de guerra, «no tenía nada, absolutamente nada excepto lo que tenía en la bolsita. Creo que éramos... unas doce o catorce personas dentro de esta pequeña habitación y estábamos en el suelo y cuyo mobiliario era una pequeña cama de paja».

La enfermera del ejército de los Estados Unidos, Ruby Bradley, igualmente fue capturada y convertida en prisionera de guerra en Santo Tomas. En su ensayo *Prisoners of War of the Far East*, Bradley recordó que:

En el Camp John Hay, el puesto del ejército estadounidense cerca de Baguio, se estableció el primer campo de internamiento. Un grupo de más de quinientos hombres, mujeres y niños se apiñó en un edificio. El grupo estaba formado por misioneros, mineros y dos enfermeras del Ejército...

El edificio que los japoneses seleccionaron para los internos era un antiguo cuartel que no había sido utilizado por el ejército americano desde hacía varios años porque se declaró inseguro para su ocupación. Diseñado para cincuenta hombres, el edificio ahora albergaba este conglomerado humano, haciendo que el único espacio para caminar fuera un pequeño pasillo en el centro. La ropa de cama estaba en el suelo y cada cama se enrollaba en un paquete durante el día para dejar más espacio. Después de algunas semanas, debido a la obvia necesidad, se obtuvo un edificio adicional para los internos varones.

En un intento por salvaguardar la salud de todos los internados, la primera prioridad de los internados en esta circunstancia fue limpiar el edificio, conseguir agua potable, y desinfectarlo. Sin embargo, los edificios superpoblados, las letrinas exteriores, la falta de jabón, y las malas prácticas de saneamiento pronto provocaron el desarrollo de enfermedades intestinales. Los casos de disentería se hicieron frecuentes en todo el campamento, y pronto el hospital en que Ruby y sus compañeras lograron preparar tenía más pacientes que camas.

Para resolver algunos de los problemas relacionados con el saneamiento, las enfermeras y los internos recurrieron a la elaboración de una clase de jabón hecho «a partir de lejía obtenida de las cenizas de madera y luego mezclada con grasas o aceites». Según el testimonio de Ruby, el jabón fue bastante eficaz, pero también dañino para las manos. Cuando escasearon los materiales suficientes para hacer jabón, aquellos que tenían experiencia en química improvisaron utilizando cocos como fuente de aceite. Un desafío más importante se presentó cuando Ruby tuvo que actuar como matrona. De la misma manera que se preparaba el jabón con los materiales que se encontraban en el campamento, todos los suministros para el parto de un bebé tenían que reunirse con lo que había disponible...

> Se hizo una máscara de éter con un colador de té para poder usar las latas de éter, que una de las enfermeras del ejército había llevado al campamento. Se hizo una cuna con un cajón del armario. Los pocos instrumentos disponibles se hirvieron sobre un fuego de leña... A la madre no se le permitió levantarse de la cama durante diez días y estuvo hospitalizada por un total de catorce días, período que se consideró necesario según la práctica médica en ese momento. Esto fue una pérdida de tiempo según los guardias japoneses que visitaron el hospital varias veces durante el día e informaron a las madres que las mujeres japonesas estaban fuera de la cama cuidando a sus familias al día siguiente del nacimiento de sus bebés.

Tanto en su ensayo de *Prisoners of War* como en un discurso para «The Victory War Loan Drive» años después, Ruby calificó el tiempo que pasó en el campo de prisioneros como una desgracia, y no como algo que «se considere una marca de distinción bajo ningún criterio». Sin embargo, a pesar de que enfermeras como Ruby Bradley y Mildred Manning no pudieron servir en combate, durante treinta y siete meses adquirieron la responsabilidad de cuidar a una comunidad de norteamericanos con suministros escasos, en condiciones deplorables, sin agua limpia, sin suficiente comida, sin el apoyo del ejército de los Estados Unidos, y bajo la vigilancia de los soldados enemigos. Su experiencia en la guerra, aunque en muchos aspectos opuesta a la de mi abuelo, fue igualmente abru-

Portada de la obra *An American Heroine in the French Resistance: The Diary and Memoir of Virginia d'Albert-Lake*, editada por Judy Barrett para Fordham University Press.

madora y las obligó a superar obstáculos insuperables simplemente para preservar la vida de los americanos bajo su protección. Desde el momento en que los bombarderos japoneses comenzaron su ataque contra el ejército de los Estados Unidos en Filipinas hasta que las liberaron del internamiento, estas mujeres sirvieron a su país con una fortaleza comparable a la de cualquier médico militar en la guerra.

Las mujeres estadounidenses exhibieron también esa misma valentía en Europa. En Francia, por ejemplo, Virginia d'Albert-Lake tomó la decisión de arriesgarlo todo por el esfuerzo bélico en el momento que se unió a la Resistencia francesa. Según su autobiografía, *An American Heroine in the French Resistance: The Diary and Memoir of Virginia d'Albert-Lake* (2006), Virginia empezó a rescatar a aviadores de países aliados cuyos aviones habían sido derribados, incluso si la detección significaba el arresto, tortura y ejecución, pero ella estaba convencida de que «valdría la pena correr todos los riesgos solo para ayudar a chicos como esos… y guiarlos directamente de regreso a casa y un trabajo que realizaba ante las narices de los alemanes». Desde 1943, Virginia ocultó a los soldados americanos y a través de sus contactos con el grupo de la «Comet Line» los ayudó a llegar a las fronteras con España, donde finalmente pudieron cruzar a Gran Bretaña. Cuando Estados Unidos logró desembarcar en la costa de Normandía, Virginia había ayudado personalmente a sesenta y seis aviadores a escapar de Francia.

Las memorias de Virginia también entraron en detalles sobre su eventual captura. Temiendo una declaración de la ley marcial —un acto que hubiese atrapado efectivamente a los soldados aliados en París— el 12 de junio de 1944, Virginia huyó de la ciudad con un grupo de once aviadores. Su intención era reunirse con contactos cerca de Châteaudun, para después llegar al bosque de Fréteval donde esperaban más aviadores —tantos británicos como americanos— el rescate de la inteligencia británica. El grupo logró llegar a las cercanías de Châteaudun cuando Virginia fue detenida abruptamente e interrogada por la Policía Estatal Secreta Alemana. Incapaz de ocultar su identidad como americana, ya que su acento y sus documentos de identificación revelaban su nacionalidad, y en compañía de aviadores americanos disfrazados, Virginia fue rápidamente detenida y registrada. Ser arrestada era peligroso en sí mismo, pero el hecho de que la Gestapo revisara minuciosamente sus pertenencias colocó a Virginia en una situación condenatoria y, al mismo tiempo, puso en peligro toda la operación del MI9. Según Virginia:

> Ahora que estos Feldgendarmeries habían adivinado lo que éramos, comenzaron a registrarnos. ¡Actuaron muy complacidos con aquella detención! El oficial me abrió el bolso y, con este gesto, de repente recordé algo que hizo que el terror se apoderara de mi corazón. Antes de salir de París me había deshecho de todas las pruebas incriminatorias, pero todavía tenía la lista de direcciones de la resistencia de Châteaudun que Philippe me había dado el día antes ...
>
> Vio el mapa, la comida, las entradas… y la hoja de cuaderno en la que estaban escritas las direcciones. Él dudó sobre esto y, luego, para mi asombro, volvió a poner todo en mi bolso, direcciones y todo, y me lo devolvió... Despreocupada, deslicé mi mano derecha debajo de mi chaqueta, lentamente abrí el bolso y logré sacar y aferrarme a lo que pensé y oré fuera el papel correcto. Lo rompí en pedacitos... Nadie parecía estar mirándome con especial atención, así que vagué sin rumbo fijo por la habitación, agarrando los trozos de papel en mi mano y, en la primera oportunidad, los metí en mi boca... El alemán regresó de nuevo. Había comenzado una búsqueda más cuidadosa de la habitación, cuando de repente se aferró a algo en el suelo. Era uno de los pequeños trozos de papel que había dejado caer sin saberlo. Me

miró con una mirada profunda desconcertante. «Te lo comiste», dijo finalmente. «Sí», respondí simplemente. Nunca más escuché mencionar esa lista de direcciones. Él había cometido una falta tan imperdonable al devolverme mi bolso que se consideró desaconsejable admitirlo en la Gestapo.

Aunque ella no pudo escapar del encarcelamiento, Virginia D'Albert-Lake se aseguró de que su descuido no sería la razón por la que la policía secreta alemana desmanteló la red de Resistencia en Châteaudun. Sus acciones también ayudaron a proteger a los más de ciento cincuenta aviadores aliados que aguardaban escondidos en el bosque de Fréteval y que rescataron entre el 14 y el 15 de agosto de 1944. Virginia, sin embargo, pasó el resto de la guerra cautiva en los campos de concentración nazis de Ravensbrück, Torgau y Koenigsberg, y solo regresó a París después del final de la guerra en 1945.

A la vez que Virginia d'Albert-Lake trabajaba para proteger a los aviadores americanos, otro miembro de la Resistencia francesa, Virginia Hall, trabajaba para socavar el esfuerzo bélico nazi. En los primeros años de la guerra, Virginia Hall actuó como espía y saboteadora de la organización británica de operaciones especiales ejecutivas, y a pesar de que no recibió ningún entrenamiento formal —un detalle que ella reveló en una carta a Margarete Rossiter, el 17 de noviembre, 1980— y le faltaba la pierna por debajo de la rodilla —un rasgo personal que podría haberla expuesto—, se convirtió en una oponente esquiva y formidable para la Policía Estatal Secreta Alemana. El historiador y principal colaborador del Comando de Operaciones Especiales de los Estados Unidos, Tom Neven, señaló que la Gestapo llegó a considerar a Virginia Hall como una amenaza tal que emitieron comunicados que indicaban que «la mujer que cojea es uno de los agentes aliados más peligrosos de Francia. Debemos encontrarla y destruirla».

A finales de 1941, Virginia Hall huyó a España para evitar el arresto y no volvió a entrar en Francia hasta 1944, esta vez trabajando para la Oficina Estadounidense de Servicios Estratégicos. En un informe de actividades escrito el 30 de septiembre de 1944, Hall describió sus rutinas y planes de acción del 21 de marzo al 26 de septiembre, proporcionando una mirada al interior de su vida como espía. En las poblaciones de Creuse, Cher y Nievre, se hizo pasar por una lechera, distribuyó leche, llevó a las vacas a pastar y cocinó para los granjeros mientras recopilaba información. En Hate Loire pasó su tiempo reuniéndose con contactos y haciendo reconocimientos en las proximidades de su demarcación. Estas estrategias para acumular información, sin embargo, palidecen en comparación con

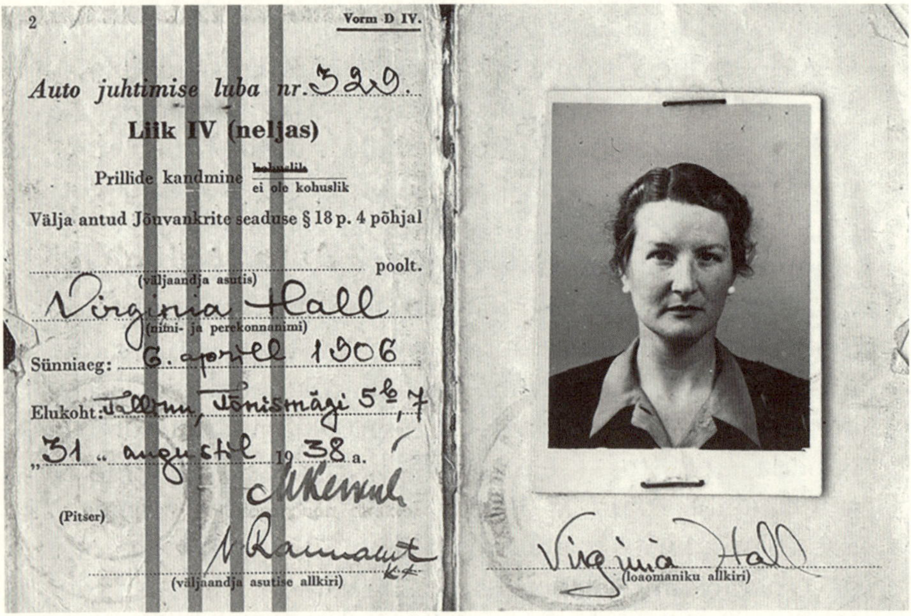
2 Vorm D IV.

Auto juhtimise luba nr. 329.

Liik IV (neljas)

Prillide kandmine ~~kohuslik~~ / ei ole kohuslik

Välja antud Jõuvankrite seaduse § 18 p. 4 põhjal

poolt.

(väljaandja asutis)

Virginia Hall

(nimi- ja perekonnanimi)

Sünniaeg: 6. aprill 1906

Elukoht:

„31" august 1938 a.

(Pitser)

(väljaandja asutise allkiri)

Virginia Hall

(loaomaniku allkiri)

Documentación personal de Virginia Hall.

los logros descritos en una cita firmada por el presidente Harry Truman el 27 de septiembre de 1945. En agradecimiento a sus esfuerzos, Virginia Hall fue condecorada con la Cruz de Servicio Distinguido por haber «contribuido materialmente al éxito de las operaciones de las Fuerzas de Resistencia en apoyo de las Fuerzas Expedicionarias Aliadas en la liberación de Francia». Según el elogio de Truman, a pesar de ser bien conocida y perseguida continuamente por la Policía Estatal Secreta Alemana, Hall ignoró la seguridad personal y trabajó para proporcionar información de inteligencia a la OSS, entrenó a tres batallones de las Fuerzas de Resistencia francesas, y ayudó a organizar actos de sabotaje y maniobras de guerrilla.

Un memorando desclasificado para el presidente, del 12 de mayo de 1945, escrito por el entonces director de la OSS, William Donovan, entró en más detalles sobre la participación de Virginia Hall en actos de sabotaje, indicando de que sus acciones habían resultado en...

> ...La demolición de muchos puentes, la destrucción de varios trenes de suministro y la interrupción de las comunicaciones enemigas. Como resultado de la demolición de un puente, al convoy alemán se le tendió una emboscada y durante el encarnizado enfrentamiento ciento cincuenta alemanes murieron y quinientos fueron capturados. Además, la Srta. Hall proporcionó comunicación por radio entre el Cuartel General de Londres y las Fuerzas de Resistencia en el Departamento de Haute Loire, transmitiendo y recibiendo información operativa y de inteligencia. Este era el tipo de trabajo más peligroso, ya que el enemigo, siempre que dos o más radiogoniómetros podían sintonizarse en un transmisor, podían ubicar el punto de transmisión a un par de cientos de yardas. Con frecuencia, la señorita Hall tuvo que cambiar de domicilios para evitar que la detectaran.

La propia Virginia Hall proporcionó más información sobre la lucha en la Francia ocupada por los nazis. En su informe de actividades del 30 de septiembre de 1944, Hall enumeró algunas de las acciones más importantes que tuvieron lugar entre el 27 de julio y el 12 de agosto, destacando detalles sobre: trenes de mercancías descarrilados en Langogne-Brassac y Monistrol d'Allier, puentes volados o destrozados en Chamalieres, Montagne, Levoute-sur-Loire, y en la vía férrea entre Brioude-Le Puy, vías férreas cortadas en Lagogne-Brassac, túneles intransitables en Solignac y líneas telefónicas cortadas e inutilizadas en Brioude-Le Puy.

Hall también informó del arresto de diecinueve miembros de la milicia, un ataque cerca de Saint Paulieu contra un convoy nazi, la eliminación de un auto mitrailleuse por bazooka, y la destrucción de varios camiones alemanes cerca de Retournac, Le Puy y Langeac. Lo que todas estas operaciones dejan en claro es que, en su papel de espía y saboteadora, Virginia Hall estaba en el centro de la guerra. Y en lugar de preservarse a sí misma, Virginia Hall se propuso activamente derrocar al régimen nazi en Francia, poniendo a prueba su coraje y resistencia física cuando el interrogatorio, la tortura, el confinamiento, los trabajos forzados o la ejecución amenazaban con ser su recompensa final.

Cuando comparo las acciones de Virginia Hall con las de los hombres que actuaron como espías en la guerra, soy cada vez más consciente del hecho de que nada separa realmente los logros históricos de un sexo del otro. Hall se enfrentó a desafíos y peligros comparables a los de cualquier otro miembro de la OSS, y lo mismo se puede decir de Virginia d'Albert-Lake, Ruby Bradley o las mujeres de la fuerza laboral de los Estados Unidos: las mujeres norteamericanas participaron en la guerra con el mismo sentido de propósito, patriotismo y valentía que demostraban los hombres. Tal revelación no debería ser una sorpresa, pero claro, cuando se trata de la Historia, es importante recordar que el músculo a menudo ha sido la medida del logro.

En este sentido, destaca la Segunda Guerra Mundial, porque si bien seguimos centrándonos en sus momentos más emblemáticos —la invasión de Francia, la guerra del Pacífico, la bomba atómica— es un conflicto bélico en la que se preservaron testimonios de todos los niveles de la sociedad, y uno donde podemos ver claramente el compromiso de todos los americanos. Es una guerra en la que podemos aprender que, mientras los estadounidenses varones invadían la costa de Normandía, las mujeres saboteaban el esfuerzo bélico nazi desde detrás de las líneas enemigas. Es una guerra en la que podemos aprender que, aunque los hombres norteamericanos lanzaron la bomba atómica, las mujeres del Proyecto Manhattan ayudaron a crearla. Es una guerra que deshace la narración de la mujer de Estados Unidos como espectadora, una guerra la que las mujeres tenían una voz clara en el éxito y el desarrollo de la nación. Y ya sea la voz de las mujeres que actuaron como espías en los movimientos de resistencia de Europa o Asia, o la voz de las que fueron atrapadas tras las líneas enemigas, o incluso la de mi abuela, una cosa está clara: esa voz es fuerte.

*　　*　　*

El comandante de la nave espacial Apolo 11 Neil Armstrong (al frente) y el piloto del módulo lunar Edwin E. Aldrin (detrás) practican en el «Centro de naves espaciales tripuladas», Houston. Armstrong tiene una cámara conectada al área del pecho del traje espacial. Abril de 1969 [Library of Congress].

X
NASA

Durante el mes de julio de 1969, millones de hogares norteamericanos sintonizaron los canales de televisión ABC, NBC y CBS para ver la cobertura del alunizaje del Apolo 11. Mi madre, que era una entre esos millones, todavía recuerda vívidamente la noche del 20 de julio de 1969 cuando, a la edad de veinticinco años, escuchó por primera vez a Neil Armstrong anunciar: «Es un pequeño paso para un hombre, pero un gran paso para la humanidad». Para una persona a la que le encantaba pasar las tardes envuelta en libros sobre exploración y revistas de ciencia ficción, las palabras eran la afirmación de algo en lo que siempre había creído: que el hombre tenía un lugar en las estrellas.

Poco más de cincuenta años después, en la preparación de este capítulo, me encontré viendo las mismas imágenes en blanco y negro de los astronautas Neil Armstrong y Buzz Aldrin dando los primeros pasos en la luna que mi madre, y que tantos otros norteamericanos, vieron en la televisión. Las grabaciones, capturadas en una cámara estática hecha a medida por Westinghouse, son bastante memorables, tanto por sus imágenes rigurosas y casi borrosas, como por no tener más sonido que los crujidos intercambiados entre los astronautas y el control terrestre realizado por radio, o el pitido ocasional equipo electrónico. Carecen del audio y el movimiento que observamos en las grabaciones actuales, pero al mismo tiempo, el hecho de que el video exista y se haya retransmitido a la Tierra es una maravilla. Son imágenes icónicas esas fotografías que acompañaron a los astronautas en su regreso a la Tierra, como la de la huella de la bota de Buzz Aldrin delineada en polvo lunar, o la del módulo lunar Eagle posado sobre superficie lunar y la fotografía de Aldrin saludando a la bandera americana. Reflexionando sobre estos documentos históricos, cuando me siento a escribir sobre la NASA y la historia de la exploración espacial, no puedo evitar sentir algo de la misma emoción que sintió mi madre en 1969 con aquel maravilloso logro.

Realmente creo que las misiones Apolo representan una de las mayores hazañas en la historia de la humanidad, pero al mismo tiempo, me doy cuenta de que una conquista tan grande no se puede resumir en un puñado de grabaciones y palabras. Parece ser parte de un problema más amplio de la historia americana en que, como con George Washington o Abraham Lincoln o la expansión hacia el oeste, los episodios más importantes en el desarrollo de los Estados Unidos se han reducido a simples símbolos u oraciones destinadas a resumir la importancia de un período. En el caso de la NASA, se gasta tanta energía en etiquetar nuestros viajes a la Luna (y más allá) como ejemplos de la fortaleza estadounidense, que perdemos de vista el hecho de que la Historia, detrás de los viajes espaciales, a menudo demuestra exactamente lo contrario y, aunque Estados Unidos abordó el desafío de los viajes espaciales con valentía e innovación, la historia de la NASA revela un lado de Estados Unidos que no se ve muy a menudo: el de la vulnerabilidad.

APOLO

Decir que el avance hacia la Luna fue un desafío para los Estados Unidos sería una gran subestimación. Resolver los obstáculos más importantes para los viajes espaciales requirió un conocimiento avanzado en matemáticas, física, química, bioquímica, aeronáutica, cosmología e ingeniería (entre otras ciencias), y antes de que se pudiera hacer cualquier intento serio, se debían implementar innovaciones significativas. También hay que tener en cuenta que hubo problemas que los técnicos de la NASA pudieron anticipar, pero otros, menos visibles, podrían aparecer sin previo aviso. Un buen ejemplo de un desafío visible fueron los desarrollos de telecomunicaciones necesarios para hacer posible las transmisiones entre la nave espacial Apolo y el control terrestre de Houston. Para lograr esto, la NASA tuvo que construir sistemas tanto para su uso en la Tierra como para el módulo lunar y que permitieran establecer comunicaciones de voz a lo largo de casi 390 000 kilómetros y que soportaran los cambios drásticos de temperatura que padecerían durante las misiones. Según el informe de la NASA sobre técnicas de comunicación por voz, *Apollo Experience Report,* escrito por John Dabbs y Oron Schmidt, en marzo de 1972, el desafío era tanto el rango extremo entre los transmisores como las limitaciones en la potencia del transmisor de la nave espacial. Sin embargo, encontrar una solución para esta dificultad era absolutamente necesario si la NASA esperaba capturar y emitir datos de la misión, señales de televisión, datos biomédicos y comunicaciones de emergencia una vez que los astronautas superaran los 48 000 kilómetros de la Tierra. Parte de la solución sería la creación de los transpondedores desarrollados por General Dynamics, la otra fue la Red del Espacio Profundo, que consistía en Centros de Comunicaciones en diferentes puntos de la Tierra. Para capturar las señales provenientes de la tripulación del

Vista de una plataforma de lanzamiento, 8 de febrero de 1966, Cabo Cañaveral, Condado de Brevard, Florida. Complejo de lanzamiento 17 [Library of Congress].

Apolo, los centros utilizaron grandes antenas parabólicas, y fueron estos centros los que finalmente retransmitieron las palabras de Neil Armstrong el 20 de julio de 1969.

Debido a su importancia para la misión, la necesidad de una comunicación constante fue una fuente importante de preocupación, lo que generó dudas sobre la viabilidad de los viajes espaciales años antes de que Buzz Aldrin y Neil Armstrong llegaran a la Luna. Una de las ocasiones más notables ocurrió el 27 de enero de 1967, cuando los astronautas del Apolo 1, Virgil Grissom, Edward White II, y Roger Chaffee subieron a bordo del Módulo de Comando / Servicio AS-204 para una simulación preparatoria de vuelo. Después de que dos dificultades menores relacionadas con el suministro de oxígeno retrasaran las pruebas, un tercer fallo de comunicación entre el Comando Piloto Grissom y la sala de control —así como el edificio de operaciones y verificación— a las 18:30 horas hizo que Grissom expresara su preocupación: «¿Cómo vamos a llegar a la Luna si no podemos hablar entre tres edificios?» Aunque solo se trataba de una simulación, los tres astronautas tenían un buen motivo de preocupación, ya que la comunicación constante con Houston demostró ser un factor esencial en misiones posteriores, como Apolo 13, para garantizar el regreso seguro a casa de una tripulación. Sin embargo, ese día de enero de 1967, más que el fallo técnico con los sistemas de transmisión o la red de telecomunicaciones, el mayor problema que enfrentó Virgil Grissom, Edward White II y Roger Chaffee fueron los peligros que ni los astronautas ni los técnicos habían percibido.

Según los registros históricos de la NASA, a las 18:31 horas, los instrumentos de comunicación grabaron unos avisos de los astronautas de que había «fuego en la cabina», una declaración que fue seguida por una serie de gritos desde el interior del módulo de comando. Para poder salir del módulo —con sus trajes de presión puestos, sujetos a sus asientos y conectados a los sistemas de comunicación y oxígeno del vehículo— los astronautas tenían que ponerse primero en una posición en la que pudieran abrir los varios pestillos que sellaban la salida, una maniobra que bajo condiciones óptimas duraba unos noventa segundos. Sin embargo, diecisiete segundos después de la primera indicación de incendio, las comunicaciones terminaron. Pasaron aproximadamente cinco minutos hasta que los técnicos lograron abrir la escotilla desde el exterior, solo para comprobar que el incendio había terminado con la vida de la tripulación del Apolo 1 en menos de treinta segundos. El accidente fue un shock significativo para la NASA, ya que —según varios periódicos (incluida la edición del 28 de enero de 1967 del Desert Sun)—el administrador de la NASA James Webb comentó: «Aunque todos se dieron cuenta de que algún día los pilotos espaciales morirían, ¿quién hubiera pensado que la primera tragedia sería sobre tierra firme?»

Las investigaciones llevadas a cabo por la junta de revisión de la NASA determinaron que lo más probable era que una corriente eléctrica había causado una chispa, provocando un incendio que ardió intensamente en la atmósfera de oxígeno puro del compartimento. Según las investigaciones, el material no inflamable del interior del módulo debería haber ayudado a limitar el avance del fuego, pero durante el desarrollo de la misión se habían acumulado alrededor de treinta y dos kilogramos de malla de nailon, espuma de poliuretano, tela con velcro, libros de papel y documentos físicos dentro del espacio confinado, permitiendo que el fuego se propagase rápidamente. Un problema adicional fue que la puerta se selló contra la presión interna, que, durante el incendio, era más alta que la presión atmosférica exterior, e impidió efectivamente, que los astronautas y los técnicos de la NASA abrieran la única salida del módulo a tiempo. Tampoco se anticipó ni se preparó ningún equipo de emergencia antes de la tragedia, ya que ni el vehículo de lanzamiento ni la nave espacial tenían combustible en el momento de la simulación.

Como resultado de estas investigaciones, se implementaron una serie de cambios importantes para eliminar las diferentes y peligrosas fuentes de riesgo que se habían descubierto en el módulo del Apolo 1. El siguiente modelo de nave espacial proporcionó una nueva escotilla que se abría hacia afuera y que podía abrirse rápidamente, se eliminaron la mayoría de los materiales inflamables (mientras que los que quedaban tenían agentes auto extinguibles) y, en lugar de una atmósfera de oxígeno puro, la siguiente cabina usaba una mezcla de nitrógeno y oxígeno. Pero, a pesar de que estas modificaciones eran necesarias para el avance de las misiones Apolo, los cambios no eliminaron todos los riesgos que los astronautas de la NASA enfrentaron a lo largo de su carrera lo desconocido.

En una entrevista con el órgano de contabilidad CPA de Australia, el 24 de agosto de 2011, Neil Armstrong recordó las misiones que tuvieron lugar después de la tragedia del Apolo. Recordó cómo, en octubre de 1968, la misión Apolo 7 logró hacer una órbita terrestre de once días para probar los sistemas del módulo de comando, y cómo, en diciembre de 1968, la misión Apolo 8 movió el programa aún más adelante al orbitar la luna. Pero para el tercer vuelo, Apolo 11, Neil Armstrong contó los detalles relacionados con las dificultades que encontró la misión momentos antes de su aterrizaje famoso...

> [...] Pensé que teníamos un 90% de posibilidades de volver a la tierra en ese vuelo, pero solo un 50% de posibilidades de lograr un aterrizaje exitoso en el primer intento...
>
> Había mil cosas de las que preocuparse en el descenso final a la Luna. Fue más difícil para los sistemas; fue lo más difícil para la tripulación. Era lo que más me preocupaba, porque era muy difícil. Las incógnitas eran desenfrenadas. Y en medio del descenso nuestra computadora nos avisó de que estaba teniendo un problema. Habíamos llegado tan lejos

Neil Armstrong con un traje de entrenamiento Gemini G-2C, 1964 [NASA].

> y queríamos aterrizar. Obtuvimos buenas velocidades y buenas altitudes. La navegación estaba funcionando bien. No hubo más anomalías que el hecho de que la computadora estaba diciendo: «Oye, tengo un problema».
>
> Mi inclinación era seguir adelante mientras todo pareciera estar bien. Así que continuamos hacia el lugar de aterrizaje, pero luego la computadora nos mostró dónde pretendía aterrizar y era una muy mala ubicación. Estaba en el costado de un gran cráter, de unos ciento cincuenta metros de diámetro con pendientes muy empinadas cubiertas de rocas muy grandes, no es un buen lugar para aterrizar en absoluto. Así que me hice cargo manualmente y lo volé como un helicóptero, hacia el oeste, una zona más lisa y sin tantas rocas. Empezamos a perder visibilidad cuando llegamos un poco por debajo de los treinta metros. Empezamos a levantar polvo, y no solo a las nubes de polvo normales como las que experimentaríamos en la Tierra. Esta cortina de polvo en movimiento oscureció la superficie casi por completo.
>
> Esta cortina de polvo que se movía muy rápido y casi horizontalmente no se elevó en absoluto (...) La visibilidad siguió disminuyendo a medida que bajamos. Pude llevarlo allí de forma segura antes de que nos quedáramos sin combustible; nos quedaban unos 20 segundos de combustible.

A ciegas, Neil Armstrong dirigió el módulo de aterrizaje lunar Eagle a la superficie de la luna, aunque en una entrevista con el Museo de Historia Oral del Centro Espacial Johnson del 10 de abril de 2001, el controlador de vuelo Bob Carlton recordó que la situación era aún más peligrosa. Quedarse sin combustible habría provocado que el módulo lunar se estrellara contra la superficie de la Luna, por lo que cuando Armstrong tuvo que hacerse cargo del control de navegación, los técnicos de la NASA inmediatamente comenzaron a observar los niveles del depósito de combustible. Según Carlton, el módulo lunar tenía un sensor que indicaba cuando la cantidad de combustible restante había alcanzado un nivel bajo. Después de pasar aquel nivel, quedaba una cantidad de emergencia, pero para saber cuánto quedaba, había que medirse no en litros, sino en segundos de vuelo. Carlton explicó que, cuando la NASA recibió ese aviso del bajo nivel de combustible durante la misión de Apolo 11, no había más remedio que usar un cronómetro para medir cuánto combustible quedaba...

Lanzamiento del Apolo 11 en un misil Saturn V, 16 de julio de 1969 [Everett].

> Entonces hice clic en mi cronómetro y lo puse en marcha. Mientras la mano giraba, ponía un pedacito de cinta adhesiva. Algo muy científico... Un pequeño trozo de cinta adhesiva y una marca que decía que, al llegar aquí, quedan sesenta segundos. Después, al llegar aquí, quedan treinta segundos...
>
> [...] Habíamos tropezado en un nivel bajo, lo que nadie esperaba que sucediera. Cuando nos disparamos a un nivel bajo, las cosas realmente se callaron en ese centro de control. Estábamos nerviosos, sudando. Llegó a los sesenta segundos, llegó a los treinta segundos, y mis ojos estaban pegados al cronómetro. No lo vi al aterrizaje. El sistema podría haberse derrumbado en ese instante y yo no lo habría sabido. Solo estaba mirando el cronómetro.
>
> ... Cuando [el módulo lunar] bajó y se detuvo, tenía dieciocho segundos en mi cronómetro. Recordaré este pequeño detalle. Nunca lo olvidaré, miré al cronómetro y pensé: «Sabes, este reloj, voy a envolverlo en plástico y nunca tocarlo».

Es decir, incluso en la misión más exitosa de la NASA, los astronautas se vieron obligados a improvisar un aterrizaje, con recursos limitados, y la única forma de calcular si tendrían que abortarse o no era contando los segundos en un cronómetro. Armstrong y Aldrin evitaron el fracaso de la misión por segundos, y finalizaron el aterrizaje del Apolo 11 con el anuncio, «Houston… Aquí Base Tranquilidad. El Águila ha aterrizado.» Atravesando más de 380 000 kilómetros, esa transmisión llegó por primera vez al Complejo de Comunicaciones del Espacio Profundo en Fresnedillas de las Olivas, España, antes de retransmitirse al resto del mundo.

¡John Young saludando a la bandera mientras salta! El módulo lunar del Apolo 16 (LM) Orion y el vehículo lunar (LRV) están al fondo [NASA / Charlie Duke].

PERSEVERANCIA

Los peligros que experimentaron los astronautas de la NASA en el siglo XX no se limitaron a los que ocurrieron durante las misiones Apolo. El astronauta del programa Mercury, Gordon Cooper, por ejemplo, en una entrevista del Centro Espacial Johnson de la NASA el 21 de mayo de 1998, detalló los hechos que ocurrieron en la última misión espacial tripulada de la nave espacial Mercury-Atlas 9. La misión del buque, también conocido como «Faith 7», se trataba de probar los efectos de un vuelo orbital de un día en el cuerpo humano, así como evaluar el rendimiento del modelo Mercury y su piloto durante un período de tiempo prolongado. Durante el vuelo, que tuvo lugar el 15 de mayo de 1963, Gordon Cooper logró orbitar la Tierra dieciocho veces sin experimentar ninguna complicación, dando la vuelta al planeta cada ochenta y ocho minutos y cuarenta y cinco segundos, mientras medía los niveles de radiación, experimentaba con balizas en órbita y transmitía las primeras imágenes de televisión desde el espacio. Sin embargo, en la órbita diecinueve, una luz de advertencia se encendió inesperadamente indicando que la nave espacial estaba entrando de nuevo en la atmósfera de la Tierra.

Como el «Faith 7» no estaba reduciendo la velocidad y tampoco se había restablecido la gravedad dentro de la nave espacial, Cooper sabía que en realidad no había comenzado la reentrada. A simple vista, la advertencia no apuntaba a un fallo importante, pero ocurrió en un momento poco oportuno, ya que Cooper estaba fuera del alcance de contacto por radio y no pudo consultar a los técnicos de la NASA hasta que se acercó a California. La situación solo se volvió seria cuando Cooper empezó a notar que el nivel de dióxido de carbono en la cabina estaba aumentando rápidamente…

> [...] cuando me puse en contacto por radio por primera vez, el centro en el Cabo se preocupó un poco cuando se enteraron de que esta luz estaba encendida. Luego procedimos a la siguiente órbita más o menos para tratar de analizar y pasar por varios procedimientos para averiguar lo que era. Y nos dimos cuenta de que, lento pero seguro, estaba teniendo un incendio eléctrico de mis relés; e hicieron cortocircuito en los inversores. A poco tiempo después perdí mi sistema eléctrico por completo.

La nave espacial se había diseñado para volar en piloto automático. El fallo eléctrico significó que Cooper, desde ese momento, tenía que activar manualmente los chorros con varillas de empuje / tracción. En lugar de depender de los instrumentos de vuelo para medir su altitud y la posición del Faith 7, tenía que usar sus ojos y hacer cálculos visualmente. Cada relé tenía que activarse manualmente, así como los retrocohetes para desacelerar, y para medir el tiempo que aquellos retrocohetes tenían que estar activos... su reloj. Mientras realizaba estas acciones, Cooper tenía que dirigir manualmente la nave espacial, y cuando pasó por la atmósfera de la Tierra, tuvo que desplegar tanto el paracaídas como su bolsa de aterrizaje manualmente para amortiguar el aterrizaje de la nave. Después de su órbita veintidós, Gordon Cooper entró en el espacio aéreo de la Tierra, desplegando el paracaídas principal del Faith 7 sobre el Océano Pacífico. La nave se detuvo a una distancia de unos seis kilómetros del objetivo de aterrizaje dónde fue rescatado por el portaaviones de la Armada, el USS Kearsarge.

Neil Armstrong, quien también fue entrevistado por el centro espacial Johnson de la NASA, el 19 de septiembre de 2001, recordó fallos eléctricos similares tres años después del último vuelo Mercury-Atlas. Armstrong y David Scott pilotaron la misión Gemini 8 el 16 de marzo de 1966, que estaba destinada a encontrar y acoplar con el «Agena

Target Vehicle» una nave espacial sin tripulación de 7,92 metros de largo en órbita terrestre baja. Una vez atracado, la tripulación de Gemini había planeado realizar una verificación de sistemas y, si el tiempo lo permitía, una caminata espacial, antes de practicar una reentrada controlada.

Según Armstrong, la primera parte de la misión cumplió con las expectativas. Armstrong y Scott habían atracado con éxito y, para la segunda parte de la misión, comenzaron con una serie de pruebas de maniobra. Fue solo después de ingresar comandos para girar las naves espaciales noventa grados cuando los astronautas notaron que habían comenzado a girar. Al principio, Armstrong y Scott sospecharon que el problema tenía que ver con el Agena, simplemente porque la rotación solo se aumentaba con cada momento, aunque David Scott enviaba señal tras señal a los sistemas de control...

> Cuando el creciente movimiento se volvió bastante violento, llegué a la conclusión de que no podíamos continuar, que teníamos que separarnos del Agena. Temía que pudiéramos perder el conocimiento, porque nuestra velocidad de giro se había vuelto bastante alta, y quería asegurarme de que escapáramos antes de que eso sucediera. Por supuesto, una vez que nos separamos y descubrimos que no podíamos... recuperar el control de manera normal, nos dimos cuenta de que se trataba de un fallo en nuestra nave, no en el Agena.

Ahora separado del Agena, Gemini 8 comenzó a girar aún más rápido. La preocupación principal fue un choque de las dos naves espaciales, pero pronto quedó claro que la velocidad creciente del giro tenía el potencial de dañar al Gemini o hacer que los dos astronautas se desmayaran. La situación se volvió aún más grave cuando la tripulación del Gemini perdió la comunicación con el control de la misión.

Los astronautas Neil A. Armstrong (derecha) y David R. Scott (izquierda) se sientan con las escotillas de su módulo espacial, abiertas, mientras esperan la llegada del buque de rescate, el USS Leonard F. Mason, después de completar con éxito su misión Gemini VIII. Cuentan con la asistencia de paracaidistas de la Fuerza Aérea de EE. UU.: Glenn M. Moore (junto a la escotilla), Eldridge M. Neal (arriba a la izquierda); y el sargento Larry D. Huyett (centro de pie en el collar de flotación) [NASA].

Sin apoyo en tierra, sin saber cómo resolver el fallo de funcionamiento en la nave Gemini, y casi alcanzando una velocidad de una revolución completa por segundo, Neil Armstrong apagó los sistemas que controlaban las maniobras en órbita y activó los propulsores de control de reentrada. Fue una decisión acertada, y que contrarrestó los sistemas de órbita defectuosos, lo que les permitió a los astronautas recuperar el control de Gemini 8 y prepararse para un aterrizaje de emergencia.

Cualquiera que fuera el término de estas misiones —en éxito o en desastre— las crisis como las de las misiones Mercury-Atlas 9, Gemini 8 y Apolo 1, habían logrado que la tragedia estuviese siempre presentes en las mentes de los técnicos de la NASA y en la de los líderes políticos americanos, especialmente en los días previos al alunizaje. Esto resulta particularmente evidente en un discurso, que se preparó el 18 de julio de 1969, escrito por William Safire, y que el presidente Richard Nixon nunca llegó a pronunciar. Las autoridades americanas nunca descartaron la posibilidad de que un accidente, choque o desastre, pudiera ser el resultado final de la misión Apolo 11, y así —para estar preparados para cualquier eventualidad— la administración de Nixon preparó las siguientes palabras…

> El destino ha ordenado que los hombres que fueron a la Luna a explorar en paz se queden en la Luna para descansar en paz. Estos valientes hombres, Neil Armstrong y Edwin Aldrin, saben que no hay esperanza de que se recuperen. Pero también saben que hay esperanza para la humanidad en su sacrificio. Estos dos hombres están entregando sus vidas en el objetivo más noble de la humanidad: la búsqueda de la verdad y la comprensión. Sus familiares y amigos los lamentarán; serán lamentados por su nación; serán lamentados por una Madre Tierra que se atrevió a enviar a dos de sus hijos a lo desconocido... Otros los seguirán, y seguramente encontrarán el camino

> a casa. No se negará la búsqueda del hombre. Pero estos hombres fueron los primeros y seguirán siendo los más importantes en nuestros corazones. Porque cada ser humano que mire a la Luna en las noches venideras sabrá que hay algún rincón de otro mundo que es para siempre la humanidad.

Fiel a los temores de los técnicos de la NASA, el Apolo 11 sufrió complicaciones. Aun así, el día 20 de julio, en lugar de escuchar un elogio por la fallida misión a la luna, millones de norteamericanos fueron testigos de la historia. Eso no significa, sin embargo, que los riesgos a los que se enfrentaron los astronautas terminaron con las misiones Apolo.

El presidente Ronald Reagan tuvo que dirigirse a la nación el 28 de enero de 1986, el día en que el transbordador espacial Challenger —en pleno vuelo— estalló en llamas. Según los registros históricos de los principales acontecimientos del accidente de la NASA, el lanzamiento del Challenger mostró signos de problemas en los primeros segundos del lanzamiento. A los 0.678 segundos, humo negro proveniente del Solid Rocket Motor derecho era visible mientras el transbordador comenzó su despegue. A los 58,788 segundos del lanzamiento, una llama situada en un segmento del cohete señaló la rotura de un sello, y el lugar por donde el combustible empezó a escapar de los depósitos de la nave. Inmediatamente después, la llama llegó al tanque de combustible externo, rompiéndolo, liberando hidrógeno líquido, y haciendo que el tanque de oxígeno explotara. A los 73.282 segundos, apareció un destello blanco brillante, y directamente después el Challenger quedó envuelto en una bola de fuego que destrozó la nave espacial, provocando la muerte de los astronautas Francis Scobee, Michael Smith, Ronald McNair, Ellison Onizuka, Gregory Jarvis, Judith Resnik y Christa McAuliffe.

La catástrofe volvió a repetirse el 1 de febrero de 2003 con el transbordador espacial Columbia. En una grabación encontrada entre los restos de la nave —grabado a bordo del Columbia el día del desastre— se puede apreciar las observaciones que la tripulación hizo sobre la reentrada en la atmósfera terrestre, y su colorido efecto en la nave. El piloto William McCool, por ejemplo, comentó que el calor producía «un amarillo anaranjado brillante sobre la cabeza de la nave y su alrededor». El comandante Rick Husband, en respuesta, señaló el efecto que el descenso producía en las alas, indicando que mirara a «los patrones de remolino en las ventanas izquierda o derecha... Parece un alto horno». El video es importante porque, sin que el comandante Husband o la tripulación lo supieran, el ala izquierda del transbordador se había dañado dos semanas antes durante el lanzamiento inicial al espacio. Cuando el transbordador espacial descendió a la Tierra, un agujero en el ala permitió que el aire sobrecalentado atravesara el aislamiento de la nave y llegara a las estructuras de soporte de aluminio. Momentos después, el transbordador espacial se desintegró.

Estos eventos, en combinación con las crisis imprevistas del pasado, son solo algunos de los ejemplos que ayudan a explicar cómo la historia de la NASA es una historia en la que los logros increíbles han estado continuamente acompañados por el riesgo. Y aunque han pasado décadas desde los primeros días del programa espacial, a pesar de los grandes esfuerzos de los mejores matemáticos, ingenieros, científicos, pilotos y técnicos, los peligros de los viajes espaciales siguen siendo importantes. Para el presente y el futuro cercano, nuestros objetivos y ambiciones se encuentran mucho más allá de la Luna, pero como el potencial de una futura tragedia sigue siendo posible, uno tiene que hacerse la pregunta: ¿por qué continuamos?

Por un lado, históricamente la NASA siempre ha apostado por el avance de la ciencia. Avances en sensores robóticos, plásticos resistentes a los arañazos, sistemas de monitoreo, materiales ignífugos, electrónica inalámbrica, amortiguadores, células solares, sistemas de filtra-

Cápsula de la misión Apollo, Apollo Saturn V Center, en el Centro Espacial Kennedy, Orlando, Florida [Ludovic Farine].

El primer Sputnik fue lanzado el 4 de octubre de 1957. Museo del Espacio en Moscú [Aleks].

ción de agua, imágenes digitales, tecnología de escaneo CAT y MRI, purificadores de aire, materiales aislantes y las computadoras portátiles son solo algunos de los puntos focales de la investigación de la NASA. Incluso ahora, la última misión a Marte, el Rover Perseverance, está utilizando robótica avanzada y tecnologías innovadoras para buscar signos de vida microbiana pasada, medir el clima, caracterizar la geología de la superficie marciana y probar la viabilidad de convertir dióxido de carbono en oxígeno, entre otras pruebas en preparación para la exploración humana. Es decir, no se puede negar que los esfuerzos de la NASA han tenido un valor científico significativo con implicaciones convincentes en lo que respecta al futuro de la Humanidad.

Sin embargo, al mismo tiempo, la NASA siempre ha sido (y seguirá siendo) una agencia federal, y un componente importante del viaje a la Luna fue el objetivo político de adelantar tecnológicamente a la URSS, una potencia mundial contendiente cuyo rápido desarrollo resultó en los primeros viajes exitosos al espacio. Presionado por este éxito, John F. Kennedy, en un discurso en el Rice Stadium, el 12 de diciembre de 1962, anunció el objetivo que desarrolló las misiones Apolo…

> Aquellos que nos han precedido se han asegurado de que este país se situará a la cabeza de las revoluciones industriales, a la cabeza de los inventos modernos y a la cabeza de la energía nuclear, y esta generación no tiene intención de zozobrar en la estela de la era espacial que se avecina. Nuestra intención es ser parte de ella. Nuestra intención es encabezarla. Porque la mirada del mundo está puesta ahora en el espacio, en la Luna y los planetas que están más allá, y hemos jurado que no lo gobernará una bandera de conquista hostil, sino un estandarte de libertad y paz. Hemos jurado que el espacio no se llenará de

armas de destrucción masiva, sino de instrumentos de conocimiento y entendimiento.

Sin embargo, solamente podemos cumplir los compromisos de esta Nación si somos los primeros y, por consiguiente, es nuestra intención ser los primeros. En resumen, nuestro liderazgo en ciencia e industria, nuestras esperanzas de paz y seguridad, nuestras obligaciones hacia nosotros mismos y hacia los demás, exigen que todos nosotros hagamos este esfuerzo, resolvamos estos misterios, y los resolvamos para bien de todos los hombres de buena voluntad, y nos convirtamos en la nación mundial líder en la exploración espacial…

Por el momento, no existe ningún tipo de contienda, ningún prejuicio, ningún conflicto nacional en el espacio exterior. Sus peligros son hostiles para todos nosotros. Su conquista se merece lo mejor de toda la Humanidad y la oportunidad que nos ofrece de cooperar pacíficamente podría no volver a presentarse. Pero, preguntan algunos, ¿por qué la Luna? ¿Por qué elegimos esta meta? Y de la misma forma podrían preguntar, ¿por qué escalamos la montaña más alta? O, hace treinta y cinco años, ¿por qué cruzamos el Atlántico en avioneta?...

Elegimos ir a la Luna. Elegimos ir a la Luna en esta década, y también afrontar los otros desafíos, no porque sean fáciles, sino porque son difíciles, porque esta meta servirá para organizar y medir lo mejor de nuestras energías y aptitudes, porque es un desafío que estamos dispuestos a aceptar, que no estamos dispuestos a posponer, y que tenemos toda la intención de ganar, también a los demás.

Cuando reflexiono sobre este discurso, lo que me queda claro es que, aunque hay componentes altruistas que nos animan a ir a las estrellas, nuestra perseverancia en el espacio no es simplemente para la ciencia o para el bien de la humanidad, sino para la gloria de Estados Unidos y su gente. Me doy cuenta de que —aunque Estados Unidos ya no compite en una «carrera espacial», y aunque los hombres y mujeres norteamericanos pueden enfrentar peligros mayores en el momento de enviar astronautas más allá de la Luna— el sentimiento de John F. Kennedy está muy vivo en los corazones y las mentes de muchos. Y cuando miramos al pasado, o al futuro, es porque sentimos que nuestros logros en el espacio se han convertido en testimonios de nuestras habilidades, nuestra fuerza y nuestra determinación.

Elegimos mirar más allá de los peligros del pasado, más allá de las décadas de vulnerabilidad y las grietas que amenazaban con destrozarnos. Elegimos dar un gran paso más allá, aislar lo bueno en nuestra atribulada historia, moldear su mensaje en algo que nos ayude a ir aún más alto y mirar hacia un futuro más brillante y un Estados Unidos más fuerte.

Y es así para toda la historia de Estados Unidos; tendemos a dejar de lado las partes difíciles y trabajamos para redefinir quiénes somos, no por malicia, sino para transformar nuestra historia en una en la que seguimos siendo los héroes. Creamos símbolos de nuestros presidentes, alabamos nuestra historia de expansión y celebramos las piezas de nuestra cultura que han ido más allá de nuestras fronteras. Hacemos esto como pueblo porque, tal vez si seguimos alcanzando los cielos, ardiendo brillantemente, a través del fuego y la inercia, seremos capaces de recuperar la gloria de ese vuelo a la Luna.

Agradecimientos

No puedo cerrar estas páginas sin agradecer a Antonio Cuesta, mi editor, toda la confianza que ha depositado en mí antes y durante la creación de este trabajo, tenemos una cerveza pendiente.

Gracias también mi gran amigo Fernando Alberca por su presencia absoluta durante todo el proceso de este trabajo.

A Judy, por su apoyo incondicional desde el otro lado del océano, y a Joe por leer una y otra vez mis pensamientos, desordenarlos y ayudarme a ordenarlos de nuevo.

A ti, Nana, tu voz y tu sabiduría siempre está conmigo.

A mi gran amigo Lane, el mejor periodista que conozco, por enseñarme a ver las cosas desde otro ángulo.

A mi eterno amigo Joao, gracias por tus cervezas y tus charlas, nunca habrá kilómetros suficientes para separarnos.

A mi mujer, mi gran amor y mi único hogar; y gracias a mis hijos, por esperar pacientes día a día… sois el origen de todo.

Los abuelos maternos del autor:
Nels y Audrey Lindell

Este libro se terminó de imprimir, por encargo de Editorial Almuzara, el 21 de mayo de 2021; tal día de 1969 la nave espacial estadounidense Apolo X se acerca a quince kilómetros de la Luna. Dos de sus tres tripulantes salen del módulo lunar.